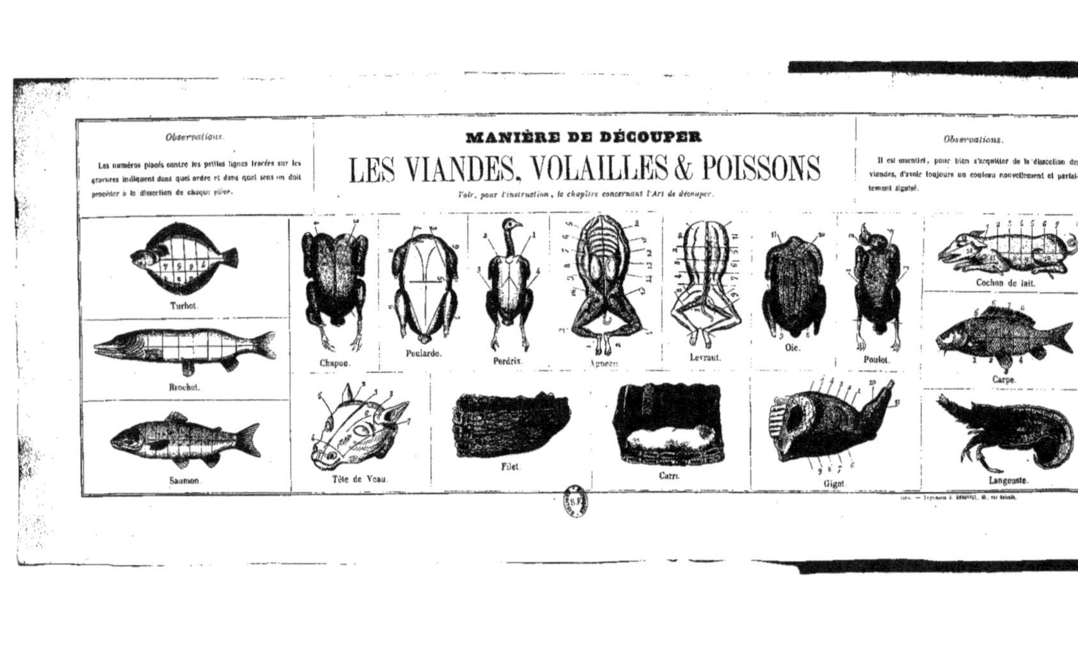

Observations.
Les numéros placés contre les petites lignes tracées sur les gravures indiquent dans quel ordre et dans quel sens on doit procéder à la dissection de chaque pièce.
MANIÈRE DE DÉCOUPER
LES VIANDES, VOLAILLES & POISSONS
Voir, pour l'instruction, le chapitre concernant l'Art de découper.
Observations.
Il est essentiel, pour bien s'acquitter de la dissection des viandes, d'avoir toujours un couteau nouvellement et parfaitement aiguisé.
Turbot.
Brochet.
Saumon.
Chapon.
Poularde.
Perdrix.
Agneau.
Levraut.
Oie.
Poulet.
Tête de Veau.
Filet.
Carré.
Gigot.
Cochon de lait.
Carpe.
Langouste.

GROS MANUEL

DE LA

CUISINIÈRE

BOURGEOISE

CONTENANT

UN GUIDE COMPLET

Des Devoirs qu'ont à remplir les personnes
qui se destinent au service dans les maisons bourgeoises;
la Manière de servir les tables et d'en faire les honneurs;
le Calendrier de la Maîtresse de maison;
les Principes, d'après les Maîtres, de la Cuisine,
de la Pâtisserie, des Confitures de différentes espèces;
des Liqueurs et des Boissons les plus économiques, etc., etc.;
une Instruction sur les catégories de viande de boucherie;
la Manière de vider et trousser la Volaille, le Gibier, et l'art de
bien découper; les Soins à apporter pour élever
la Volaille, pour faire le Beurre, les Fromages, et conserver les
Fruits; une Instruction pour gouverner la Cave et les Vins.

ÉDITION ENRICHIE DE 52 FIGURES

REPRÉSENTANT

La division des morceaux du Bœuf, du Veau, du Mouton, des Volailles,
du Gibier et du Poisson, ainsi que les ustensiles de ménage
les plus nouveaux et les plus utiles.

Par UN CHEF DE CUISINE

PRIX : 3 FRANCS

PARIS

J. MORONVAL, IMPRIMEUR-LIBRAIRE

65, rue Galande, 65

Les Exemplaires non revêtus de ma signature , seront
réputés contrefaits.

Moronval

AVIS DES ÉDITEURS

CETTE NOUVELLE ÉDITION.

Le livre que nous offrons au public vient d'être complètement refondu et enrichi, indépendamment d'une foule de mets nouveaux, des articles suivants :

1° Du **Calendrier de la Maîtresse de maison**, indiquant, pour chacun des douze mois de l'année, les mets de la saison, tant en viande de boucherie, qu'en volaille, gibier, poisson et légumes ;

2° Une **Instruction sur les Catégories de Viande de Boucherie**, et sur la valeur comparative des divers morceaux.

3° Des **Principes généraux de la Cuisine**, applicables aux préparations telles que rôtis, fritures, grillades, braises, daubes, sautés, marinades, court-bouillon, etc.;

4° D'un **Chapitre sur les Sauces et les Ragoûts**, servant, ainsi que le précédent, d'introduction à la Cuisine proprement dite ;

5° D'une foule de mets ou préparations qui ne se trouvent point dans les éditions précédentes.

Nous l'avons en outre enrichi de **Cinquante-deux Figures** insérées dans le texte et représentant la division des viandes de boucherie, les ustensiles de cuisine les plus utiles et les plus nouveaux, et enfin la manière de découper et de servir les viandes, le gibier et le poisson.

La Maîtresse de maison trouvera en tête de notre livre, un chapitre essentiel traitant des devoirs d'une bonne cuisinière, des soins, de l'ordre et de la propreté si nécessaires dans cette profession, chapitre qu'on ne trouverait point ailleurs et qu'il serait utile de faire lire à ses domestiques.

Nous avons apporté un soin tout particulier à exposer avec la plus grande clarté la façon d'apprêter chaque mets afin de mettre la cuisinière la plus novice en état de faire une cuisine bourgeoise appropriée à toutes les fortunes et à tous les goûts.

LA
CUISINIÈRE BOURGEOISE.

CHAPITRE PREMIER.

MANUEL

Prescrivant les devoirs qu'ont à remplir les personnes qui se destinent à entrer en service dans les maisons bourgeoises.

Des qualités d'une bonne cuisinière.

Après s'être assuré de la fidélité d'une domestique, qui est la première des qualités que l'on exige d'elle, on demande si elle est propre ; rarement fait-on une troisième question. C'est la propreté qui est l'ornement indispensable de nos tables et l'honneur de nos cuisinières, qui toutes mettent leur gloire à l'entretenir avec luxe dans leur cuisine. C'est elle qui conserve aux mets toute la pureté et la finesse de leur goût ; elle répare même souvent ce qu'ils peuvent avoir de défectueux ; ils semblent meilleurs lorsqu'ils sont apprêtés dans une cuisine propre et bien tenue.

Des soins qu'une cuisinière doit apporter dans sa cuisine pour y entretenir la propreté.

On doit éviter avec grand soin qu'aucune odeur étrangère ne vienne se mêler au fumet des sauces et des viandes, et surtout celle qu'exhalent quelquefois les eaux croupissantes que l'on laisse séjourner dans les baquets ; ces eaux doivent être renouvelées tous les jours, et les vases lavés.

En entrant le matin dans la cuisine, on doit examiner si les objets qui ont servi la veille ont été remis exactement à leur place, et ranger ceux qui ne l'auraient pas été ; ensuite il faut ouvrir les fenêtres pour donner de l'air ; balayer et épousseter partout

Du récurage.

La batterie de cuisine doit être récurée au moins une fois par mois ; les pelles, pincettes et autres ustensiles en fer le seront chaque semaine avec du grès ; la cuisine lavée, et la table nettoyée avec un mélange de grès et de savon noir que l'on frotte dessus par le moyen d'un bouchon de paille ou de vieux linge ; ensuite on la lave à l'eau propre et l'on a soin de la tenir bien essuyée afin qu'il n'y ait jamais dessus ni eaux sales ni graisse.

Il faut aussi récurer le lavoir ainsi que le dessus du fourneau, s'il est en briques ; lorsqu'il est couvert en faïence on doit se contenter de l'essuyer souvent avec un linge mouillé ; il faut éviter de casser du charbon dessus.

Lorsque le carreau aura été taché de graisse ou qu'il sera trop encrassé, il n'y a pas d'autre moyen que de le nettoyer avec du grès et de l'eau.

Des flambeaux.

Les flambeaux doivent être mis tous les matins près du feu pour les échauffer doucement et en retirer le suif ; il faut prendre garde qu'ils ne brûlent ou que la fumée ne s'y attache, car il est quelquefois impossible de l'ôter. On doit nettoyer toutes les semaines les flambeaux argentés, avec du blanc d'Espagne délayé dans de l'eau ; on en met une couche par le moyen d'un vieux linge, on les frotte bien et on les laisse sécher ; on enlève le blanc avec une brosse. S'ils étaient trop sales, il faudrait les mettre chauffer auparavant dans un chaudron avec une bonne eau de savon. On récure les chandeliers de cuivre avec du tripoli ou de l'eau de cuivre, et l'on passe seulement à l'eau de savon ceux qui sont dorés.

Lorsque les flambeaux sont propres, il faut y mettre de suite de la bougie ou des chandelles; on coupe les mèches pour qu'elles soient tout de suite allumées. Quand on les posera sur une table il ne faudra pas oublier de placer les mouchettes à côté; elles doivent être vidées et nettoyées tous les jours.

Du feu.

Le feu doit être entretenu modérément auprès de la marmite pour faire bouillir le bouillon très-doucement; lorsqu'on a d'autres objets à faire cuire en même temps on en augmente la dose en proportion; mais ce n'est pas la quantité de bois que quelques domestiques mettent dans le feu, qui rend les viandes plus tôt cuites: cela ne sert le plus souvent qu'à les racornir.

Lorsqu'on n'a plus besoin du feu qui est dans le fourneau il faut le mettre dans un étouffoir; on a par ce moyen l'avantage de retrouver de la braise qui sert à allumer le charbon plus facilement. Il arrive quelquefois que la suie de la cheminée se détache et tombe dans la marmite, si elle est découverte; il faut éviter cet inconvénient en balayant souvent l'intérieur de la cheminée avec un balai de bouleau, après avoir couvert les cendres d'un torchon pour recevoir la suie, que l'on jettera aux ordures, parce qu'elle donnerait en brûlant une mauvaise odeur.

Du ménage.

Lorsqu'une domestique est seule dans la maison, et obligée de remplir toutes les fonctions du ménage, elle doit commencer par celles qui sont le moins compatibles avec la cuisine, comme les souliers à nettoyer, les chandeliers à essuyer, et les habits à battre. Lorsqu'il y a des taches aux habits de drap il faut mouiller légèrement la place et frotter vivement avec une brosse.

Il faut tous les samedis visiter les armoires, planches et buffets pour en ôter la poussière qui s'y amasse très-facilement, rincer les carafes avec des coquilles d'œufs ou du gros papier gris que l'on déchire par morceaux ; les cristaux se nettoient à l'eau de savon.

Des appartemens.

Pour bien faire un lit, il faut retourner les matelas tous les jours, mettre les pieds à la tête, et celui de dessous par dessus. Lorsqu'on placera les draps il faut observer que la marque doit être toujours à droite du pied du lit, pour éviter qu'ils ne soient changés de côté ; cela tient à la propreté. On doit tous les jours balayer les appartemens et y passer le torchon ; on frottera les meubles avec de la cire et un morceau de laine. Les marbres peuvent être nettoyés avec de l'huile ; mais pour les rendre très-brillans il faut les cirer comme du bois. On nettoye les glaces avec de l'eau-de-vie, l'usage du blanc d'Espagne a beaucoup d'inconvéniens. Il faut battre les fauteuils et les brosser ; secouer les rideaux de soie et les essuyer avec une serviette ; on doit monter sur un marche-pied pour les épousseter et essuyer les boiseries. Pendant ces opérations on tiendra les croisées ouvertes pour renouveler l'air et chasser la poussière.

Du marché.

Il est difficile d'indiquer la manière d'acheter, parce que le prix des denrées varie selon les saisons et la consommation ; il est pourtant bon de savoir que les marchandes de poissons sont celles qui surfont le plus, et qu'il faut leur offrir tout au plus moitié du prix qu'elles demandent ; que le poisson, pour être frais, doit être ferme, avoir les ouïes rouges et la chair blanche. La raie bien fraîche, lorsqu'elle est coupée, laisse échapper du milieu des arêtes quelques filets de sang très-vif, que les marchandes imitent avec du sang de bœuf ; c'est une supercherie à laquelle il faut faire attention. Lorsqu'on marchande une pièce de marée, il ne faut pas la perdre de vue, crainte qu'elle ne soit subtilement remplacée par une de moindre valeur. Les marchandes de légumes sont aussi fort trompeuses ; celles qui vendent du fruit n'ont pas beaucoup de conscience. La viande de boucherie est très-difficile à bien connaître. Lorsqu'on se fournit à la Halle, il faut choisir de préférence un morceau qui soit tout coupé, parce qu'autrement les bouchers penchent toujours le couperet du côté des os, et vous forcent à prendre beaucoup d'os. Quand ils ne l'ont pas coupé exprès pour vous, vous pouvez le leur laisser, et aller ailleurs.

Le porc-frais est trop bien inspecté dans nos marchés pour que l'on ait la crainte d'en rencontrer de mauvais ; le lard que l'on vend chez les charcutiers est ordinairement bon, il faut seulement prendre garde qu'il ne soit vieux salé, ce que l'on reconnaît à la couleur rouge foncé de la chair : quand il tire sur le jaune il ne vaut rien.

De la préparation des mets.

Lorsque le ménage sera fait et que tout sera en bon état, la cuisinière examinera ce qui a pu rester de la veille pour en rendre compte à sa maîtresse, qui donnera ses ordres pour aller au marché ou pour tirer parti des provisions qui se trouveront à la maison.

Ensuite, elle épluchera tout bien soigneusement, en commençant par ce qui est le plus long à cuire, pour ne pas se trouver en retard. Les légumes du pot-au-feu doivent être pelés et non ratissés, les poireaux fendus pour en retirer le sable, les carottes seront laissées entières ou coupées par moitié. Les salades d'hiver, telles que les mâches, le céleri, etc., doivent être lavées à plusieurs eaux ; on ne lave pas la romaine ni la laitue, à moins qu'elles ne soient pas bien pommées ; dans ce cas même, on réserve les cœurs sans les mettre dans l'eau ; on épluchera les fournitures à part ; il ne faut pas les hacher : on donnera seulement dessus quelques coups de couteau.

On aura soin de laisser sur la table de cuisine une assiette de décharge pour y déposer le couvercle de la marmite, les cuillers, fourchettes, couteaux, etc., dont on se sert pour la préparation des mets.

Il faut éviter de poser sur la même assiette des choses d'un goût opposé, telles que de la marée avec de la volaille ou du fruit, ainsi du reste.

Il est bon d'observer que, lorsque la cuisine sera plus considérable qu'à l'ordinaire, on devra s'y prendre la veille pour acheter, éplucher et préparer tout ce qui peut se conserver jusqu'au lendemain ; on doit ces jours-là redoubler d'ordre et de prévoyance.

Au moment du service on posera sur chaque casserole le plat destiné à recevoir ce qui est dedans, afin qu'il ne refroidisse pas la sauce, puis on dressera les viandes le plus proprement possible, les morceaux les plus présentables dessus et les garnitures à l'entour ; ensuite on prendra une serviette blanche avec laquelle on essuiera les tours du plat. Il ne faut pas mettre de jus sous les rôtis, ni aucune sauce ; elles doivent être servies à part.

La pièce de bœuf doit être posée à sec sur le plat ; il ne faut mettre avec ni légume ni aucun débris, à moins que ce ne soient des abattis de volaille ou quelque morceau du goût du maître.

Du couvert.

Il n'y a rien de plus insupportable que d'être obligé, à table, de demander pièce à pièce les objets dont on a besoin, tels qu'un couteau, la salière, etc. Nous recommandons aux domestiques d'avoir beaucoup d'attention à ce que rien ne manque au couvert. Il faut mettre la table de manière à ce que la place d'honneur, qui est le milieu, soit commodément placée. Ensuite on posera la nappe et le napperon en long; les assiettes à égale distance l'une de l'autre, avec la serviette posée en long et un morceau de pain dessus; les cuillers, fourchettes et couteaux à droite; les verres, sans être renversés, devant chaque assiette; les salières aux deux bouts de la table, et la moutarde au milieu; les bouteilles et carafes aux quatre coins; la cuiller à potage, la fourchette de service et le grand couteau devant le maître de la maison; les cuillers à ragoût de chaque côté. Il faut avoir une petite table de décharge couverte d'une serviette, sur laquelle on dépose le pain. Lorsque les convives seront à table, il faut de suite préparer le bœuf et les entrées, pour n'être pas en retard; on enlève les assiettes à soupe et les cuillers, puis la soupière que l'on remplace par la pièce de bœuf et les entrées. Il ne faut jamais laisser un convive sans assiette, il faut remplacer de suite celle qu'on ôte par une blanche; on doit, en les ôtant, éviter de passer l'assiette d'un convive par devant la figure de son voisin, il en est de même des plats. Si quelqu'un demandait du pain il faudrait en présenter un morceau sur une assiette. Au moment de servir le dessert, on débarrasse la table de tout ce qui devient inutile; on enlève le napperon ainsi que les mies de pain et les croûtes qui peuvent se trouver dessus. Lorsqu'on sert des confitures, compotes, fromages, glaces, etc., on doit poser sur une assiette la quantité de cuillers suffisante. On observe la même chose pour les crèmes. Chaque tasse à café doit être présentée sur une assiette avec sa petite cuiller à côté.

De la vaisselle.

Le repas fini, on s'empressera d'ôter le couvert et de laver la vaisselle, qu'on ne doit jamais laisser pour le lendemain. Il faut commencer par l'argenterie que l'on aura soin de compter avant de la serrer, cette pratique doit avoir lieu tous les jours; puis on lavera les assiettes, plats, etc., à l'eau très-chaude, on les égouttera légèrement, car s'ils étaient refroidis il ne serait plus temps de les essuyer. Dans quelques maisons on se sert toujours de la même eau de vaisselle, on la fait bouillir tous les jours et on l'écume, elle devient excellente pour décrasser; lorsque la vaisselle en sort et qu'elle est bien chaude, on la plonge de suite dans un baquet plein d'eau froide et on la met égoutter dans un clayon fait exprès. On peut ne l'essuyer que le lendemain avec un torchon blanc; par cette méthode la vaisselle est extrèmement nette et l'on ménage les torchons. Les tasses à café, verres à liqueurs, etc., doivent être lavés séparément et à l'eau froide. Pour que l'argenterie soit très-brillante il faut la laver à l'eau de savon chaude et ensuite la frotter avec du blanc d'Espagne.

Du linge.

Lorsqu'on donne le linge à blanchir, il faut accoupler les torchons et les vieux linges, puis on écrira sur un livre destiné à cet usage, la quantité et la nature de chaque article, et on en gardera le double. Quand la blanchisseuse le rapporte il faut examiner devant elle si le compte y est; ensuite on visite exactement pièce à pièce, pour reconnaître celui qui est en mauvais état, et l'on ne doit jamais le serrer sans qu'il ait été raccommodé.

Du savonnage.

Il faut commencer par échanger le linge à l'eau froide ou tiède, puis on le décrasse dans une autre eau avec du savon; ensuite on le rince bien, puis on met un chaudron sur le feu avec de l'eau claire, et du savon coupé très-fin: en y fait bouillir le linge que l'on retire pièce à pièce, en le frottant légèrement, il doit être après cela rincé à deux eaux et ensuite passé au bleu. On obtient, par le moyen de ces précautions, du linge d'une blancheur éblouissante.

Quelques personnes coulent le savonnage comme une lessive, cette méthode est bonne en ce qu'elle use moins le linge : les procédés sont les mêmes que ceux que nous venons d'indiquer.

Du mérite essentiel d'une bonne domestique.

Les personnes qui font leur état de servir et qui désirent se concilier l'estime et l'amitié de leurs maîtres, doivent être économes, laborieuses, prévenantes et polies sans flatterie. Elles se conformeront en tout à l'usage établi dans la maison, sans refuser aucune besogne; car employer son temps d'une manière ou de l'autre, cela revient à peu près au même; elles doivent prendre les intérêts de la maison où elles se trouvent; voir sans marquer de répugnance les personnes que l'on y reçoit, et ne jamais se mêler à la conversation ni faire de questions; elles éviteront la familiarité avec qui que ce soit; elles se feront une loi de la sobriété, et lorsqu'un morceau pourra être resservi, elles n'y toucheront pas; elles ne doivent jamais se permettre de parler ni sur l'un ni sur l'autre, ni de sortir sans en avoir demandé la permission. Lorsqu'on les enverra faire une commission, elles n'y mettront que le temps nécessaire; car on fait beaucoup de cas d'une domestique sédentaire. Par ces attentions elles éviteront de changer souvent de maison, ce qui donne à une fille une mauvaise réputation, et l'empêche de trouver de bonnes places ; d'ailleurs elles ne se trouveront jamais si bien que dans la première qu'elles auront occupée, et si elles ont le bon esprit de s'y conserver long-temps, elles partageront en quelque sorte la fortune de leurs maîtres, et auront droit à une récompense.

CALENDRIER

DE LA MAITRESSE DE MAISON INDIQUANT, MOIS PAR MOIS, LES METS DE CHAQUE SAISON.

Janvier. — Les viandes de boucherie et de porc sont excellentes. — Le gibier abonde. On a dans ce mois chevreuils, lièvres, oies et canards sauvages, bécassines, gélinottes, alouettes, etc. — La basse-cour est abondamment pourvue de volaille. — Les poissons d'eau douce et de mer sont médiocrement recherchés. — *Légumes :* la pleine terre ne donne que les choux cabus, choux de Milan, choux de Bruxelles, salsifis, poireaux, mâches. La serre à légumes offre cardons, choux-fleurs, céleri-rave, chicorée frisée, barbe de capucin, carottes, navets, pommes de terre, etc.

Février. — De même que janvier pour la viande. — Le gibier est plus rare vu que c'est ordinairement l'époque de la clôture de la chasse. — La volaille est bonne et abondante. — Le poisson de mer et d'eau douce devient plus commun, bien que ce ne soit pas encore la saison de la marée. On a des turbots, des barbues, etc. La pleine terre et la serre donnent les mêmes produits que janvier. Les couches produisent des radis et de la laitue à couper.

Mars. — Viande et volaille comme dans les deux mois précédents. C'est également la saison de la charcuterie. Le poisson d'eau douce et de mer abonde, ainsi que les crustacés (crevettes, homards, etc.) — *Légumes :* la pleine terre commence à produire oseille, chicorée sauvage, cerfeuil, persil, épinards. La serre à légumes fournit carottes, navets, pommes de terre, etc. Les couches donnent radis, laitues romaines, laitues pommées.

Avril. — La viande de boucherie est encore bonne; c'est le mois des agneaux, des chevreaux. Jambons de Mayence et de Bayonne. Les œufs abondent. La mer et l'eau douce fournissent les mêmes poissons que février et mars. On commence à voir l'alose et le maquereau. — *Légumes :* outre la plupart des salades, on a les asperges, le cerfeuil, les radis, l'oseille et le persil. — Sous châssis on obtient : choux-fleurs, pois, haricots, pommes de terre, carottes, etc.

Mai. — La viande de boucherie commence à devenir moins succulente et moins tendre. — La basse-cour, suffisamment garnie, fournit des poulets de l'année. — En fait de poissons on a tous ceux des mois précédents, et en plus la truite et le saumon. Le beurre est fort bon dans ce mois. — *Légumes :* salades, asperges, petits pois, pommes de terre nouvelles, fèves de marais. choux de plusieurs espèces, choux-fleurs, petits artichauts. — Sous châssis : haricots à écosser et autres légumes en primeur, cités plus haut.

Juin. — Viandes : le veau s'améliore et le mouton est excellent. La basse-cour bien garnie est riche en poulets et pigeonneaux. Le poisson commence à devenir rare : — On ne peut guères compter que sur le carrelet, la raie, la carpe, la perche, la morue fraîche, la truite, le maquereau et la dorade, poisson excellent de la Méditerrannée, que nous apportent aujourd'hui les chemins de fer. — *Légumes :* tous ceux du mois précédent ; haricots verts, fèves de marais, chicorée d'été. Les asperges, les ognons blancs commencent à passer. Melons et tomates sur couche.

Juillet. — Mois peu favorable à la viande de boucherie. — On recherche les volailles de l'année, telles que dindonneaux, jeunes canards, jeunes oies. On commence à consommer les lapereaux. — Ce n'est pas la saison de la marée, cependant il commence à arriver des soles, limandes, rougets, vives, etc. C'est, ainsi que mai et juin, le temps des maquereaux. Il y a en outre des sardines fraîches, des écrevisses, des crevettes. — *Légumes :* toutes sortes de légumes, pommes de terre hâtives, carottes, tomates, etc.

Août. — Comme juillet pour la viande de boucherie. La chasse n'étant pas ouverte le gibier manque, mais on a de jeunes lapins de clapier. Les jeunes volailles sont toujours excellentes. — En poissons on a encore les soles, limandes, raies, crevettes, écrevisses. — Dans ce mois, de même que dans juillet, il faut prendre garde à la fraîcheur du poisson. — *Légumes :* comme en juillet; artichauts.

Septembre. — La viande de boucherie s'améliore. La chasse est ouverte et le gibier, tel que lièvres, perdrix et grives, abonde. Les bécasses et bécassines sont parfaites à la fin du mois. — La volaille ne manque pas, mais la concurrence du gibier fait qu'on la recherche moins. — Mêmes poissons qu'en août. Les huîtres et les moules paraissent en quantité. Ce mois et les trois suivants sont les meilleurs pour la pêche du brochet. — *Légumes :* les mêmes qu'en août. Les petits pois deviennent rares.

Octobre. — La viande de boucherie est devenue excellente, le gibier est très-abondant. — *Volailles :* les basse-cours fournissent encore quelques poulets de grain et donnent chapons, poulardes, oies, canards, dindons. Le poisson qui commence à abonder remplace les légumes qui vont disparaître. Le merlan arrive sur les marchés, les huîtres sont excellentes. — *Légumes :* les haricots flageolets sont moins communs; artichauts, choux-fleurs, cardons, céleri, chicorée, scorsonnères, etc. On commence à voir des choux de Bruxelles.

Novembre. — Viande de boucherie et gibier comme dans le mois précédent. Les cailles et les becsfigues disparaissent. La volaille consiste principalement en poulardes, chapons, oies grasses et dindons. Ces produits sont dans toute leur beauté. — La marée abonde; premiers harengs frais. — *Légumes :* ceux d'octobre sont encore abondants et principalement les choux de Bruxelles et les racines. On fait peu de cas des laitues et des radis qui perdent leur saveur.

Décembre. — Viande de boucherie, volaille, gibier et poisson comme dans le mois précédent. Le vanneau et le pluvier doré commencent à paraître. La fin du mois est le temps de la charcuterie qui se prolonge jusqu'en février. — *Légumes :* la pleine terre n'offre que les productions de janvier.

INSTRUCTION

SUR LES CATÉGORIES DE VIANDES DE BOUCHERIE ET SUR LA VALEUR COMPARATIVE DES MORCEAUX*.

BŒUF.

A, première catégorie ; B, deuxième catégorie ; C, troisième catégorie ; D, quatrième catégorie.

1re CATÉGORIE. — Tranche grasse (1)* ; c'est avec

(*) Les numéros entre deux parenthèses, à la suite du nom de chaque morceau, correspondent aux numéros placés dans la figure ci-dessus.

la culotte (2) le meilleur morceau pour le pot-au-feu ; il figure aussi fort bien en rôti. — L'aloyau (3) se sert le plus souvent rôti ; séparé du *filet* qui n'est point soumis à la taxe, les bouchers lui donnent le nom de *coquille*. — Le tende de tranche (4) partie intérieure, située au-dessous de la culotte, et la pièce ronde (5) qui l'avoisine, sont inférieures aux morceaux précédents.

2e Catégorie. — Paleron (6). On préfère dans cette pièce, la plus forte du bœuf, les parties que lés bouchers appellent *bande de macreuse* et *milieu de macreuse*. — Les *côtes couvertes* ou *train de côtes* (7) se débitent dans le sens des côtes. — Talon de collier (8). Beaucoup de personnes préfèrent ce morceau au paleron. — Bavette d'aloyau (9). C'est un morceau de peu d'apparence, mais assez estimé. — Le rognon se vend à prix débattu et est ordinairement séparé des masses de graisse qui l'entourent.

3e Catégorie. — Collier (10). C'est le morceau qu'on doit choisir de préférence dans cette catégorie. — Le pis (1) est un morceau peu estimé et qui convient aux restaurants de bas étage ; il ne renferme, en fait d'os, que les extrémités des côtes de la poitrine. — Les plats de côtes (12) comprennent le milieu des os et des côtes, mais sont peu lourds. — Gîtes (13). On préfère le gîte de derrière ; on ne l'emploie guères qu'à faire du bouillon ; il exige une ébullition prolongée. — Les crosses des gîtes servaient jadis de réjouissances. Aujourd'hui on les vend attachées aux gîtes.

4e Catégorie. — Surlonge. Cette viande fort dure donne d'assez bon bouillon. — Joues. Morceau sans forme et de mauvaise apparence ; il donne un bouillon fort gras et qui prend en gelée ; la viande, quoique assez tendre, n'est point présentable sur une bonne table. — Queue. Ce morceau, composé en grande partie du prolongement des vertèbres, est peu profitable en viande, mais il donne d'assez bon bouillon.

VEAU.

A, première catégorie; B, deuxième catégorie; C, troisième catégorie.

1re Catégorie. — Cuissot (1). Il comprend la rouelle et le jarret, composé du crosset et du talon de rouelle. On joint à la rouelle l'entre-deux et le quasi. La rouelle, morceau charnu, forme un magnifique rôti. On réserve le jarret pour le bouillon des malades et pour les gelées. — La longe (2) comprenant le filet et le rognon, est plus délicate encore que la rouelle. — — Quant au carré (3) tout le monde connaît les excellentes côtelettes qu'il fournit.

2e Catégorie. — L'épaule de veau (4) est au cuissot ce que l'épaule de mouton est au gigot. On peut la faire désosser et la servir rôtie. — La poitrine (5) qui contient un certain nombre de côtes, donne les tendrons de veau qui fournissent à la cuisine une foule de préparations estimées.

3e Catégorie. — Le collet (6) comprenant la poitrine, fournit différents ragoûts.

MOUTON.

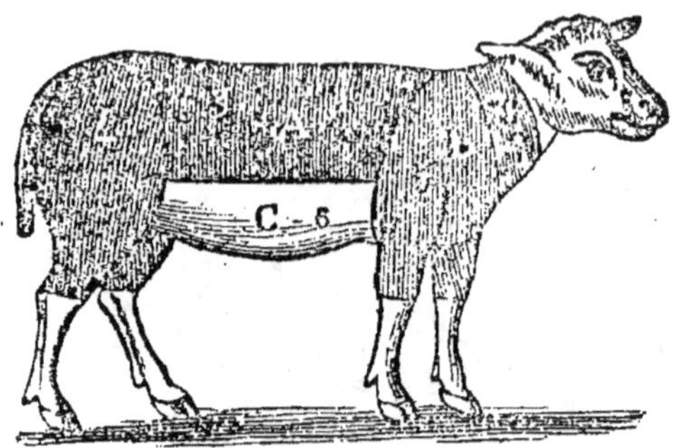

A, première catégorie; B, deuxième catégorie; C, troisième catégorie.

1re Catégorie. — Gigot (1). Les meilleurs gigots sont ceux dont la chair est d'un brun foncé, le manche très-court et la forme bien arrondie. — Le carré (2) renferme ordinairement douze côtelettes. La partie du carré la moins recherchée est celle qui avoisine le gigot.

2e Catégorie. — L'épaule (5). On la fait le plus souvent désosser et on la roule.

5e Catégorie. — Collet et poitrine (4 et 5). Ces morceaux qui se tiennent, pèsent ordinairement ensemble deux kilogrammes et demi.

PRINCIPES GÉNÉRAUX DE LA CUISINE,

d'après

Grimod de la Reynière, Brillat-Savarin, Carême, Beauvilliers, etc.

—

Pot-au-feu, Potage, Bouilli. — Pour que le bouilli soit bon, il faut que l'eau s'échauffe lentement et que l'ébullition s'aperçoive à peine, afin que l'albumine qui forme l'écume ne reste pas dans la viande, en se coagulant, ce qui arriverait si l'eau était chauffée trop brusquement. L'*osmazone* est un principe soluble à l'eau froide et qui fait le mérite des bons potages. En se caramélisant, il forme le roux des viandes et le rissolé des rôtis. C'est enfin de lui que sort le fumet de la venaison et du gibier. Une ébullition vive et prolongée altère l'osmazone. Ce principe ne se retire que des animaux adultes et à chair rouge. Le veau, le blanc de volaille en sont dépourvus. Un autre principe que l'on retire de la viande est la *matière extractive*; réunie à l'osmazone elle forme le jus des viandes. — Les meilleurs morceaux pour le bouilli sont : la tranche grasse, la culotte et le gîte à la noix. L'épaule de mouton donne également un bon bouillon.

Rôti. — Ce mode de cuisson diffère suivant l'espèce de viande. Le bœuf et le mouton doivent d'abord être saisis par un feu vif, afin que la superficie de la pièce, se resserrant par la chaleur, n'en laisse point échapper le jus. Cette précaution n'est point nécessaire pour les viandes blanches.

Voici le temps que chaque pièce doit rester au feu, faisant remarquer qu'il faut un quart de temps de moins avec une cuisinière et un tiers de moins avec cuisinière et coquille.

	Heures.	Min.		Heures.	Min.
Alouettes bardées....	»	20	Lièvre..	1	30
Agneau, fort quartier..	1	50	Mouton, gigot, épaule,		
— petit quartier ou			— 3 kilog...	1	30
gigot.....	»	45	— 2 kilog...	1	»
Bécasse.........	»	30	Oie grasse........	1	15
Bœuf, 5 kilog......	2	30	Perdreau.........	»	20
— 2 kilog. et demi.	1	30	Pigeon..........	»	30
Canard..........	»	45	Porc frais, 2 kilog...	2	»
Cochon de lait.....	2	15	— 1 kilog...	1	15
Dindon, gros......	1	30	Poularde et chapon, gros	1	»
— moyen.....	1	»	— moyens.	»	45
Faisan..........	»	45	Veau, 2 kilog......	2	»
Lapin, gros.......	»	45	— 1 kilog..	1	»
— petit.......	»	30	Venaison, 4 à 5 kilog..	2	»
Levraut..........	»	45	— 1 kilog....	1	»

Rôtir une pièce à point est un art difficile. Brillat-Savarin a dit : « On devient cuisinier, mais on naît rôtisseur. »

Fritures. — Tout le mérite d'une bonne friture provient de la *surprise*. C'est ainsi qu'on appelle l'invasion du liquide bouillant qui carbonise, ou roussit, à l'instant même de l'immersion, la surface extérieure du corps qui lui est soumis. Cette surface extérieure formant une espèce de voûte empêche l'huile ou la graisse de pénétrer l'objet que l'on cuit et y concentre les sucs qui doivent lui donner toute la perfection désirable. On connaîtra que la friture est suffisamment chaude en y trempant une mouillette de pain. Si on la retire ferme et colorée au bout de cinq à six secondes, opérez immédiatement l'immersion, sinon poussez le feu qui doit être vif et flamboyant et renouvelez l'essai. La surprise une fois opérée, modérez le feu. — La plupart des objets frits doivent être saupoudrés de sel ou de sucre. — On se servira d'huile d'olive pour les fritures qui peuvent s'achever en peu de temps et qui n'exigent pas une trop grande chaleur. Une ébullition prolongée y développerait un goût désagréable.

Grillades. — La cuisson sur le gril doit toujours se faire sur un feu vif de braise ou de charbon. On évitera l'inconvénient de l'odeur et de la fumée que produit la graisse qui tombe dans le feu en employant le gril à gouttières et la cuisinière à griller figurés pages 88 et 102. On enveloppe d'un papier beurré certains objets à griller, tels que maquereaux et autres poissons. On replie ce papier tout autour sur les bords, pour griller des côtelettes de veau, les langues, etc., dites en papillotes.

Il est essentiel de cuire à point une grillade. Une entre-côte, un beefteack, un rognon de mouton doivent être saisis. Une cuisson trop prolongée les rend secs et coriaces. Il n'en est pas de même du poisson qui n'est point mangeable lorsqu'il n'est pas parfaitement cuit.

Le nombre de préparations auxquelles peut s'appliquer ce genre de cuisson est infini, toutes les fois cependant que les pièces ne présentent point un volume ou une épaisseur trop considérables.

Braises. — Ce mode de cuisson relève beaucoup le goût parce qu'il a lieu sans évaporation sensible, comme dans le bœuf à la mode. Entourez de bardes de lard la pièce que vous voulez faire cuire, si c'est une oie, un dindon; mais si c'est une pièce de bœuf, un carré ou une noix de veau, un gigot, piquez-les en outre. Ajoutez un bouquet garni, carottes, ognons, épices, clous de girofle, avec un verre de vin blanc et du bouillon, suivant la grosseur de la pièce. Il faut plusieurs heures de cuisson à petit feu et que la casserole, exactement fermée, soit toujours couverte de feu; aussi emploie-t-on pour cet objet un vase de cuivre nommé *braisière* ou *daubière*, figuré page 163.

Daubes. — La daube est également une cuisson à petit feu et à marmite bien fermée. Celle d'une oie, par exemple, exige cinq heures. On fonce la marmite ou daubière, de bardes de lard et on y ajoute un ou deux verres d'eau, autant de vin et un demi-verre d'eau-de-vie, sel, gros poivre, etc. On cuit surtout en daube les pièces qui ne seraient pas assez tendres pour être mises à la broche. — On sert ordinairement les daubes froides.

Sautés. — Sorte de ragoût dont la préparation demande peu de temps. Pour faire sauter un levraut, un lapin, de la volaille, du foie de veau, des rognons, etc.. coupez-les par morceaux et mettez-les dans une casserole avec du beurre sur un feu vif, remuez et faites sauter votre ragoût jusqu'à ce qu'il ait pris couleur; puis mettez-y petits champignons, poivre, sel, persil, fines herbes hachées et une cuillerée de farine, puis mouillez avec du vin blanc et du bouillon.

Marinades. — Préparations dans lesquelles on met tremper pendant quelque temps la viande ou le poisson pour en relever la saveur. Voici la recette du célèbre *Carême :* mettez dans une casserolle quatre carottes, quatre ognons émincés, du persil en branches, deux feuilles de laurier, une branche de thym, quatre clous de girofle, une forte pincée de mignonnette et autant de macis, deux gousses d'ail et 250 grammes de beurre fin. Passez cet assaisonnement sur un feu modéré, en le remuant. Dès que les racines commenceront à roussir, versez-y un demi-litre de vinaigre et dix grandes cuillerées de bouillon. Mettez-y le sel nécessaire et faites mijoter pendant une heure; passez à l'étamine et servez-vous de cette marinade soit pour cuire du poisson, soit pour mariner à froid du filet, du bœuf, du mouton, etc.

On prépare également une marinade à froid et sans beurre pour le bœuf, le chevreuil, le sanglier et le cerf. Faites infuser dans trois litres de vinaigre et six d'eau, six grosses carottes et six ognons émincés, deux gousses d'ail, du persil en branches, quatre feuilles de laurier, du thym, une cuillerée à bouche de mignonnette, une de macis et une poignée de sel blanc. On laisse cinq ou six jours dans cette marinade. Si on ne peut disposer que d'un ou deux jours, on diminue de moitié la quantité d'eau qu'on remplacera par autant de vinaigre.

Court-bouillon. — Préparation pour la cuisson de certains poissons, tels que la carpe, le brochet, le saumon, l'alose, le turbot, etc., soit qu'on veuille les manger froids à l'huile ou chauds avec une sauce.

Emincez six carottes et six ognons; mettez-les dans une casserolle avec 250 grammes de beurre fin, une petite poignée de persil en branches, deux feuilles de laurier, un peu de thym, une gousse d'ail, du macis, quatre clous de girofle et deux pincées de mignonnette. Vous y joindrez deux litres de vin blanc, ou pareille quantité de vin rouge (dans ce dernier cas votre poisson sera au *bleu*), et six cuillerées à pot de bouillon; placez votre casserole couverte sur un feu ardent et dès que l'ébullition a lieu, laissez mijoter durant une heure votre court-bouillon; passez-le à l'étamine et faites-y cuire votre poisson. On conserve le court-bouillon qui sera d'autant meilleur qu'il aura servi plus de fois.

Court-bouillon simplifié.

Ce court-bouillon, plus usité que le précédent, se fait avec du vin rouge ou blanc, pur ou coupé d'eau, en y ajoutant des ognons, des carottes, un bouquet garni, thym, laurier, basilic, sel et gros poivre. Après avoir fait bouillir cette préparation durant une heure, on la passe au tamis et on y fait cuire le poisson. Le court-bouillon au vin rouge porte le nom de *bleu*.

Du vinaigre coupé de moitié eau remplace fort bien le vin; on l'épice de la même manière. Le même court-bouillon peut servir deux ou trois fois.

CHAPITRE II.

DES SAUCES ET DES RAGOUTS.

La connaissance des sauces est d'une utilité incontestable à la cuisinière. C'est par elle qu'on parvient à varier la préparation des mets, à en relever le goût et surtout à donner aux restants de la veille un aspect appétissant et une saveur nouvelle.

Sauce hollandaise.

Cette sauce n'est que du beurre très-frais, fondu et assaisonné d'un peu de jus de citron, de poivre et de sel. — Si on y ajoute du persil, on aura la sauce *maître-d'hôtel*.

Sauce hachée.

Hachez très-menu une poignée de champignons, du persil et quelques échalottes. Mettez le tout dans une casserolle avec les trois quarts d'un verre de vinaigre. Faites réduire de moitié sur un feu vif. Faites à part un roux mouillé de bouillon et d'un peu de vinaigre et joignez-le au reste. Hachez ensuite des câpres et quelques cornichons que vous ajouterez à votre sauce au moment de servir.

Beurre noir.

On fait chauffer du beurre dans une poêle jusqu'au point de devenir brun ; jetez-y des branches de persil et au moment de le verser sur le poisson ou la cervelle de veau, ajoutez-y une quantité suffisante de vinaigre.

Roux et liaisons.

On obtient un roux en faisant fondre du beurre dans une casserolle, en y mêlant de la farine et en remuant vivement jusqu'à ce que le tout ait pris une couleur brune.

Les roux sont la base d'une quantité de sauces pour lesquelles on les mêle à du bouillon ou à des coulis. Le roux peut être de la couleur du café au lait ou de la canelle, suivant qu'on le laisse plus ou moins longtemps sur le feu. Il est essentiel de veiller à ce qu'il ne brûle pas, car il donnerait un goût amer à la sauce.

On applique le nom de *liaison* à tout ce qui peut donner du corps à une sauce : farine, jaunes d'œufs.

Sauce au fumet.

Quand vous aurez des carcasses de perdrix ou autre gibier à plumes, faites-les bouillir pendant une heure dans deux verres de bouillon. Ajoutez-y deux feuilles de laurier, deux clous de girofle, un peu de canelle et un verre de bon vin. Faites réduire le tout jusqu'à la consistance d'une sauce et servez-vous-en pour toute espèce de gibier.

Sauce au mouton.

Mettez dans une casserole de l'échalote hachée,

très-peu d'ail; écrasez l'ail et l'échalote ensemble, et mettez-y une cuillerée de bouillon pour les délayer, vous y ajouterez ensuite deux cuillerées de coulis, du sel et du poivre; faites faire un bon bouillon à cette sauce, passez-la au tamis dans une autre casserole; servez chaud.

Sauce tomate.

Mettez les dans une casserole avec du bouillon, du sel, du gros poivre; faites jeter quelques bouillons, passez-les comme une purée, et ajoutez groscomme un œuf de bon beurre que vous faites fondrededans

Sauce au blanc, en gras et en maigre.

Mettez dans une casserole, si c'est en gras, du bouillon gras, et en maigre, du bouillon maigre, une bonne mie de pain, un bouquet garni de persil, ciboule, ail, échalote, thym, laurier, basilic, clous de girofle, un peu de muscade, quelques champignons entiers, un verre de vin blanc, sel, poivre, faites bouillir le tout ensemble et faites-le réduire à moitié; vous passez ensuite cette sauce à l'étamine pour en tirer un petit coulis. Quand vous êtes prêt à vous en servir, vous y mettez une liaison de trois jaunes d'œuf avec de la crême; faites-la lier sur le feu, et soyez attentif à ne point la laisser tourner; servez-vous de cette sauce pour toutes viandes et poissons que vous mettrez au blanc.

Sauce au verjus.

Mettez dans une casserole deux cuillerées de verjus, autant de coulis, sel, gros poivre, de l'échalote hachée très-fin; que cette sauce soit fort claire; faites-la chauffer, et servez-vous en pour grillades.

Sauce à la provençale.

Mettez dans une casserole deux cuillerées d'huile fine, de l'échalote et champignons hachés, deux gousses d'ail entières, passez le tout sur le feu, mettez-y une pincée de farine et mouillez ensuite avec du bouillon et un verre de vin blanc, sel, gros poivre ; un bouquet de persil, ciboule ; faites bouillir cette sauce à petit feu pendant une demi-heure, dégraissez-la et ne laissez d'huile que ce qu'il faut pour qu'elle soit perlée et légère ; ôtez le bouquet et l'ail, servez avec ce que vous voudrez.

Sauce Robert bourgeoise.

Mettez dans une casserole un peu de beurre avec une cuillerée de farine, faites roussir votre farine à petit feu ; quand elle est de belle couleur, mettez-y trois gros ognons hachés très-fin et du beurre suffisamment pour faire cuire l'ognon, mouillez ensuite avec du bouillon, dégraissez la sauce et la laissez bouillir une demi-heure ; quand vous êtes prêt à servir, mettez-y sel, gros poivre, filet de vinaigre et de moutarde : vous vous servirez de cette sauce pour porc-frais et dindon.

Sauce à la crême.

Mettez dans une casserole un peu de beurre, persil, ciboule, échalote, le tout haché, une gousse d'ail entière ; passez le tout sur le feu, mettez-y une pincée de farine, mouillez avec de la crême ou du lait, faites bouillir un quart d'heure, passez la sauce au tamis dans une autre casserole ; quand vous êtes prêt à servir, mettez-y un peu de bon beurre avec une pincée de persil blanchi et haché très-fin, sel, poivre ; faites lier la sauce sur le feu : elle sert pour toutes sortes d'entrées au blanc.

Sauce piquante à la bourgeoise.

Mettez dans une casserole deux pincées de chapelures de pain bien fines, gros comme une noix de bon beurre, une cuillerée à bouche d'huile fine, de l'échalote hachée, sel, gros poivre, du verjus suffisamment pour éclaircir la sauce, faites-la chauffer pour la faire lier en la remuant avec une cuiller. Cette sauce sert en gras et en maigre, pour toutes les viandes qui ont besoin de sauce piquante.

Sauce pour volaille ou gibier.

Mettez dans une casserole un verre de vin blanc, la moitié d'un citron coupé en tranches, un peu de chapelure de pain très-fine, deux cuillerées de bonne huile, un bouquet de persil, ciboule, deux gousses d'ail, un peu d'estragon, deux clous de girofle, un peu de bouillon, sel, gros poivre; faites bouillir le tout ensemble, à très-petit feu, pendant un quart d'heure, dégraissez ensuite et passez au tamis.

Sauce verte et piquante au vin.

Mettez dans une casserole une cuillerée d'huile fine, un demi-setier de bouillon, une chopine de vin blanc, faites bouillir le tout ensemble et réduire à plus de moitié, mettez-y ensuite de l'échalote, du cresson alénois, de l'estragon, du cerfeuil, persil, ciboule, un peu d'ail, le tout haché très-fin, sel, gros poivre; faites bouillir un instant, et servez.

Sauce à la ravigote.

Mettez dans une casserole un verre de bouillon, une goutte de vinaigre, sel, poivre, un peu de beurre manié de farine, civette, estragon, cerfeuil, pimprenelle, cresson alénois; faites bouillir cette fourniture un moment dans l'eau, pressez-la et hachez-la très-fin, mettez-la dans la sauce et faites-la lier sur le feu pour la servir sur ce que vous voudrez: si la fourniture n'est pas blanchie, il en faut moitié moins.

Sauce espagnole.

Mettez du coulis dans une casserole avec un verre de vin blanc, autant de bouillon, un bouquet de persil, ciboule, deux gousses d'ail, deux clous de girofle, une demi-feuille de laurier, une pincée de coriandre, deux cuillerées d'huile, un ognon en tranches, une racine et la moitié d'un panais; faites-la bouillir deux heures à très-petit feu; dégraissez pour la passer au tamis; assaisonnez de sel et poivre.

Sauce blanche.

Mettez dans une casserole un morceau de beurre, une pincée de farine, du sel, du poivre, un demi-verre d'eau; tournez-la sur le feu jusqu'à ce qu'elle soit liée; ne la laissez pas bouillir; mettez, en servant, un filet de vinaigre.

Sauce tartare.

Epluchez trois échalotes, un peu de cerfeuil et d'estragon; hachez le tout que vous mettrez dans une casserole avec de la moutarde, un peu de bouillon, du sel et du poivre, un filet de vinaigre; faites lier et servez.

Sauce à l'anglaise.

Hachez deux jaunes d'œufs durs, mettez-en la moitié dans une casserole avec un anchois et des càpres hachés, un verre de bouillon, sel, gros poivre, gros comme la moitié d'un œuf, de beurre manié d'une pincée de farine; faites lier la sauce sur le feu, servez-la sur ce que vous voudrez, et jetez sur la viande le restant du jaune d'œuf haché.

Sauce blanche aux càpres et aux anchois.

Mettez dans une casserole gros comme un œuf de bon beurre que vous mêlez avec une pincée de farine, délayez avec un verre de bouillon, un anchois haché, càpres fines entières, sel, poivre, deux ciboules; faites lier, ôtez les ciboules et servez.

Sauce italienne, en gras et en maigre.

Mettez dans une casserole deux cuillerées d'huile fine, des champignons hachés, un bouquet de persil, ciboule, un peu de laurier, une gousse d'ail, deux clous de girofle; passez sur le feu, et mettez-y une pincée de farine, mouillez avec du vin blanc, autant de bouillon et un peu de coulis, sel, gros poivre ; faites bouillir une demi-heure, dégraissez, ôtez le bouquet et servez ; en maigre, mettez du bouillon maigre, et à la place du coulis un peu plus de farine et deux ou trois cuillerées de jus d'ognon.

Sauce piquante.

Mettez dans une casserole un morceau de beurre avec deux gros ognons en tranches, une carotte, un panais, thym, laurier, basilic, deux clous de girofle, deux échalotes, une gousse d'ail, persil, ciboule ; passez le tout sur le feu jusqu'à ce que cela soit bien coloré, ensuite vous y mettrez une bonne pincée de farine ; mouillez avec du bouillon et une cuillerée de vinaigre ; faites bouillir à très-petit feu, dégraissez et passez au tamis, assaisonnez de sel et poivre. Elle sert pour ce qui a besoin d'être relevé.

Sauce à la rocambole.

Mettez dans une casserole un demi-verre de vin blanc, autant de bouillon, deux ou trois cuillerées de coulis, sel, gros poivre, faites bouillir un quart d'heure, et mettez-y cinq ou six rocamboles ou ail d'Espagne, et, à défaut, une gousse d'ail ordinaire hachée.

Sauce à la rémoulade.

Mettez dans une casserole une échalote, persil, ciboule, une pointe d'ail, un anchois et des câpres, le tout haché très-fin, sel, gros poivre ; délayez avec un peu de moutarde, de l'huile et du vinaigre.

Sauce à la poivrade.

Mettez dans une casserole un peu de beurre, deux ognons en tranches, carottes et panais coupés, une gousse d'ail, deux échalotes, deux clous de girofle, laurier, thym, basilic ; passez le tout sur le feu jusqu'à ce qu'il commence à se colorer ; mettez-y une pincée de farine ; mouillez avec un verre de vin rouge, un verre d'eau, une cuillerée de vinaigre ; faites bouil-

lir une demi-heure, dégraissez, passez au tamis;
mettez-y du sel, gros poivre. Servez-vous-en pour
tout ce qui a besoin d'être relevé.

Sauce au pauvre homme.

Cette sauce sert à accompagner les restes d'un
bouilli ou d'un rôti. Elle se fait avec du persil et
des échalotes hachées, du bouillon, une cuillerée
de vinaigre, sel et poivre. On fait bouillir le tout
jusqu'à ce que les échalotes soient cuites.

Sauce sans beurre.

Battez trois jaunes d'œufs avec six cuillerées
d'huile fine, sel et poivre. Faites chauffer au bain-
marie en tournant la sauce jusqu'à ce qu'elle soit
suffisamment chaude, afin de la bien lier.

Sauce anglaise pour le poisson.

Pour faire cette sauce, qu'on sert froide dans une
saucière, hachez très-fin quelques feuilles fraîches
de menthe poivrée, dite menthe d'Angleterre, délayez votre menthe dans un demi-verre de vinaigre
auquel vous joindrez un peu de bouillon, très-peu
de sel et un bon morceau de sucre. Cette sauce,
peu connue en France, est fort bonne.

Béchamel au gras.

Mettez dans une casserole 50 grammes de lard
que vous couperez en petits morceaux, autant de
graisse de veau, une carotte, un navet, deux
ognons moyens; ajoutez-y 100 grammes de beurre;
laissez revenir le tout, puis mettez dans la casserole
deux cuillerées de farine, poivre, sel, persil, thym,
girofle, muscade et gingembre; mouillez avec du
bouillon; laissez cuire une bonne heure tous ces
ingrédiens; passez au tamis et dégraissez. Si votre
sauce est trop épaisse, ajoutez-y un peu de crème.

Béchamel au maigre.

Vous délayerez deux cuillerées de farine dans un

litre de crême; mettez votre casserole sur un bon feu en remuant toujours votre appareil et veillant à ce qu'il ne prenne pas couleur et ne gratine pas. Mettez dans une autre casserole deux échalottes coupées par morceaux, une carotte émincée, sel, gros poivre, muscade, champignons et bouquet garni mouillez avec deux verres d'eau, et faites bouillir jusqu'à ce que la sauce soit suffisamment réduite; passez à l'étamine; tenez la chaude, et ajoutez-y un morceau de beurre fin avant de la servir.

Mayonnaise.

Cette sauce convient spécialement aux volailles froides et à quelques espèces de poisson. Mettez un jaune d'œuf cru dans une terrine avec le jus d'un citron; remuez continuellement pendant que vous y verserez un filet de vinaigre; ajoutez-y ensuite de l'huile très-fine, en quantité suffisante; veillez surtout à ce que cette quantité soit en rapport avec le jus de citron et le vinaigre que vous avez employés.

Coulis bourgeois et autres.

Pour faire les coulis bourgeois, mettez dans le fond d'une casserole de petits morceaux de lard et de la rouelle de veau suffisamment, suivant la quantité que vous voulez tirer de coulis.

Pour le faire bon, mettez une livre pour demi-setier; vous vous réglez là-dessus; mettez après deux ou trois ognons, autant de racines; mettez la casserole bien couverte sur un petit feu, pour que la viande ait le temps de jeter son jus; faites-le aller ensuite à plus grand feu, jusqu'à ce que la viande soit prête à s'attacher; pour lors vous continuez à petit feu pour que la viande s'attache doucement à la casserole, et vous faites un beau gratin.

Vous retirez ensuite votre viande et vos légumes sur une assiette, et mettez dans la casserole un morceau de beurre et de la farine, suivant la quantité que vous voulez tirer de coulis, plein une cuiller à bouche pour demi-setier ; tournez sur le feu jusqu'à ce que le roux soit beau, et vous mouillerez ensuite avec du bouillon chaud ; vous remettrez dedans la viande que vous en avez tirée, pour la faire cuire encore deux heures à très-petit feu ; dégraissez souvent le coulis.

Quand il sera fini, vous le passerez à l'étamine ou dans un tamis pour vous en servir à tout ce que vous jugerez à propos.

Pour que votre coulis soit bien fait, il doit être d'une belle couleur cannelle, ni trop clair ni trop épais, et qu'il ne sente point l'attaché ; c'est à quoi il faut s'appliquer, parce qu'un coulis manqué fera que vous n'aurez pas de satisfaction de votre repas.

Voilà la façon de toutes sortes de coulis que vous voudrez faire ; il n'y a que le changement de viande que vous mettez dedans qui en change les noms ; mais quelque coulis que vous tiriez, il faut toujours qu'il y entre du veau.

Vous faites aussi du jus de veau en mettant dans le fond d'une casserole un peu de lard, quelques tranches d'ognons et des morceaux de veau minces par-dessus, qu'on fait suer à très-petit feu, attacher ensuite sans être brûlés, et mouillez-les avec du bouillon ; faites-les bouillir une demi-heure, ensuite vous les passerez au tamis, et vous vous en servirez à ce que vous jugerez à propos.

Velouté ou coulis blanc.

Mettez dans une casserole 1 kilogramme et demi de rouelle de veau, deux poules, quelques carottes et ognons, un bouquet garni, deux clous de girofle et du bouillon : faites écumer à feu vif, et essuyez les bords de la casserole pour enlever toute l'écume ; ajoutez du consommé et écumez de nouveau, qu'il soit bien clair ; éloignez-le du feu : faites un roux blanc dans une autre casserole, ayez une vingtaine de champignons sautés dans de l'eau froide et du jus de citron, égouttez-les et passez-les dans votre roux ; délayez-le avec le mouillement de votre velouté et versez-le sur les viandes ; faites bouillir doucement pendant une heure, écumez et dégraissez, passez à l'étamine ; qu'il soit très-blanc.

Coulis d'écrevisses (Voyez page 202).

Jus.

Mettez dans une casserole deux cuillerées à pot de bouillon, 1 kilogramme et demi de tranche de bœuf, le râble et les cuisses de deux lapins, un jarret de veau, un bouquet garni, quatre grosses carottes, six ognons, deux clous de girofle, deux feuilles de laurier, faites bouillir sur un bon feu jusqu'à ce que le bouillon soit réduit ; placez votre casserole sur un feu très-doux pour que le jus des viandes s'y attache et forme au fond de la casserole une glace très-brune ; retirez la casserole sur le bord du fourneau, et au bout d'une heure remplissez-la de bouillon ; faites mijoter pendant trois heures et passez à l'étamine.

DES RAGOUTS ET GARNITURES.

Ragoûts de truffes.

Pelez de moyennes truffes et coupez-les en tranches, mettez-les dans une casserole avec un petit morceau de bon beurre, bouquet de persil, ciboule, une demi-gousse d'ail, deux clous de girofle, passez-les sur le feu et mettez-y une pincée de farine, mouillez avec un verre de bouillon et autant de vin blanc, faites cuire à petit feu pendant une demi-heure, dégraissez et ajoutez-y un peu de coulis, sel, gros poivre.

Ragoût de mousserons, champignons et morilles.

Mettez des mousserons dans une casserole avec

un morceau de beurre, un bouquet de persil, ciboule passez-les sur le feu, mettez-y une pincée de farine, et mouillez avec un verre de bouillon, un demi-verre de vin blanc, autant de jus, faites cuire une bonne heure, dégraissez, ajoutez-y un peu de coulis, si vous en avez; si vous n'en avez point, vous y met-tez un peu de farine; en les passant, assaisonnez de sel, gros poivre. Le ragoût de champignons et de morilles se fait de même, à cette différence qu'il faut que les morilles soient bien lavées.

Ragoût d'écrevisses.

Faites-les bouillir un moment dans l'eau; épluchez les queues et mettez-les dans une casserole avec un demi-verre de vin blanc, autant de bouillon, et un verre de coulis, faites bouillir un quart d'heure et servez avec ce que vous voudrez. Si vous voulez les servir avec un coulis d'écrevisses, vous les ferez cuire avec un peu de bouillon et de vin blanc; quand il n'y aura presque plus de sauce, vous les mettrez dans un coulis d'écrevisses fait comme celui qui est expliqué ci-devant, page 35.

Ragoût de foies gras de volailles.

Otez l'amer des foies et laissez-les entiers, faites-les blanchir un instant à l'eau bouillante, et mettez-les ensuite dans une casserole avec deux cuillerées à ragoût de coulis, un demi-verre de vin blanc, au-tant de bouillon, un bouquet de persil, ciboule, une demi-gousse d'ail, sel, gros poivre, faites bouillir une demi-heure, ayez soin de bien dégraisser. Servez avec telle viande que vous aurez, ou pour entremets.

Ragoût de choux.

Faites bouillir dans l'eau pendant une demi-heure la moitié d'un chou moyen, retirez-le à l'eau fraîche, pressez-le bien, ôtez le trognon, hachez-le un peu et mettez-le dans une casserole avec un morceau de beurre, passez-le sur le feu, mettez-y une pincée de farine, mouillez avec du bouillon et du jus jusqu'à ce qu'il y en ait assez pour donner une couleur dorée à votre ragoût ; faites bouillir à petit feu jusqu'à ce que le chou soit cuit et réduit à courte sauce ; assaisonnez de sel, gros poivre, un peu de muscade râpée ; servez dessous la viande que vous voudrez.

Ragoût de farce.

Mettez dans une casserole de l'oseille, laitue, cerfeuil, persil, ciboule, pourpier, le tout bien lavé, haché et bien pressé, avec un bon morceau de beurre ; passez-les sur un bon feu jusqu'à ce qu'il n'y ait plus d'eau, mettez-y une pincée de farine, mouillez avec jus, coulis, sel gros poivre ; faites cuire et servez à courte sauce ; si c'est en maigre, après avoir mis de la farine, mouillez avec du bouillon maigre, faites bouillir jusqu'à ce que les herbes soient cuites et qu'il ne reste plus de sauce ; mettez-y une liaison de trois jaunes d'œufs délayés avec de la crème ou du lait, faites lier sur le feu sans bouillir.

Ragoût de laitances.

Faites bouillir un moment dans de l'eau deux laitances de carpes et mettez-les dans une casserole avec deux cuillerées de coulis, un demi-verre de vin blanc, autant de bouillon, un bouquet de persil, ciboule, une demi-gousse d'ail, faites bouillir un quart d'heure ; assaisonnez de sel, gros poivre. En maigre, mettez dans une casserole ognons en tranches, une racine, un panais coupé en zestes, un bouquet de persil, ciboule, une pointe d'ail, deux clous de girofle, une demi-feuille de laurier, thym, basilic, un morceau de beurre, passez sur le feu et mettez-y une pincée de farine ; mouillez avec un verre de vin blanc, autant de bouillon maigre, faites bouillir et réduire à moitié, passez la sauce au tamis, mettez-y les laitances pour les faire bouillir un quart d'heure, et avant que de servir, deux jaunes d'œufs délayés avec de la crême ou du lait, sel, gros poivre; faites lier sur le feu sans bouillir.

Ragoût mêlé.

Mettez dans une casserole des champignons coupés en quatre, des foies gras, deux ou trois fonds d'artichauts cuits à moitié dans l'eau et coupés par morceaux; un bouquet de persil, ciboule, une petite pointe d'ail, un peu de beurre; passez le tout sur le feu, mettez-y une pincée de farine, mouillez avec un demi-verre de vin blanc, un peu de coulis et de bouillon; faites cuire une demi-heure, dégraissez, assaisonnez de sel, gros poivre. Si vous avez de petits œufs, vous les faites bouillir un instant dans de l'eau; ôtez la petite peau et mettez-les dans le ragoût, faites faire un bouillon; vous pouvez remplacer les petits œufs avec deux jaunes d'œufs durs que vous pilerez en y ajoutant un jaune d'œuf cru, une pointe de sel fin, mettez-les sur une table farinée, roulez-les comme une petite saucisse et coupez-les en petits morceaux d'égale grandeur; roulez chaque morceau dans vos mains avec un peu de farine pour les arrondir, et placez-les à mesure sur un plat fariné; lorsqu'ils seront tous faits, mettez-les un moment dans de l'eau bouillante; après deux bouillons, retirez-les et passez-les à l'eau fraîche, faites-les égoutter avant que de les mettre dans le ragoût. Si vous voulez mettre ce ragoût au blanc, vous remplacerez le coulis par une liaison de trois jaunes d'œufs avec de la crême.

Ragoût d'olives.

Prenez un quart de litre d'olives, coupez chacune en tournant autour du noyau, de façon que toute la chair se tienne ensemble sans être séparée, mettez-les à mesure dans l'eau, vous les ferez bien égoutter pour les mettre ensuite dans une sauce d'un coulis de veau bien assaisonné et de bon goût.

Ragoût au salpicon.

Mettez dans une casserole un ris de veau, deux fonds d'artichauts blanchis, des champignons, le tout coupé en dés, un bouquet de persil, ciboule, une demi-gousse d'ail, un clou de girofle, un peu de laurier et de basilic, un morceau de beurre ; passez sur le feu et mettez-y une pincée de farine, mouillez avec du jus, vin blanc, un peu de bouillon, sel, gros poivre, faites cuire et réduire à courte sauce ; dégraissez et servez.

Ragoût de marrons.

Otez la première peau à un demi-cent de marrons, mettez-les dans une poêle percée pour les remuer sur le feu jusqu'à ce que vous puissiez ôter la seconde, ensuite vous les mettez dans une casserole avec un demi-verre de vin blanc, deux cuillerées de coulis, un peu de bouillon, du sel ; faites cuire et réduire à courte sauce ; ayez attention qu'ils soient bien cuits et entiers.

Godiveau.

Prenez 500 grammes de graisse de bœuf et 250 grammes de rouelle de veau que vous hacherez bien fin ; ajoutez-y sel, poivre, muscade et quatre œufs entiers. Mettez le tout dans un mortier de marbre, en y ajoutant un peu de glace de viande et un peu de persil finement haché ; après avoir bien pilé votre préparation, saupoudrez une table de farine et roulez-y cette espèce de pâte, moulez-la avec la paume de la main en boules, faites blanchir à l'eau bouillante, puis égouttez dans une passoire.

Les godiveaux servent à garnir les tourtes et les préparations de viandes.

Quenelles.

On donne ce nom à des boulettes oblongues, préparées de la même manière que les godiveaux, mais en y employant des viandes plus délicates que le veau, soit en volaille, soit en gibier.

On prépare des quenelles maigres avec du poisson de mer ou d'eau douce, pilé avec de la mie de pain trempée dans du lait et du beurre, au lieu de graisse.

Farces.

On donne ce nom aux viandes ou autres choses qu'on hache pour farcir quelque volaille ou autre pièce de viande, tant en gras qu'en maigre. Il en existe un grand nombre dans la cuisine; nous nous bornerons à décrire les deux suivantes.

Farce au gras.

Coupez en petits morceaux des blancs de volaille crus; passez-les au feu durant dix minutes, avec beurre, sel, gros poivre, muscade et girofle. Retirez vos blancs, après les avoir égouttés, et remplacez-les, dans la même casserole, par un morceau de mie de pain mouillé de bouillon, avec un peu de persil haché très-fin. Ecrasez votre pain qui se trouvera réduit en panade. Pilez ensuite vos blancs, ajoutez-y votre pain, un bon morceau de beurre et six jaunes d'œufs durs; pilez de nouveau afin de bien incorporer toutes les parties de votre farce.

Farce au maigre.

Prenez de la chair de poisson de mer ou d'eau douce; hachez-la avec des champignons cuits et des jaunes d'œufs durs. Ajoutez à votre hachis de la mie de pain, cuite dans du lait, un bon morceau de beurre frais, sel, muscade râpée, persil haché et deux ou trois jaunes d'œufs non cuits. Pilez le tout avec soin, et vous y ajouterez trois blancs d'œufs battus. Cette farce peut convenir à une foule de préparations ; mais ne mêlez jamais ensemble les chairs de deux poissons différens.

CHAPITRE III.

DES POTAGES.

Les meilleurs morceaux du bœuf pour faire du bouillon sont la culotte, la tranche et le gîte à la noix. On peut aussi employer, en famille, les côtes d'aloyau auxquelles on ajoute ordinairement un chou. Ne mettez du veau dans vos bouillons que pour quelque cause de maladie, et ne l'ajoutez que lorsque le bœuf aura bouilli une heure, autrement la viande deviendrait rouge. Quand la viande est bien écumée, salez le bouillon, mettez dans la marmite des légumes bien épluchés, ratissés et lavés, comme céleri, ognons, carottes, panais, poireaux, choux ; faites-le bouillir doucement pendant cinq heures au moins, passez-le ensuite dans un tamis ou dans une passoire de ferblanc, laissez reposer pour vous en servir.

Potage au pain.

Mettez dans une soupière des croûtes de pain taillées, versez-y deux cuillerées à pot de bouillon un peu gras, et laissez-les tremper un instant ; au moment de servir, mettez-y du bouillon suffisamment ; retirez les légumes de la marmite sur une assiette et servez-les à côté du potage.

Usage du bouillon de bœuf.

Le bon bouillon est fort utile en cuisine pour mouiller les ragoûts et les sauces ; on en fait aussi d'excellens potages, tels qu'au riz, au vermicelle ; on peut employer ainsi le bouillon de la veille, il faut qu'il ait été passé au tamis et dégraissé en sortant du feu.

Consommé.

On fait un consommé avec des débris de volailles et autres viandes que l'on prépare pour un grand repas, on ajoute à ces débris un jarret de veau, on met le tout dans une marmite que l'on remplit de bouillon, et on fait bouillir doucement ; on ajoute des carottes, navets, clous de girofle. Lorsque ce bouillon est fait, il doit se prendre en gelée.

Croûte au pot.

Placez au fond d'un plat qui aille sur le feu des croûtes de pain bien cuit, arrosez-les avec du bouillon non dégraissé, faites mijoter tout doucement jusqu'à ce que le bouillon soit tari et que les croûtes commencent à gratiner ; dressez-les dans une soupière et versez dessus du bouillon dégraissé.

Potage aux pâtes d'Italie.

Lorsque le bouillon est en ébullition on y jette les pâtes qu'on laisse cuire environ trois quarts d'heure.

Potage au tapioca.

On met une cuillerée à bouche, par personne, de tapioca dans le bouillon lorsqu'il est en ébullition, et on le remue jusqu'à ce qu'il soit dissout et en gelée.

Potage à la Crécy.

Procurez-vous de belles carottes bien rouges, faites-les cuire dans un peu de bouillon, réduisez-les en purée ; passez à la passoire, remettez votre purée sur le feu, mouillez-la avec du bouillon, puis versez-la sur des croûtons frits au beurre et servez.

Potage anglais, dit Turtle-soup.

Procurez-vous de la chair de tortue que vous coupez en morceaux de la grosseur d'une noix et que vous faites dégorger; faites-les cuire dans du bouillon, à petit feu, pendant trois ou quatre heures, en les assaisonnant de poivre, sel, thym, laurier, et y ajoutant des ognons et des carottes; faites un roux, vous y ajoutez ensuite la quantité nécessaire de bouillon, vous y mettez les morceaux de tortue, des quenelles de viande ou de volaille, un jus de citron; laissez bouillir pendant deux heures et servez. Votre potage doit être épais comme une sauce de gibelotte.

On substitue généralement, en France et même en Angleterre, la tête de veau à la tortue.

Riz au gras.

Ayez 125 grammes de riz pour quatre assiettes, lavez-le plusieurs fois à l'eau froide en le frottant avec les mains; faites-le cuire d'abord dans un peu d'eau, puis vous ajouterez du bouillon en quantité suffisante à mesure qu'il épaissira; laissez-le bouillir deux heures au moins à très-petit feu.

Vermicelle.

Mettez dans une casserole, sur le feu, du bouillon pour huit assiettées de potage; lorsqu'il sera bouillant versez-y 250 grammes de vermicelle que vous aurez pressé légèrement entre les doigts pour le diviser; remuez-le avec une cuiller et laissez le bouillir vingt minutes.

Potage à la semoule.

Il se fait comme le précédent, mais il ne faut pas que le bouillon soit aussi chaud, car il s'y formerait des grumeaux; en versant la semoule il faut tourner toujours avec une cuiller jusqu'à ce qu'il soit en parfaite ébullition. On emploie deux cuillerées à bouche de semoule pour chaque assiette.

Potage à la fécule.

Lorsque votre bouillon sera bouillant dans une casserole, délayez avec un demi-verre de bouillon froid six cuillerées de fécule, pour quatre assiettes de potage; retirez la casserole sur le bord du fourneau, et versez dedans la fécule en tournant toujours avec une cuiller pour qu'elle ne tombe pas au fond; remettez le bouillon sur le feu, et continuez de le remuer jusqu'à ce qu'il soit épaissi; ne le laissez que cinq minutes et servez.

Différens potages maigres.

Les quatre potages précédens peuvent être faits à l'eau; on y ajoute du sel, un morceau de beurre bien frais, et une liaison de jaunes d'œufs, ou une purée quelconque.

Potages au lait.

Le riz, le vermicelle, la semoule, la fécule de pommes de terre peuvent être mis en potages au lait; les procédés sont les mêmes que pour le bouillon; ajoutez-y du sucre, une cuillerée d'eau de fleur d'orange et des jaunes d'œufs si vous voulez.

Soupe au lait.

Prenez un litre de lait et faites-le bouillir avec quelques grains de sel, un morceau de sucre si vous voulez; tranchez du pain et arrangez-le dans le plat que vous devez servir, versez dessus une partie de votre lait pour faire tremper le pain, et tenez-le sur de la cendre chaude sans qu'il bouille; couvrez le plat, et lorsque vous êtes prêt à servir, vous mettez cinq jaunes d'œufs dans le restant du lait que vous délayez avec; mettez-le sur le feu en le remuant toujours, et lorsque vous sentez que votre lait s'épaissit, il faut l'ôter promptement, parce que c'est une marque que les œufs sont cuits, et si vous tardiez à l'ôter, les œufs tourneraient.

Si vous voulez faire un potage au lait plus distingué, vous prendrez un litre et demi de lait que vous ferez bouillir avec une petite écorce de citron vert, une pincée de coriandre, un petit morceau de cannelle, deux ou trois grains de sel, environ 100 grammes de sucre; faites-le bouillir et réduire à moitié, ensuite vous le passez au tamis et le finissez comme le précédent.

Potage aux poireaux et aux pommes de terre.

Coupez par morceaux cinq ou six pommes de terre jaunes et quelques poireaux que vous hacherez; mettez le tout dans une quantité d'eau suffisante sur le feu, assaisonnez avec sel et poivre, et un bon morceau de beurre. Lorsque vos légumes seront cuits, versez votre potage sur des tranches de pain minces et servez. Ce potage de famille, aussi simple qu'économique, est fort bon.

Potage au riz et à l'ognon.

Coupez en filets quelques ognons, faites-les revenir avec un bon morceau de beurre; lorsqu'ils auront pris une belle couleur blonde, mêlez avec de l'eau bouillante, passez les ognons et ajoutez du riz que vous faites cuire; assaisonnez avec sel et poivre, et servez.

Potage aux choux et au lard.

Ayez 500 grammes de lard de poitrine, lavez-le et ratissez la couenne; mettez-le dans une marmite avec un cervelas de 125 grammes. Lorsque l'eau bouillira ayez des choux en proportion de la grandeur de la marmite, lavez-les à l'eau froide ou les faites blanchir; mettez-les avec le lard et ajoutez 125 grammes de graisse de rôti : il ne faut pas de sel; laissez le tout bouillir deux heures à grand feu, et servez-vous-en comme du bouillon gras pour tremper un potage au pain qui doit suffire à huit personnes; retirez le cervelas, les choux et le lard sur une assiette, et servez-les à côté du potage.

Potage aux choux et au porc-frais.

Il se fait comme le précédent. Le morceau le plus convenable est le jambonneau ; on le sert séparément sur un plat comme la pièce de bœuf ; il faut au moins trois heures de cuisson à grand feu ; n'y mettez pas de graisse ni de cervelas, et salez-le comme un pot au feu.

Potage à la jardinière.

Prenez une marmite d'environ trois litres ; mettez dedans un quartier de chou, quatre carottes, un panais, six ognons, un pied de céleri, trois ou quatre navets, oseille, poirée, cerfeuil, un demi-litre de pois. Faites bouillir tous ces légumes avec de l'eau pendant trois heures, passez ensuite ce bouillon dans un tamis, et mitonnez votre potage après avoir mis dans le bouillon le sel qu'il lui faut; on y ajoute un bon morceau de bon beurre ; vous garnirez le potage avec les légumes qui sont dans la marmite ; le tout coupé par rouelle.

Potage à la Vierge.

Vous vous servirez d'un bouillon ordinaire, comme il est expliqué au commencement de ce livre ; vous prendrez le plus gras de ce bouillon, environ une chopine, pour le faire bouillir quelques bouillons sur un fourneau, avec de la mie de pain de la grosseur d'un œuf; prenez du blanc de volaille cuite à la broche, que vous pilez bien fin dans un mortier avec quelques amandes douces et six jaunes d'œufs durs ; quand le tout est bien pilé, mettez-y le bouillon où est la mie de pain , et passez le tout dans une étamine, en y ajoutant un quart de litre de crême ; après l'avoir assaisonné de bon goût, vous le tiendrez chaud au bain-marie ; faites ensuite mitonner votre potage avec des croûtes bien chapelées, et peu de bouillon : quand vous serez prêt à servir, vous mettrez votre coulis bien chaud dans le potage, sans le faire bouillir, parce qu'il tournerait.

Potage au potiron.

Suivant la grandeur du potage que vous voulez faire, vous prenez plus ou moins de citrouille ou potiron pour un litre de lait; vous prendrez le quart d'un moyen potiron, ôtez - en la peau et tout ce qui tient après les pépins, coupez le potiron par petits morceaux et mettez - le dans une marmite avec de l'eau, et faites cuire jusqu'à ce qu'il soit réduit en marmelade et qu'il ne reste plus d'eau ; mettez-y un morceau de beurre gros comme un œuf et un peu de sel ; faites-lui faire encore quelques bouillons, ensuite vous ferez bouillir un litre de lait et y mettrez du sucre ce que vous jugerez à propos : versez votre lait dans le potiron, prenez le plat que vous devez servir, arrangez-y du pain tranché, mouillez-le avec votre bouillon de potiron, couvrez le plat et mettez-le sur un peu de cendre chaude pendant un quart d'heure, pour donner le temps au pain de tremper, faites attention qu'il ne bouille pas ; en servant, vous y mettez le restant de votre bouillon bien chaud. Ce potage se fait aussi sans lait et sans sucre ; mais on y ajoute alors divers légumes coupés par petits morceaux, tels que carottes, navets et céleri. Cette sorte de julienne est fort bonne.

Potage aux herbes.

Prenez oseille, poirée, bonne-dame, laitue, pour-

pier et cerfeuil, en quantité à peu près égale;
ajoutez-y un peu de persil et de ciboule. Après
avoir lavé ces herbes, hachez-les sur une table.
Faites-les cuire à sec dans une casserole avec un
bon morceau de beurre; lorsqu'elles sont réduites,
mettez-y de l'eau suffisamment, du sel et jamais de
poivre, vous tremperez votre potage sitôt qu'il aura
bouilli; mettez-y en servant une liaison de jaunes
d'œufs. Vous pouvez, selon votre goût, vous servir, en place d'eau, d'un bouillon de haricots, de
lentilles ou de pois. Servez-vous, pour hacher vos
herbes d'un hachoir à plusieurs lames, elles seront
mieux hachées et ce sera plus tôt fait.

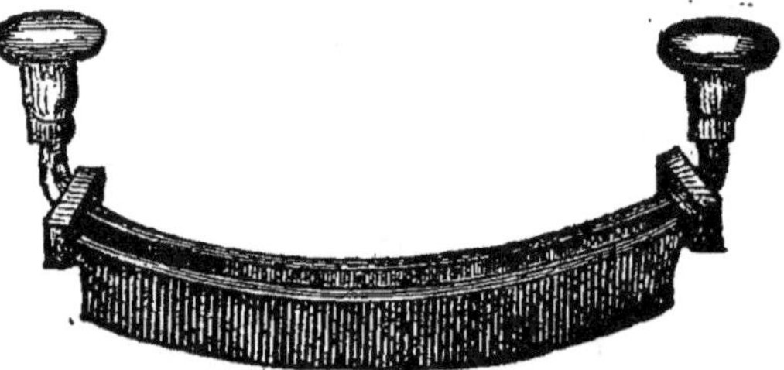

Julienne.

Coupez par petits morceaux bien fins des carottes,
navets, panais, poireaux, ognons, etc., que vous
mettrez revenir dans une casserole avec un bon
morceau de beurre. Lorsque ces légumes commenceront à se colorer, hachez une petite poignée d'o-
seille, persil, ciboule, laitue et cerfeuil que vous
mettrez cuire avec, pendant un quart d'heure;
mouillez avec du bouillon ou de l'eau; laissez bouillir
une heure, et versez sur du pain émincé.

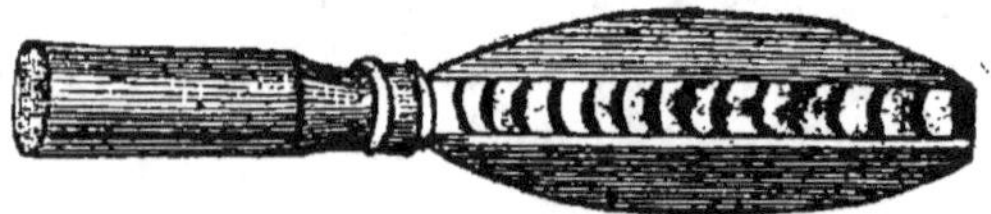

Le couteau représenté ci-dessus est très-commode
pour couper les racines en filets.

Panade.

Mettez dans une casserole, sur un feu vif, un litre d'eau, la mie d'un pain tendre de deux livres, un quart de beurre bien frais, sel, poivre; faites réduire comme une sauce en remuant de temps en temps avec une cuiller; en servant, mettez une liaison de jaunes d'œufs; vous pouvez la faire avec de la mie de pain rassis, ou avec de la croûte pour qu'elle soit plus stomachique.

Potage maigre aux ognons.

Coupez en filets environ une douzaine de moyens ognons, mettez-les dans une casserole avec un morceau de beurre, passez-les sur le feu en les retournant de temps en temps jusqu'à ce qu'ils soient cuits et un peu colorés également; mouillez-les avec de l'eau ou du bouillon maigre, si vous en avez; mettez-y du sel et du gros poivre, faites bouillir quelques bouillons, et ensuite vous y mettrez du pain pour faire mitonner votre potage comme à l'ordinaire.

Si vous voulez faire un potage de lait aux ognons, vous en mettez un peu moins qu'il n'est dit ci-dessus, passez-les à petit feu avec du beurre jusqu'à ce qu'ils soient cuits sans être colorés; faites bouillir du lait et mettez-le avec l'ognon assaisonné d'un peu de sel; mettez du pain tranché dans le plat que vous devez servir, avec une partie de votre bouillon, couvrez-le et mettez-le sur un peu de cendres chaudes; quand votre pain sera bien trempé, vous y mettrez le restant du bouillon. Servez.

Potage d'asperges à la purée verte, en gras et en maigre.

Pour faire un potage en maigre, vous faites un bouillon de racines; lorsqu'il est passé au tamis, prenez-en une partie pour faire cuire un litre de pois verts; prenez des asperges de moyenne grosseur ce qu'il en faut pour garnir le potage, coupez-les de la longueur de trois doigts, faites blanchir un moment à l'eau bouillante, et retirez-les à l'eau fraîche, faites-les égoutter et ficelez-les en plusieurs petits paquets, coupez un peu le bout de la pointe, et mettez-les cuire avec les pois; lorsque les pois sont cuits, passez-les en purée, mitonnez le potage avec le bouillon de racines, faites une garniture sur les bords du plat avec les asperges; en servant mettez-y le coulis de pois : le potage en gras se fait de la même façon en prenant un bon bouillon gras à la place du maigre.

Potage au fromage en gras et en maigre.

Pour le faire en maigre, vous ferez un bouillon de choux et de légumes; quand il sera fini et passé au tamis, mettez-y très-peu de sel; prenez le plat que vous devez servir, qui doit aller au feu; prenez 250 grammes de fromage de Gruyère ou davantage suivant la grandeur du potage; râpez-en la moitié et coupez l'autre en tranches minces; mettez un peu de fromage râpé dans le fond du plat avec de petits morceaux de beurre; couvrez avec du pain tranché fort mince, ensuite vous y mettez une couche de fromage tranché, après une couche de pain que vous couvrez de fromage râpé, une couche de pain, et finissez par le fromage tranché et de petits morceaux de beurre; mouillez avec une partie de votre bouillon, faites mitonner jusqu'à ce qu'il se fasse un petit gratin dans le fond du plat et qu'il ne reste plus de bouillon. Avant de servir, vous y remettez du bouillon et un peu de gros poivre. Ce potage doit être servi un peu épais; en gras, vous le faites de la même façon, en vous servant d'un bouillon gras aux choux; ne dégraissez point trop le bouillon, et n'y mettez point de beurre.

Gelée pour les malades.

Mettez dans une marmite un kilogramme de tranche de bœuf, une poule que vous avez flambée, vidée et épluchée, un jarret de veau d'environ 750 grammes et deux litres d'eau; faites-les bouillir et bien écumer; vous ferez bouillir pendant trois heures; dégraissez votre bouillon et passez-le dans un tamis serré, mettez-le dans une casserole sur un fourneau, avec une tranche de citron vert, la peau ôtée; si vous n'en avez point, vous y mettrez quelques gouttes de vinaigre blanc, 125 grammes de sucre, deux ou trois grains de sel, deux pincées de coriandre, un très-petit morceau de cannelle; faites bouillir un quart d'heure, et mettez-y trois œufs cassés, blancs et jaunes, avec les coquilles; faites bouillir doucement en remuant souvent jusqu'à ce que votre gelée soit claire et réduite à environ un demi-litre; vous la passerez au tamis; mettez votre gelée dans les vaisseaux où elle doit rester; faites-la prendre dans un endroit frais ou sur de la glace.

DE LA DISSECTION DES VIANDES.

L'adresse de découper proprement les viandes est aujourd'hui d'un si grand usage, que ceux qui veulent servir les convives ne doivent point l'ignorer, puisque l'on ne saurait servir les bons morceaux, si on ne les connaît pas, et que bien des gens trouvent la viande dure faute de savoir la couper dans son fil.

Je commencerai par la dissection du bœuf bouilli et rôti; la façon de le couper est toujours la même, ainsi que les autres viandes de boucherie.

La culotte se coupe en travers dans le milieu; la viande qui est auprès des os de la queue est plus fine.

La charbonnée se coupe en morceaux minces et en travers.

La poitrine se coupe près du tendon, et en travers.

Le paleron se coupe comme la charbonnée.

L'aloyau, qui est un morceau fort estimé, se

découpe ainsi que l'indique la figure ci-dessous, suivant l'ordre des numéros. On détache d'abord le filet qui est la partie la plus délicate du morceau, et on le divise par tranches d'une médiocre épaisseur. La viande qui est de l'autre côté de l'os et au-dessus du filet se coupe de même; c'est le morceau le plus recherché après le filet.

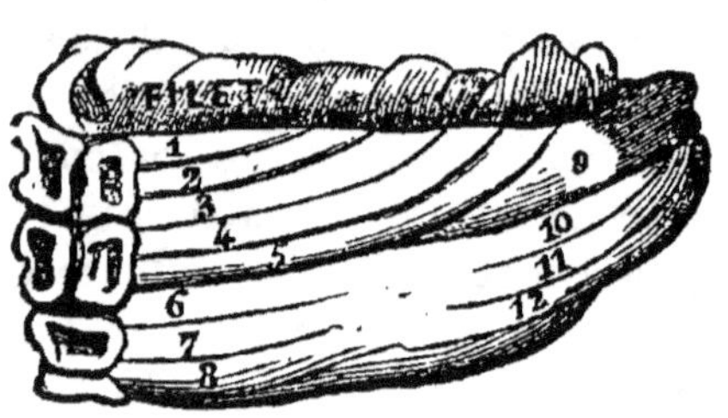

La tranche et le gîte se coupent en travers.

Toutes les langues, ainsi que celle du bœuf, se coupent en travers et par tranches; du côté du gros bout se trouvent les morceaux les plus délicats.

De la connaissance du bon bœuf.

Le bœuf est bon toute l'année; il faut choisir celui qui a la couleur foncée d'un rouge cramoisi, gras et bien couvert; il faut le laisser mortifier quatre ou cinq jours en hiver, deux ou trois au printemps et à l'automne; pour l'été, un jour ou deux suivant les chaleurs et l'exposition des vents où vous mettez la viande; il y a des parties dans le bœuf qui se conservent mieux les unes que les autres.

De la dissection du veau.

La longe. Vous coupez le filet par petites tranches, en travers, pour servir; ensuite vous coupez le rognon par petits morceaux pour le présenter à ceux qui l'aiment; sous le rognon, dans l'intérieur de la longe, se trouve un petit filet très-délicat.

Le casi se coupe par petits morceaux avec ses petits os; il se coupe facilement en appuyant le couteau dessus, parce que les jointures en sont marquées.

Du cuissot. Dans le cuissot, quand il est rôti, il n'y a que les noix de tendres, celle de dessous est la plus estimée.

La poitrine. Après avoir découvert les tendons d'une peau charnue qui les couvre, vous coupez la poitrine en travers pour séparer les côtés d'avec les tendons; c'est ce que vous ferez aisément en prenant l'endroit du côté des tendons où le couteau ne résiste pas, et ensuite coupez par petits morceaux.

Le carré se coupe par côtelettes, en prenant bien le joint, ou en filets, comme la longe.

L'épaule. En dessous de l'épaule, sur la gauche, se trouve une petite noix enveloppée de graisse que vous servez d'abord pour le morceau le plus délicat; le reste de l'épaule, dessus et dessous, se coupe par tranches.

La tête de veau. Les morceaux les plus estimés sont les yeux, ensuite les oreilles; la cervelle se sert à ceux qui l'aiment, ensuite vous coupez la langue par morceaux : vous avez encore les bajoues.

La figure ci-contre vous indique par ses numéros l'ordre qu'il faut suivre en découpant une tête de veau.

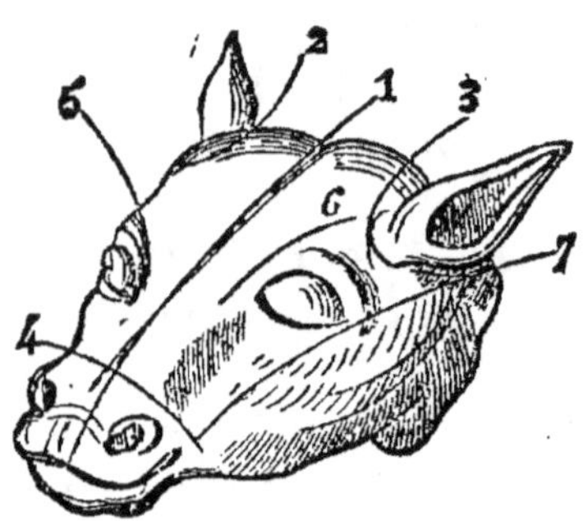

Le chevreuil et le daim se servent et se coupent comme le veau.

De la dissection du mouton.

Le *gigot* se découpe de deux manières. La plus ancienne et la plus usitée consiste à le diviser en tranches perpendiculaires, en allant jusqu'à l'os. On ne détache point ces tranches une à une, mais toutes étant coupées, on les sépare à la fois en glissant le couteau le long de l'os, puis on les dépose sur le plat. On retourne ensuite le gigot et on détache les parties de derrière qui sont peu charnues.

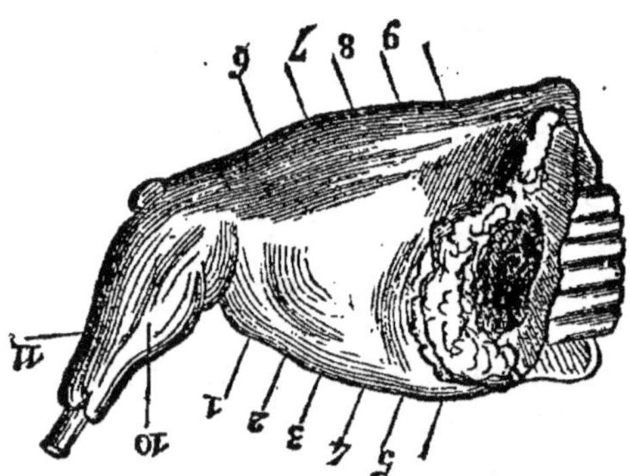

La seconde méthode, dite *méthode anglaise*, consiste à couper des tranches minces et parallèles à l'os. Cette pratique présente l'avantage de pouvoir offrir à chaque convive le morceau dont le degré de cuisson lui conviendra le mieux, car, à mesure qu'on approche de l'os, on trouve la viande moins cuite.

La figure ci-dessous et celle qui précède représentent les deux systèmes.

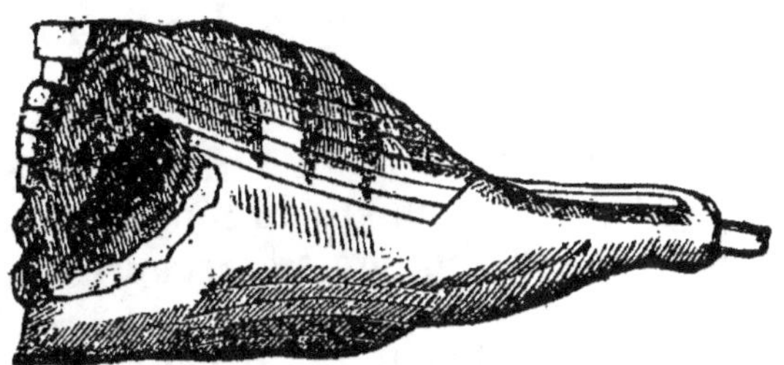

Epaule de mouton. Ce que nous avons dit du gigot peut s'appliquer à l'épaule de mouton qu'on coupe également, soit en tranches perpendiculaires, soit en tranches horizontales.

La chair la plus voisine des os est la plus tendre. Les meilleurs morceaux sont ceux désignés par les chiffres 7, 8, 9 et 10. La chair du n° 7 est plus grasse et a plus de goût que le reste.

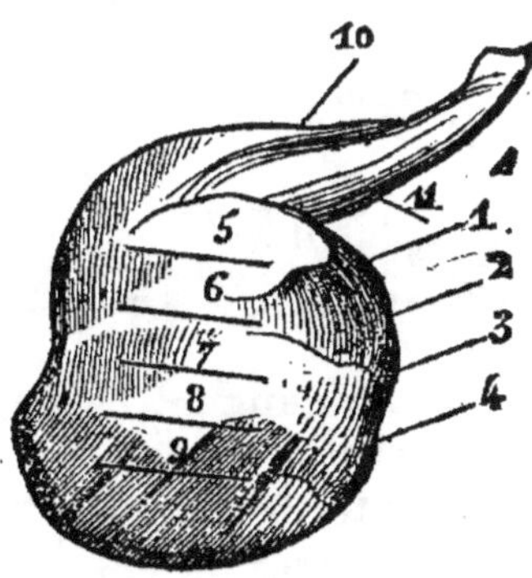

On sert plus souvent l'épaule de mouton désossée, et sous forme d'entrée que rôtie.

L'agneau et le chevreau se découpent exactement de la même façon. Voyez à la page 98 , où il est traité des diverses manières de les préparer.

Le mouton est meilleur en hiver qu'en été. Il faut choisir celui dont la graisse est blanche et la chair d'un rouge obscur. Vous reconnaîtrez qu'un mouton est vieux et par conséquent coriace, lorsque sa graisse est molle et sa chair dure et résistante.

De la dissection du cochon.

La hure, qui sert pour un entremets froid, com-mence à se servir en coupant du côté des oreilles jus-qu'aux bajoues ; le chignon se sert après par petites tranches minces.

Le carré, le filet, l'échinée, se coupent par petites tranches minces et en travers.

Le jambon se coupe par petites tranches en travers, toujours du gras et du maigre.

Le sanglier se coupe et se sert comme le cochon.

De la dissection du cochon de lait.

La dissection se fait de même ; après qu'il est servi sur table, vous commencez par couper la tête, les deux oreilles, et séparez la tête en deux ; ensuite

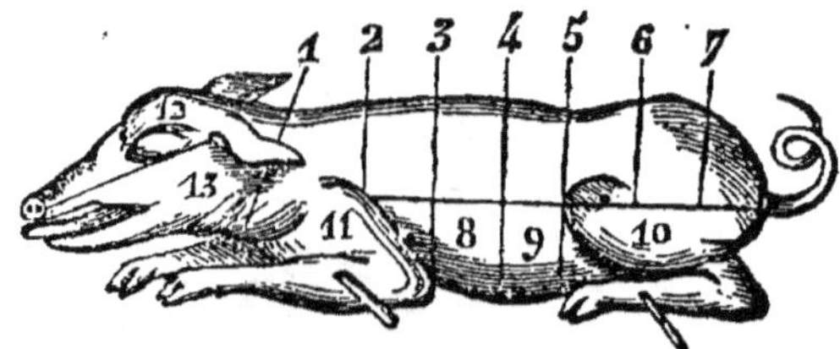

vous coupez l'épaule gauche, la cuisse gauche, l'é-paule droite et la cuisse droite ; vous levez après la peau pour la servir toute croquante ; les jambes, les côtés, les morceaux près du cou, sont des endroits très-délicats ; l'épine du dos se coupe en deux ; le côté des côtes qui y reste attaché se sert par petits morceaux. La figure ci-dessus montre la manière de découper le cochon de lait.

De la dissection de la volaille et du gibier.

Les principales parties de la volaille sont le cou, les deux ailes, les deux cuisses, l'estomac, le croupion, la carcasse; les morceaux qu'on offre de préférence sont les ailes et après les blancs, pour la volaille rôtie; celle qui est bouillie, les cuisses sont les morceaux les plus présentables.

La dissection se fait en prenant l'aile de la main gauche ou avec une fourchette : vous prenez de la main droite le couteau pour couper la jointure de l'aile, et achevez de la main gauche en tirant l'aile qui cède aisément si vous tenez ferme la pièce de volaille avec votre fourchette; ensuite vous levez du même côté la cuisse en donnant un coup de couteau dans les nerfs de la jointure, et vous la tirez de la même façon avec la main gauche. La même opération se pratique pour l'autre côté; vous coupez ensuite l'estomac, la carcasse et le croupion en deux : c'est ainsi que vous disséquez poulets, poulardes, faisans, perdrix et bécasses; les morceaux les plus délicats du faisan sont les blancs de l'estomac et les cuisses; de la bécasse, la cuisse est la plus estimée.

Le pigeon, quand il est gros, se peut couper comme la viande blanche; quand il est moyen, il se coupe en deux par le dos en faisant tenir le croupion avec les deux cuisses, ou en deux morceaux en travers.

L'oiseau de rivière et le canard se coupent sur l'estomac par aiguillettes, que vous offrez pour le plus délicat; ensuite vous levez les ailes, les cuisses et la carcasse.

Des lapereaux, le plus estimé est le filet : vous commencez à le fendre depuis le cou en descendant le long de l'épine du dos; après qu'il est levé, vous le coupez par morceaux en travers pour le servir; les petits filets dedans sont excellens; le reste se coupe à volonté. Les levrauts se coupent et se servent de la même façon que les lapereaux.

3.

Vous trouverez aux articles concernant les volailles et le gibier dont nous venons de parler, des figures qui vous indiqueront la manière de les découper.

CHAPITRE IV.

DU BŒUF.

De la langue de bœuf.

Elle se met cuire à la braise, qui se fait avec sel, laurier, basilic, clou de girofle, ognon, racine, du poivre, un bouquet garni de persil, ciboule, thym, bouillon que ce qu'il faut pour mouiller la viande ; faites cuire à petit feu pendant trois heures ; quand elle est cuite, ôtez la peau et piquez-la de petit lard, faites-la cuire après à la broche ; servez dessous une sauce comme celle de mouton en y ajoutant un filet de vinaigre. (Vous trouverez la sauce au chapitre VI).

Vous la mettez encore en miroton ; quand elle est cuite à la braise, comme ci-devant, ôtez la peau, coupez-la en tranches, arrangez-la sur le plat que vous devez servir ; faites-la bouillir doucement dans une sauce comme celle que je viens de dire, et servez-la à courte sauce.

Langue de bœuf en paupiette.

Otez le cornet à une langue de bœuf et faites-la blanchir un demi-quart d'heure à l'eau bouillante, mettez-la ensuite cuire dans la marmite à la pièce de bœuf jusqu'à ce que la peau se puisse enlever, elle ne gâtera pas votre bouillon ; ôtez-en la peau et mettez-la refroidir ; après vous la coupez en tranches minces dans toute sa largeur et longueur ; couvrez chaque morceau avec de la farce de godiveau, ou autre farce de viande, de l'épaisseur d'une pièce de

5 francs ; passez un couteau trempé dans de l'œuf battu sur la farce, roulez-les ensuite et embrochez-les dans un hatelet, après avoir mis à chacune une petite barde de lard ; faites-les cuire à la broche ; quand elles seront presque cuites, jetez de la mie de pain sur les bardes ; faites prendre une couleur dorée à feu clair, et vous les servirez avec une sauce piquante dessous, que vous trouverez, la première, à l'article des *Sauces*.

Langue de bœuf en gratin.

Prenez une langue de bœuf et faites-la cuire dans la marmite après l'avoir fait blanchir ; quand elle sera cuite, ôtez-en la peau et mettez-la refroidir, coupez-la en tranches, hachez du persil, ciboule, cinq ou six feuilles d'estragon, trois échalotes, câpres et un anchois ; prenez une demi-poignée de mie de pain que vous mêlez avec gros comme la moitié d'un œuf de beurre et une partie de ce que vous avez haché, pour mettre le tout ensemble dans le fond d'un plat ; arrangez la moitié de la langue dessus ; assaisonnez de sel, gros poivre, et le restant de vos petites herbes dessus, arrangez une seconde couche du restant de la langue, sel, gros poivre par-dessus ; mouillez avec trois ou quatre cuillerées de bouillon et un demi-verre de vin, faites bouillir jusqu'à ce qu'il se fasse un gratin dans le fond du plat ; en servant, vous y mettrez un peu de bouillon, seulement pour que cela marque une petite sauce.

Langue de bœuf à la persillade.

Faites-la blanchir un quart d'heure à l'eau bouillante ; ensuite vous la lardez avec de gros lard et mettez-la cuire dans la marmite à la pièce de bœuf ; quand elle est cuite, ôtez-en la peau et fendez-la un peu plus de moitié dans sa longueur pour l'ouvrir en deux sans la séparer ; servez-la avec du bouillon, sel, gros poivre, un filet de vinaigre, si vous voulez, et persil haché.

Langue de bœuf en brezolle, et autres façons.

Faites-la cuire à un peu plus de moitié dans l'eau, ôtez ensuite la peau et coupez-la en filets minces que vous arrangez dans une casserole avec persil, ciboule, champignons, le tout haché très-fin, sel, gros poivre, huile fine; faites-la cuire à très-petit feu; quand elle commencera à bouillir, mettez-y un verre de vin blanc; quand elle est cuite, dégraissez-la et mettez un peu de coulis, et en servant, si elle n'est point assez piquante, vous y mettez un jus de citron. La langue se met encore avec un ragoût de concombres et divers autres légumes, et plusieurs sauces différentes, comme ravigote, petite sauce : on les sert pour entremets froids, quand elles sont fourrées, salées, fumées et séchées.

Cervelle de bœuf de plusieurs façons.

Elle se fait cuire dans une braise faite avec vin blanc, sel, poivre, un bouquet garni : quand elle est cuite, retirez-la de la braise et servez-la avec une petite sauce appétissante (voy. page 25), ou avec un ragoût de petits ognons et de racines.

Elle se sert encore frite ; pour lors il faut la mariner avec sel, poivre, vinaigre, un morceau de beurre manié de farine, ail, persil, ciboule, thym, laurier, basilic ; faites-la frire après l'avoir égouttée et farinée, servez-la garnie de persil frit.

Palais de bœuf en filets et autres façons.

Il faut d'abord bien le nettoyer et le faire cuire dans l'eau, vous enlevez ensuite les peaux et vous le coupez par filets ; passez de l'ognon sur le feu avec un morceau de beurre ; quand il est à moitié cuit, mettez-y les palais, un bouquet garni, et mouillez votre ragoût avec de bon bouillon et un peu de coulis ; assaisonnez de bon goût ; quand il est bien dégraissé, et la sauce assez réduite, mettez-y un peu de moutarde en servant.

Vous pouvez encore les servir entiers sur le gril, en les faisant mariner avec huile fine, sel, poivre, persil, ciboule, champignons, une pointe d'aïl, le tout haché ; trempez-les bien dans la marinade et panez-les avec de la mie de pain, faites-les griller et servez dessous une sauce claire et piquante, ou sans sauce. Ils s'accommodent aussi à la poulette comme les pieds de mouton. (Voy. page 114.)

Crépinettes de palais de bœuf.

Prenez deux palais de bœuf cuits à l'eau, épluchez-les, coupez-les en forme de saucisses plates et faites-les mariner avec du citron, un peu de sel, persil en branches, ciboule entière ; quand ils ont pris goût, mettez-les égoutter et trempez-les dans une pâte faite de cette façon : mettez dans une casserole deux bonnes poignées de farine, une cuillerée d'huile fine, un peu de sel fin, et délayez petit à petit avec de la bière, jusqu'à ce que votre pâte ait consistance d'une crême double ; trempez dedans vos palais de bœuf et faites-les frire de belle couleur, et servez le plus chaud que vous pourrez.

Croquettes de palais de bœuf.

Prenez trois palais de bœuf cuits à l'eau, épluchez-les et coupez-les en deux en travers dans toute leur longueur ; faites-leur prendre du goût pendant une demi-heure en les faisant mijoter sur un petit feu avec du bouillon, une gousse d'ail, deux clous de girofle, thym, laurier, basilic, sel, poivre ; ensuite mettez-les égoutter et refroidir ; mettez dessus chaque morceau de la farce de viande assaisonnée de bon goût, de l'épaisseur d'une pièce de cinq francs ; roulez les palais de bœuf pour les tremper ensuite dans une pâte faite avec de la farine délayée avec une cuillerée d'huile et un bon verre de vin blanc, du sel fin. Il faut que la pâte file en la versant de la cuiller, sans être trop claire ; faites-les frire ; servez garni de persil frit.

Gras-double à la bourgeoise.

Prenez du gras-double cuit à l'eau; coupez-le de la grandeur de quatre doigts et faites-le mariner avec sel, poivre, persil, ciboule, une pointe d'ail, le tout haché, un peu de graisse du derrière du pot, ou du beurre frais fondu, faites tenir tout l'assaisonnement au gras-double pané de mie de pain et faites-le griller : servez avec une sauce au vinaigre. Voyez pieds de moutons à la poulette, page 114.

Gras-double à la sauce Robert.

Coupez de l'ognon en dés, que vous passez sur le feu avec un peu de beurre; quand il est à moitié cuit, mettez-y du gras-double cuit à l'eau et coupé en carré, assaisonné de sel, poivre, un filet de vinaigre, un peu de bouillon; laissez bouillir une demi-heure : en servant mettez-y un peu de moutarde. Le gras-double à la poulette s'accommode comme les pieds de veau. Voyez page 79.

Terrine à la paysanne.

Prenez de la tranche de bœuf que vous coupez en petites tranches, avec du petit lard maigre, persil, ciboules hachées, fines épices, une feuille de laurier; prenez une terrine, faites un lit de bœuf, un lit de petit lard, un peu d'assaisonnement, et à la fin une cuillerée d'eau-de-vie et deux cuillerées d'eau : faites cuire sur de la cendre chaude comme du bœuf à la mode, après avoir bien bouché la terrine quand il est cuit; dégraissez si vous le jugez à propos, et servez dans la terrine.

Rognon de bœuf à la bourgeoise.

Coupez par filets minces, faites-le passer sur le feu avec un morceau de beurre, sel, poivre, persil, ciboule, une pointe d'ail, le tout haché; quand il est cuit, vous y mettez un filet de vinaigre, un peu de coulis, et ne le laissez plus bouillir, crainte qu'il ne se racornisse.

Vous servez encore le rognon de bœuf cuit à la braise avec une sauce piquante ou une sauce à l'échalote.

Queue de bœuf en hochepot, et autres façons.

Pour faire un hochepot de queue de bœuf, vous la coupez par morceaux, faites-la blanchir et cuire avec de bon bouillon, un bouquet garni, du sel; il faut cinq heures de cuisson. A la moitié de la cuisson, vous y mettez ognons, carottes, panais, navets, un peu de chou; quand le tout est cuit, retirez sur un linge et l'essuyez, pour qu'il ne reste point de graisse; arrangez ensuite les légumes avec la viande dans une terrine propre à servir sur table. dégraissez la sauce où a cuit la viande; mettez-y un peu de coulis, et faites réduire sur le feu si la sauce est trop longue; passez-la au tamis, et servez dessus la viande et les légumes.

Vous pouvez aussi la servir sans légumes, et mettre à la place différentes sauces; mais il faut toujours que la queue soit cuite à la braise, que vous faites comme celle de la langue de bœuf, pag. 5S.

Queue de bœuf à la matelote.

Prenez une queue de bœuf que vous coupez par morceaux, et faites-la blanchir dans l'eau bouillante; retirez-la dans l'eau fraîche pour la mettre cuire à moitié dans un bouillon sans aucun assaisonnement; lorsqu'elle sera à moitié cuite, vous ferez un roux avec un peu de beurre et une cuillerée de farine; mouillez ce roux avec le bouillon où vous avez fait cuire la queue de bœuf; mettez-y les morceaux de queue avec une douzaine de gros ognons entiers que vous aurez fait blanchir aussi avant pour leur ôter la première peau; mettez-y un bon verre de vin blanc, un bouquet de persil, ciboule, une gousse d'ail, une feuille de laurier, un peu de thym, du basilic, deux clous de girofle, sel, poivre; faites cuire à petit feu jusqu'à ce que la queue et les ognons soient cuits : ayez soin de bien dégraisser, mettez dans la sauce un anchois haché, deux pincées de câpres entières; dressez les morceaux de queue de bœuf dans le milieu du plat, les ognons autour et au-dessus; mettez-y sept ou huit morceaux de pain coupés très-minces, que vous passerez au beurre; étant prêt à servir, arrosez-le avec la sauce, qui doit être courte.

Queue de bœuf à la Sainte-Ménehould.

Coupez une queue de bœuf en trois morceaux : vous la coupez d'abord par le milieu, et vous fendez le gros bout en deux avec le couperet : faites-la cuire dans la marmite à la pièce de bœuf; quand elle est cuite, vous la mettez refroidir; ensuite vous la faites mariner pendant une heure avec un peu d'huile, sel, gros poivre, persil, ciboule, deux échalotes, une pointe d'ail, le tout haché très-fin; faites tenir la marinade après la queue en la panant de mie de pain; faites griller de belle couleur en l'arrosant du restant de sa marinade pendant qu'elle est sur le feu. Servez sans sauce.

Culotte de bœuf de plusieurs façons.

La culotte est la pièce la plus estimée du bœuf; elle sert à faire d'excellens potages, et fait honneur sur une table pour une pièce de milieu; elle se sert au naturel sortant de la marmite; ou quand elle est bien essuyée de sa graisse et bouillon, vous y pouvez mettre dessus une bonne sauce faite avec du coulis, persil, ciboule, anchois, câpres, une pointe d'ail, le tout haché, et assaisonné de bon goût; d'autres la servent encore garnie de petits pâtés : voilà les façons les plus communes, les plus recherchées. Les moins pratiquées sont celles qui suivent.

Bœuf à l'écarlate.

Désossez un morceau de culotte de bœuf, lardez-le de gros lard, et saupoudrez-le de sel fin mêlé de salpêtre purifié; mettez-le dans une terrine; assaisonnez-le de gros poivre, d'épices, de genièvre, de clous de girofle, de thym, de laurier, quelques gousses d'ail, des branches de persil et des ognons coupés en tranches.

Couvrez le tout afin que l'air n'y pénètre pas; laissez votre bœuf mariner pendant huit jours sans y toucher, et, pendant huit autres jours, ayez soin de le retourner chaque matin. Faites cuire ensuite votre viande dans de l'eau avec des carottes, des oignons, un bouquet garni; laissez-la refroidir dans son assaisonnement.

Cette viande se sert chaude avec des légumes ou de la purée, ou froide entourée de persil comme un jambon.

Culotte à la braise aux ognons.

Vous prenez une belle culotte que vous désossez, ficelez-la et faites-la cuire dans une bonne braise faite avec un litre de vin blanc, de bon bouillon, tranche de veau, barde de lard, un gros bouquet garni, sel, poivre. Quand elle est cuite à moitié, vous y mettez environ trente ognons; quand la pièce de bœuf est cuite, retirez-la pour la bien essuyer de sa graisse, dressez-la dans le plat que vous devez servir et les ognons autour, et servez dessus une bonne sauce de belle couleur. *En la faisant cuire de cette façon à la braise*, vous pouvez la diversifier de différens ragoûts ou de différentes sauces, suivant le goût du maître.

La culotte de bœuf peut être cuite au four, étant bien lardée et mouillée avec du vin blanc. Elle se met encore en ballon, en fumée, en pâté chaud et froid, à la broche, piquée de gros lard avec des fines herbes.

Bœuf à la mode.

Ayez un morceau de tranche de bœuf de 2 à 3 kilos, que vous accommoderez de cette manière : prenez 500 grammes de lard gras coupé en gros lardons ; mettez sur une table une demi-poignée de persil, ciboule, une demi-feuille de laurier, une petite branche de thym, le tout haché très-fin, un peu de poivre ; roulez dedans vos lardons, et servez-vous-en pour piquer la viande. Prenez une casserole, dans laquelle vous mettez un bon verre de vin blanc, de petits ognons entiers, des carottes émincées, un bouquet garni, de gros poivre et peu de sel, quelques tranches de petit lard ; mettez votre tranche sur cet apprêt dans la casserole que vous placerez sur un feu doux, ayant grand soin surtout que votre casserole soit bien bouchée ; faites bouillir ou mijoter pendant 5 à 6 heures, après quoi vous le préparez sur un plat, et servez-le avec tout son assaisonnement.

Si vous voulez le servir froid, ajoutez pendant la cuisson un jarret de veau, et lorsque le tout sera cuit, retirez la viande et les légumes, et laissez le jus sur le feu ; battez un blanc d'œuf que vous jeterez dedans pour clarifier la gelée ; quand il aura fait quelques bouillons, passez à l'étamine. Servez sur le bœuf lorsqu'il sera froid.

Beefsteak de filets de bœuf.

Coupez votre filet en tranches arrondies, épaisses d'environ deux centimètres ; parez-les, coupez les tours et ôtez les peaux ; assaisonnez de sel et de gros poivre ; trempez-les dans du beurre tiède ; et faites cuire sur le gril à grand feu, et servez de suite ; ne laissez pas trop cuire.

On peut mettre dessous une sauce piquante ou un jus clair ; on joint aussi avec ces sauces des pommes de terre que l'on coupe en long, on les saute dans du beurre jusqu'à ce qu'elles soient d'un beau blond ; saupoudrez-les de sel, et placez-les autour de votre beefsteak.

On prépare aussi les beefsteak au beurre d'anchois ; d'autres fois on remplace les pommes de terre par du cresson arrosé de quelques gouttes de vinaigre.

Filet de bœuf rôti.

Laissez-le entier et piquez-le de lard fin ; faites-le cuire à la broche et servez-le avec un jus clair ou une sauce piquante. Il ne doit pas rester au feu plus de cinq quarts d'heure.

Filet de bœuf aux champignons.

Mettez du beurre dans un plat à sauter et vous y faites revenir vos tranches de filet ; lorsqu'elles sont cuites d'un côté, retournez-les pour les faire cuire de l'autre côté, retirez-les ensuite ; mettez dans une casserole une cuillerée de farine avec un morceau de beurre auquel vous faites prendre couleur ; mouillez avec du bouillon et ajoutez les champignons ; mettez sel, poivre ; remettez vos filets dans la casserole et servez.

Filet de bœuf aux truffes.

Se prépare comme le précédent : on substitue les truffes aux champignons.

Usage de la moelle de bœuf.

Elle sert à faire des farces, des petits pâtés, des tourtes et crèmes à la moelle, à nourrir des cardons et autres légumes.

Aloyau de plusieurs façons.

On le met communément, quand il est tendre, cuire à la broche pendant une heure et demie ; on le sert dans son jus ; ou si vous voulez, pour le mieux, vous levez le filet que vous coupez par tranches minces; mettez-le dans une casserole avec une sauce faite avec câpres, anchois, champignons, une pointe d'ail, le tout haché et passé avec un peu de beurre et mouillé avec de bon coulis; quand vous avez dégraissé la sauce, assaisonnez de bon goût, mettez le filet dedans avec le jus de l'aloyau; faites chauffer sans qu'il bouille, et servez sur l'aloyau.

Vous pouvez encore servir ce même filet avec plusieurs légumes, comme concombre, céleri, chicorée, cardes; il se sert aussi en fricandeau, à la braise, comme la *Culotte à la braise* (voy. page 65).

Entrecôte sur le gril.

Aplatissez avec un couperet la côte du bœuf qui se trouve sous le paleron; battez-la plusieurs fois pour qu'elle soit tendre; prenez garde de la déchirer. Assaisonnez de sel et poivre, et trempez-la dans de l'huile fine ou du beurre; faites cuire sur le gril, à petit feu, pendant une demi-heure ou trois quarts-d'heure, selon l'épaisseur de la côte; ensuite vous la poserez sur un plat et verserez dessus un coulis roux, ou du jus, avec des cornichons.

Entrecôte au jus.

Ayez une entrecôte désossée, faites lui prendre couleur dans une casserole avec un bon morceau de beurre, ajoutez ensuite quelques cuillerées de bouillon, poivre, sel, un bouquet garni, et achevez la cuisson à petit feu.

Entrecôte aux champignons.

Mettez votre entrecôte dans une casserole où vous aurez fait fondre un morceau de beurre; lorsqu'elle a pris couleur, retirez-la, mettez dans la casserole environ une cuiller à bouche de farine, mouillez avec du bouillon, mettez des champignons, et ajoutez l'entrecôte que vous achevez de faire cuire.

Entrecôte aux olives.

Se prépare comme la précédente : on substitue les olives aux champignons.

Côte de bœuf en papillote.

Prenez une côte de bœuf, coupez proprement et mettez-la cuire à petit feu avec du bouillon ou un demi-litre d'eau, un peu de sel et du poivre ; quand elle sera cuite, faites réduire la sauce, afin qu'elle s'attache toute après la côte ; ensuite vous la mettez mariner avec de l'huile ou du beurre, persil, ciboule, échalote, champignons, le tout haché très-fin ; un peu de basilic en poudre ; mettez la côte dans une feuille de papier blanc avec toute la marinade, pliez le papier comme une papillote ; graissez-la en dehors et mettez-la sur le gril avec une feuille de papier dessous, aussi graissée ; faites griller à petit feu des deux côtés. Servez avec le papier.

Bœuf en miroton.

Prenez du bœuf de poitrine cuit dans la marmite ; si vous en avez de la veille, il sera aussi bon ; coupez-le par tranches fort minces, prenez le plat que vous devez servir ; mettez dans le fond deux cuillerées de coulis, persil, ciboule, câpres, anchois, une petite pointe d'ail, le tout haché très-fin, sel, gros poivre ; arrangez dessus vos morceaux de tranches de bœuf, et assaisonnez-les dessus comme vous avez fait dessous ; couvrez votre plat et mettez-le bouillir doucement sur un fourneau pendant une demi-heure, et servez à courte sauce.

Bœuf en persillade.

Dressez sur un plat votre bœuf bouilli en tranches coupées très-mince, saupoudrez de sel, poivre, persil et ciboules hachés, ajoutez de la chapelure et un peu de beurre ; mouillez le tout avec du bouillon, et faites mijoter pendant un quart-d'heure.

Bouilli au gratin.

Prenez un plat qui aille sur le feu, mettez-y un morceau de beurre, saupoudrez de chapelure, sel, poivre, persil et échalotes hachés; dressez ensuite votre bœuf coupé en tranches minces que vous recouvrez de chapelure assaisonnée; faites cuire au four de campagne.

Bœuf bouilli à la poulette.

Faites revenir dans un peu de beurre, du persil et une ciboule hachés, ajoutez un peu de farine, mouillez avec du bouillon, tournez votre sauce jusqu'aux premiers bouillons, et mettez-y votre bouilli coupé en tranches, du sel et du poivre. Au moment de servir, vous liez la sauce avec un jaune d'œuf.

Bœuf bouilli à la vinaigrette.

Parez votre bœuf, coupez-le en tranches que vous dressez dans un saladier avec des filets d'anchois ou de harengs saures et des cornichons coupés en filet; ajoutez du cerfeuil haché, ciboule, estragon, et assaisonnez avec sel, poivre, huile et vinaigre.

Poitrine de bœuf à l'allemande.

Prenez un ou deux kilos de poitrine de bœuf que vous coupez proprement en trois ou quatre morceaux égaux; faites-les blanchir un instant à l'eau bouillante; faites aussi blanchir un bon quart-d'heure la moitié d'un gros chou; mettez cuire la poitrine de bœuf avec un peu de bouillon, un bouquet de persil, ciboule, une gousse d'ail, deux clous de girofle, une feuille de laurier, un peu de thym, basilic; une heure après, vous y mettrez le chou coupé en trois morceaux, bien pressé et ficelé, avec quatre gros ognons entiers; et lorsque le tout sera presque cuit, vous mettrez quatre saucisses, un peu de sel et de gros poivre; achevez de faire cuire;

qu'il reste peu de sauce ; mettez égoutter la viande et les légumes ; essuyez-les de leur graisse avec un linge ; dressez le bœuf dans le milieu du plat, les choux et les ognons autour, les saucisses pardessus, passez la sauce au tamis et la dégraissez. Servez sur le ragoût.

Bœuf au four.

Prenez ce que vous jugerez à propos de tranche de bœuf que vous hachez avec la moitié moins de graisse de bœuf ; ensuite mettez la viande dans une casserole avec du lard maigre coupé en petits dés, persil, ciboule, champignons, deux échalotes, le tout haché très-fin, sel, gros poivre, un petit verre d'eau-de-vie, quatre jaunes d'œufs : mêlez bien le tout ensemble ; foncez une casserole ou une terrine de la grandeur de votre viande avec des bardes de lard ; mettez-y la viande dessus bien serrée, couvrez avec un couvercle et bouchez les bords avec de la farine délayée avec un peu de vinaigre ; mettez cuire au four pendant trois ou quatre heures ; si vous le servez chaud pour entrée, vous ôterez les bardes de lard et dégraisserez la sauce : pour entremets, laissez-le refroidir dans sa cuisson.

Hachis de bœuf.

Hachez très-fin trois ou quatre ognons et mettez-les dans une casserole avec un peu de beurre, passez-les sur le feu jusqu'à ce qu'ils soient presque cuits ; mettez-y une bonne pincée de farine que vous remuez jusqu'à ce qu'elle soit d'une couleur dorée ; mouillez avec du bouillon, un demi-verre de vin, sel, gros poivre ; laissez bouillir jusqu'à ce que l'ognon soit cuit et qu'il n'y ait plus de sauce ; mettez-y du bœuf haché, faites-le bouillir pour qu'il prenne goût avec l'ognon ; en servant, mettez-y une cuillerée de moutarde ou un filet de vinaigre.

CHAPITRE V.

DU VEAU.

Le veau est d'une grande utilité en cuisine; il fournit de quoi diversifier une table. Voici les parties dont nous faisons usage, la tête, la cervelle, les yeux, les oreilles, la langue; la fressure qui comprend le mou, le cœur et le foie, la fraise, les pieds, les ris, la longe avec le casi; la rouelle avec le jarret, l'épaule, le collet, la poitrine, le tendon, la queue, les filets, les rognons, la moelle dite amourette.

De la tête de veau.

Après lui avoir ôté ses mâchoires, faites-la dégorger une nuit entière dans l'eau; ensuite vous la faites cuire dans une eau où vous aurez délayé une poignée de farine; faites bouillir cette eau avant que de mettre la tête dedans, assaisonnez-la de sel, poivre, un gros bouquet garni, deux ognons, carottes, panais; quand la tête est bien cuite, mettez-la égoutter, découvrez la cervelle et servez-la avec une sauce au vinaigre. Vous pouvez aussi, quand elle est cuite comme il est indiqué, la servir avec plusieurs sauces différentes, comme sauce à la poivrade, sauce à la ravigote, sauce à l'italienne.

Tête de veau farcie à la bourgeoise.

Ayez une tête de veau avec sa peau bien blanche et bien échaudée, enlevez la peau de dessus la tête, et prenez garde de la couper; vous désossez ensuite la tête pour en prendre la cervelle, la langue, les yeux et les bajoues, faites une farce avec la cervelle, de la rouelle de veau, de la graisse de bœuf, le tout haché très-fin, assaisonnez avec du sel, gros poivre, persil, ciboule hachée, une demi-feuille de laurier, thym et basilic hachés comme en poudre ; mettez-y deux cuillerées à bouche d'eau-de-vie, liez cette farce avec trois jaunes d'œufs, et les trois blancs fouettés, prenez la langue, les yeux dont vous ôtez tout le noir, les bajoues, épluchez le tout proprement après l'avoir fait blanchir à l'eau bouillante, et coupez-les en filets ou en gros dés, puis mêlez-les à votre farce. Mettez la peau de la tête de veau sans être blanchie, dans une casserole, les oreilles en-dessous, et remplissez-la avec votre farce ; ensuite vous la cousez en la plissant comme une bourse, ficelez-la tout autour en lui redonnant sa forme naturelle, mettez-la cuire dans un vaisseau juste à sa grandeur, avec un bon verre de vin blanc, deux fois autant de bouillon, un bouquet de persil, ciboule, une gousse d'ail, trois clous de girofle, deux racines, ognons, sel, poivre ; faites-la cuire à petit feu pendant trois heures ; lorsqu'elle est cuite, mettez-la égoutter de sa graisse et essuyez-la bien avec un linge après avoir ôté la ficelle, passez une partie de sa cuisson au travers d'un tamis, ajoutez-y un peu de coulis, si vous en avez, et mettez-y un filet de vinaigre, faites-la réduire sur le feu au point d'une sauce, servez sur la tête de veau.

Tête de veau à la Sainte-Ménehould.

Otez-en les mâchoires et coupez le museau jusqu'auprès des yeux, mettez-la dans une marmite avec de l'eau, et faites-la écumer comme un pot-au-feu ; ensuite vous y mettrez un bouquet de persil, ciboule, deux gousses d'ail, trois clous de girofle, une feuille de laurier, thym, basilic, sel, poivre ; lorsque la tête est cuite, vous la tirez pour la bien égoutter ; ôtez les os qui sont sur la cervelle, dressez-la sur le plat que vous devez servir, mettez sur toute la tête une sauce de cette façon : mettez dans une casserole un morceau de beurre un peu plus gros qu'un œuf, deux bonnes pincées de farine, sel, gros poivre, trois jaunes d'œufs, deux cuillerées de vinaigre, délayez le tout ensemble, et ajoutez-y un demi-verre de bouillon, faites lier la sauce sur le feu, qu'elle soit bien épaisse ; mettez-en partout dessus la tête, panez-la de mie de pain, arrosez après la mie de pain avec un peu de beurre, faites prendre couleur au four ou sous un couvercle de tourtière qui soit assez élevé pour qu'il ne touche pas à la mie de pain ; quand elle sera de belle couleur dorée, penchez le plat pour égoutter la graisse, essuyez les bords, servez dans le fond une sauce piquante.

Langues de veau de différentes façons.

La langue de veau étant cuite à la braise, se sert aussi de différentes façons, et s'accommode de la même manière que la langue de bœuf. Voyez *langue de bœuf*, page 58.

Cervelles de veau en matelote.

Prenez deux cervelles de veau, faites-les dégorger dans de l'eau, et faites-les cuire avec vin blanc, bouillon, sel, poivre, un bouquet garni ; vous faites un ragoût de petits ognons et racines, que vous faites cuire avec bouillon, un bouquet garni, assaisonné de bon goût et lié de coulis, servez-le autour des cervelles. Vous pouvez aussi les servir de la même façon avec différens ragoûts pour entrée ; elles se servent encore pour entremets, quand elles sont marinées ; faites-les frire, et servez garni de persil frit.

Cervelles de veau au beurre noir.

Epluchez deux cervelles et faites-les dégorger dans l'eau ; vous ferez bouillir dans une casserole de l'eau, du vinaigre et du sel ; jetez-y les cervelles et leur laissez faire quelques bouillons ; laissez-les refroidir dans cette eau pour qu'elles soient bien fermes ; faites-les cuire au court-bouillon, et servez avec un beurre noir et du persil frit. Vous pouvez mettre quelques pommes de terre cuites à l'eau.

Oreilles de veau de différentes façons.

Prenez des oreilles bien échaudées que vous faites blanchir et épluchez-les après pour qu'il ne reste point de poil ; faites la braise de cette façon : mettez dans une petite marmite de bon bouillon, un bon verre de vin blanc, la moitié d'un citron coupé en tranches, l'écorce ôtée, ou du verjus en grain, un bouquet garni, sel et quelques racines ; faites cuire dedans les oreilles, couvrez-les de bandes de lard, c'est ce qu'on appelle braise blanche ; quand elles sont cuites, servez avec sauce piquante.

Elles se servent aussi à la tartare, fendez-les par le gros bout pour les faire cuire et passez leur une brochette en travers ; trempez-les dans du beurre tiède ; panez et faites griller ; servez avec une sauce claire et piquante.

Vous pouvez encore les farcir, les tremper dans des œufs battus pour les paner et les servir frites.

De quelque façon que vous les mettiez, faites-les toujours cuire à la braise auparavant.

Oreilles de veau aux pois.

Prenez-en quatre, que vous faites bouillir un moment à l'eau chaude, et retirez-les à l'eau fraiche ; quand elles sont bien épluchées, faites-les cuire avec un bouillon clair, un peu de citron ou de verjus en grain, sel, poivre, un bouquet de persil ; quand elles sont cuites et blanchies, vous les servez avec le ragoût de pois qui suit : prenez un litre et demi de petits pois que vous passez sur le feu avec un morceau de beurre, un bouquet de persil, ciboule ; mettez-y une pincée de farine, mouillez moitié jus, moitié bouillon ; faites cuire à petit feu; quand ils sont cuits, mettez-y gros comme une noix de sucre, un peu de sel fin : si vous avez du coulis, mettez-en une cuillerée; que votre ragoût ne soit point clair, et servez sur les oreilles de veau.

Oreilles de veau à l'italienne.

Après avoir nettoyé des oreilles de veau, faites-les blanchir, et retirez-les à l'eau fraîche; faites-les cuire en court-bouillon ou dans un blanc; mettez des bardes de lard dans une casserole, et les oreilles par-dessus, avec un bouquet garni, quelques tranches de citron; mouillez avec du bouillon et un demi-verre de vin blanc; couvrez le tout de bardes de lard et un rond de papier beurré pardessus. Quand elles auront cuit une heure et demie dans cet assaisonnement, il faut les égoutter et essuyer; dressez-les et ciselez les bouts : servez avec une sauce à l'italienne.

Foie de veau.

Il se met communément cuire à la broche, piqué de petit lard; servez dessous une sauce piquante.

On le fait aussi cuire à la braise comme la langue de bœuf, p. 58, piqué de gros lardons; quand il est cuit, vous le servez aussi avec la même sauce.

Foie de veau à la bourgeoise. Voyez. *Bœuf à la mode*, page 60.

Foie de veau sauté.

Mettez un morceau de beurre dans une poêle, faites-y revenir votre foie coupé par morceaux, ajoutez-y persil, ciboule et échalotes hachées, et une pincée de farine. Quand le foie est cuit d'un côté, retournez-le de l'autre; mouillez-le avec du vin rouge, assaisonnez de sel et de poivre, et laissez bouillir dix minutes.

Foie de veau à la maître d'hôtel.

Faites cuire dans un plat à sauter vos tranches

de foie avec un morceau de beurre ; lorsqu'elles
sont cuites des deux côtés, retirez-les et posez-les
sur un plat chaud dans lequel vous avez mis un
morceau de beurre bien frais, du poivre, du sel et
des fines herbes hachées.

Foie de veau en papillotes.

Ayez des tranches de foie de veau que vous faites
mariner pendant quelque temps dans du vinaigre,
avec sel, poivre, épices et ognons coupés par tranches ; placez-les ensuite dans une papillote huilée,
entre deux tranches minces de lard, avec des fines
herbes et champignons hachés ; posez vos papillotes sur le gril, sur un feu bien doux, et faites
prendre une belle couleur.

Foie de veau à la poêle.

Après l'avoir coupé en tranches, vous le mettez
dans une poêle sur le feu avec beaucoup d'échalotes hachées, un morceau de beurre, sel, gros
poivre, faites-le cuire à petit feu ; avant que de le
servir, vous y mettez une cuillerée à bouche de
vinaigre ; si vous voulez le mouiller avec du vin
blanc, vous n'y mettrez pas de vinaigre.

Foie de veau à l'Italienne.

Coupez un foie de veau en filets fort minces, ayez
du persil, ciboule, champignons, une demi-gousse
d'ail, deux échalotes, le tout haché très-fin, une
demi-feuille de laurier, thym, basilic haché
comme en poudre ; mettez dans le fond d'une casserole, une couche de filets de foie de veau ; assaisonnez pardessus avec du sel, gros poivre, huile fine,
un peu de toutes vos fines herbes ; continuez de cette
façon jusqu'à ce que vous ayez employé tout le foie ;
faites-le cuire à petit feu pendant une heure, ensuite vous le retirerez de la casserole avec une écumoire ; dégraissez la sauce, mettez-y un très-petit
morceau de bon beurre manié de farine avec une

demi-cuillerée à bouche de verjus ou un filet de vinaigre; faites lier la sauce sur le feu en la tournant avec une cuiller; si elle est trop courte, vous y ajoutez un peu de jus; mettez le foie dans la sauce pour le faire chauffer; dressez dans le plat que vous devez servir.

Mou de veau au blanc.

Faites dégorger un mou de veau à plusieurs eaux; faites-le blanchir et retirez-le à l'eau fraîche; vous le couperez par morceaux pour le mettre dans une casserole avec un bon morceau de beurre et une pincée de farine; passez-les sur le feu sans les colorer; mettez-y des petits ognons, des champignons, un bouquet de persil et ciboule; mouillez avec de l'eau tiède, de manière qu'il soit bien blanc au moment de servir; mettez une liaison de jaunes d'œufs et un filet de vinaigre ou de verjus.

Vous pouvez l'accommoder au roux comme les poulets, voyez page 134.

Fraise de veau de différentes façons.

Après l'avoir fait blanchir comme il est dit pour la tête de veau, page 72, vous pouvez la servir de différentes façons; si vous voulez la servir frite, dégraissez-la et coupez-la par petits bouquets; trempez-la dans une pâte et faites-la frire; servez garnie de persil frit.

Cette pâte se fait en mettant dans une casserole deux pincées de farine, une cuillerée à bouche d'huile, du sel fin; délayez votre pâte jusqu'à ce qu'elle coule de la cuiller sans être trop claire.

Vous pouvez aussi la servir avec différentes sauces; dégraissez-la et coupez-la par petits bouquets, faites bouillir à petit feu dans la sauce où vous voulez la servir; qu'elle soit d'un bon goût et bien dégraissée.

Fraise de veau au gratin de fromage.

Faites-la cuire avec de l'eau, comme la précédente;

dégraissez-la un peu, mettez dans une casserole cinq ou six ognons coupés en dés avec un morceau de beurre, passez-les sur le feu jusqu'à ce qu'ils soient cuits et qu'ils commencent à se colorer; mettez-y une pincée de farine, mouillez avec un verre de bouillon, une cuillerée de vinaigre; faites mijoter la fraise dedans jusqu'à ce que la sauce soit bien liée; faites un gratin avec du beurre, un peu de mie de pain et autant de fromage de Gruyère râpé, deux jaunes d'œufs, et mettez-le dans le fond du plat que vous devez servir; faites-le attacher sur un petit feu, ensuite vous avez des filets de mie de pain coupés en long de la largeur d'un doigt, passez-les avec du beurre, dressez la fraise sur le gratin, les filets de pain autour; mettez dans une casserole gros comme la moitié d'un œuf, de beurre avec une pincée de farine, un demi-verre de bouillon, une cuillerée de moutarde; faites lier sur le feu; mettez sur la fraise, panez tout le dessus, moitié mie de pain et moitié fromage de Gruyère râpé; faites prendre couleur sous un couvercle de tourtière; il faut qu'il ne reste point de sauce.

Cœur de veau à la bourgeoise.

Fendez un cœur de veau par le milieu sans le séparer; donnez dedans quelques coups de couteau et le mettez cuire sur le gril de manière à ce que le jus ne se perde pas; mettez entre chaque fente un morceau de beurre frais, du sel, du poivre et des fines herbes hachées : à mesure qu'il chauffera égouttez le jus sur une assiette que vous tiendrez chaude, et qui vous servira à le poser lorsqu'il sera cuit; un quart-d'heure suffit. Servez au naturel ou ajoutez du jus ou du coulis que vous ferez chauffer, et des cornichons à l'entour.

Pieds de veau de différentes façons.

Les pieds de veau se font cuire de la même façon

que la fraise; si vous voulez les servir dans leur naturel, quand ils sont cuits et égouttés, vous les
servez chaudement avec du sel, gros poivre, et
vinaigre.

Si vous voulez les mettre en *fricassée de poulets*,
coupez-les par morceaux après qu'ils sont cuits, et
mettez-les dans une casserole avec un bon morceau
de beurre, des champignons, un bouquet de persil,
ciboule, une gousse d'ail, deux échalotes : passez-les
sur le feu, mettez-y une pincée de farine, mouillez
avec un verre de vin blanc, autant de bouillon, assaisonnez de sel, gros poivre; faites bouillir une
demi-heure à petit feu; la sauce étant réduite à
moitié, ôtez le bouquet, mettez-y deux jaunes d'œufs
délayés avec une cuillerée de vinaigre et autant de
bouillon; faites lier sans bouillir et servez.

Pieds de veau à la Sainte-Ménehould. Voyez *Pieds de mouton,*
page 114.

Pieds de veau frits.

Prenez quatre pieds de veau que vous fendez en
deux, faites-les cuire dans une eau blanche, qui se
fait en délayant deux cuillerées de farine avec un
litre d'eau et du sel; quand ils sont cuits vous les
mettez mariner avec un morceau de beurre manié
de farine, sel, poivre, vinaigre, ail, échalote,
persil, ciboule, thym, laurier, basilic; quand ils
ont pris du goût suffisamment, vous les retirez de la
marinade; farinez-les et faites-les frire; servez
garnis de persil frit.

DES RIS DE VEAU.

Vous les faites dégorger dans l'eau tiède et les
faites blanchir un demi-quart d'heure dans l'eau
bouillante; vous les mettez dans tels ragoûts que
vous jugez à propos.

On en sert piqués de petit lard, cuits à la broche,
ou en fricandeau.

Ris de veau en caisse.

Faites dégorger et blanchir vos ris de veau ; après les avoir fait mariner, faites-les cuire avec des fines herbes, des champignons hachés et un morceau de beurre ; laissez-les refroidir et mettez-les dans des caisses de papier fort, trempé dans de l'huile ; semez de la mie de pain dessus ; arrosez-les avec du beurre fondu et placez vos caisses sous le four de campagne.

Ris de veau à la lyonnaise.

Faites dégorger et blanchir trois ou quatre ris de veau, prenez 250 grammes de lard bien entre-lardé, coupez-le en lardons et mettez-le dans une casserole pour le faire suer à petit feu jusqu'à ce qu'il soit presque cuit, ensuite vous en larderez les ris de veau en travers ; mettez-les dans une casse-role avec de bon bouillon, un bouquet de persil, ciboule, une demi-gousse d'ail, deux clous de girofle, cinq ou six feuilles d'estragon, un grain de sel, et faites cuire les ris de veau une demi-heure, passez leur cuisson dans un tamis et dégraissez-la, remettez-la sur le feu pour la faire réduire en glace pour en glacer tout le dessus des ris de veau ; mettez un demi-verre de bouillon dans une casserole avec deux cuillerées à bouche de verjus ; détachez ce qui reste dans la casserole, ensuite vous y mettrez gros comme une noix de bon beurre, manié d'une pincée de farine, deux jaunes d'œufs ; faites lier sur le feu sans bouillir ; et versez-la sur les ris que vous servirez pour hors-d'œuvre ou pour entremets.

Ris de veau aux fines herbes.

Hachez très-fin quelques champignons, persil, une pointe d'ail, deux échalotes ; maniez le tout avec gros comme la moitié d'un œuf, de bon beurre, sel fin, gros poivre ; faites blanchir trois ou quatre

ris de veau, piquez-les dans plusieurs endroits pardessus pour y faire entrer le beurre avec toutes les
fines herbes ; mettez les ris dans une casserole avec
quelques bardes de lard par dessus, un demi-verre
de vin blanc, autant de bon bouillon ; faites-les cuire
à petit feu, qu'ils ne fassent que mijoter ; quand ils
sont cuits, dégraissez la sauce, qui doit être courte ;
servez sur les ris de veau ; si vous avez une cuillerée
de coulis, vous la mettrez dans la sauce, qui n'en
sera que mieux.

Ris de veau frits.

Ayez deux ris de veau, un peu gros, faites-les
dégorger à l'eau tiède pendant une heure, et faites-
les blanchir un quart-d'heure à l'eau bouillante ;
retirez-les à l'eau fraîche pour couper chaque morceau en trois ; mettez dans une casserole gros comme
la moitié d'un œuf de beurre, manié de farine avec
un demi-verre de vinaigre, un grand verre d'eau,
trois clous de girofle, une gousse d'ail, deux échalotes, trois ou quatre ciboules, une pincée de persil, une feuille de laurier, thym, basilic, poivre ;
faites tiédir la marinade en remuant le beurre, jusqu'à ce qu'il soit fondu, ensuite vous y mettez les
ris de veau et ôtez-les du feu pour les laisser mariner une heure et demie ou deux heures ; mettez-les
égoutter, et essuyez avec un linge ; farinez-les et
faites-les frire de belle couleur ; lorsqu'ils sont retirés, vous jetez du persil dans la friture pour le faire
frire bien vert et croquant ; vous le servez autour des
ris : toute sorte de marinade se fait de même.

Ris de veau en ragoût.

Prenez un gros ris de veau que vous faites dégorger et blanchir, coupez-le en cinq ou six morceaux et mettez-le dans une casserole avec des
champignons, un morceau de beurre, un bouquet
de persil, ciboule, deux clous de girofle ; passez-

les sur le feu et mettez-y ensuite une pincée de farine ; mouillez avec un verre de bon bouillon et un demi-verre de vin blanc ; assaisonnez de sel, gros poivre ; faites bouillir à petit feu une demi-heure, dégraissez-le et ajoutez-y deux bonnes cuillerées de coulis ; ce ragoût vous sert à garnir toutes sortes d'entrées de viande et de tourtes. Si c'est pour tourtes, il faut faire la sauce un peu plus grande ; ce ragoût vous sert aussi pour entremets ; pour lors il faut deux ris, et à la place de coulis, vous y mettez une liaison de trois jaunes d'œufs délayés avec de la crème, et dégraissez moins le ragoût ; faites lier sur le feu sans qu'il bouille, crainte qu'il ne tourne : servez à courte sauce et y ajoutez un petit filet de vinaigre s'il n'a point assez d'acide.

Rognon de veau.

Quand il est cuit à la broche, on s'en sert à faire des farces ; vous le hachez avec la graisse, et mettez persil, ciboule, champignons hachés séparément ; vous liez cette farce avec des jaunes d'œufs et l'assaisonnez de bon goût.

Vous vous servez de cette farce à faire des rôties de tourtes, des cannetons, et pour les ragoûts où vous avez besoin de farce ; vous en faites aussi des omelettes.

Longe de veau de plusieurs façons.

La longe de veau se sert pour grosse pièce de milieu.

Faites-la cuire à la broche, enveloppée de papier.

Quand elle est bien cuite, servez dessous une poivrade, ou pour le mieux, si vous voulez, piquez le dessus de petit lard ; servez avec la même sauce.

Le casi se prépare de la même façon.

Veau en blanquette.

Lorsqu'il reste du veau rôti de la veille, on peut

en faire une blanquette , voici la manière de l'accommoder :

Coupez-le proprement en petits morceaux minces, qu'il y reste peu de gras ; faites réduire et clarifier deux cuillerées à pot de coulis blanc ; liez avec des jaunes d'œufs et un bon morceau de beurre frais, une pincée de persil blanchi haché, et un jus de citron ; faites chauffer le veau dans cette sauce, et servez promptement.

Toutes les blanquettes de volaille se font de même.

Casi glacé.

Pour le glacer, vous le piquez de petit lard et vous le faites cuire de la même façon que le fricandeau à la bourgeoise, page 92.

Casi à la daube.

Vous l'assaisonnez et faites cuire comme le dindon à la daube. Toute les daubes se font de même.

Casi à l'étouffade.

On le met comme la rouelle de veau entre deux plats, pag. 92. Si vous voulez le servir froid, vous n'y mettez point de coulis, et réduisez la sauce très-courte pour qu'elle se mette en gelée.

Tendrons de veau à la poulette.

Vos tendrons étant coupés par morceaux vous les faites dégorger dans l'eau et les faites blanchir, passez-les sur le feu avec un morceau de beurre, un bouquet garni , des champignons, mettez-y une pincée de farine et mouillez de bon bouillon.

Quand elle est cuite et dégraissée, liez-la de trois aunes d'œufs délayés avec un peu de lait, mettez un filet de verjus en servant.

Poitrine de veau aux choux.

Coupez-la par morceaux, faites-la blanchir avec un chou et un morceau de petit lard coupé en tranches tenant à la couenne ; vous ficelez les morceaux séparément et vous les faites cuire avec du bon bouillon ; n'y mettez point de sel, par rapport au petit lard.

Quand le tout est cuit, retirez le chou et la viande que vous dressez dans la terrine que vous devez servir ; dégraissez le bouillon où vous avez fait cuire la viande, mettez-y un peu de coulis, et faites réduire la sauce si elle est trop longue ; goûtez si elle est de bon goût, et servez dans la terrine sur la viande.

Tendrons de veau aux petits pois.

Vous coupez les tendrons que vous faites blanchir, et mettez dans une casserole avec les petits pois, un morceau de beurre, un bouquet garni ; passez-les sur le feu et mouillez de bon bouillon ; ajoutez-y un peu de coulis.

Quand vous êtes prêt à servir, mettez-y un peu de sel et un morceau de sucre de la grosseur d'une noisette ; servez à courte sauce.

Tendrons de veau au roux.

Vos tendrons étant coupés par morceaux comme les précédens, ou entiers, vous faites un roux avec un petit morceau de beurre, une cuillerée de farine ; quand ils sont roux de belle couleur, mettez-y un demi-litre d'eau ou de bouillon, et ensuite le veau que vous faites cuire à petit feu ; assaisonnez de sel, poivre, un bouquet garni, une demi-cuillerée de vinaigre ; quand la viande est cuite, dégraissez la sauce et servez-la courte.

Tous les autres morceaux peuvent s'accommoder au même roux.

Les pigeons au roux se font de la même façon.

Tendrons de veau marinés et frits.

Vos tendrons étant coupés par morceaux de la

largeur d'un doigt, mettez dans une casserole un morceau de beurre que vous maniez avec une cuillerée de farine; mettez sel, poivre, vinaigre, persil, ciboule, thym, laurier, basilic, trois clous de girofle, ognons, racines, de l'eau; faites tiédir la marinade sur le feu, en la remuant sans cesse; vous y mettez ensuite la viande pour la faire tremper deux ou trois heures, vous la retirez après pour l'essuyer et la fariner; faites-la frire; quand elle est cuite, vous la servez garnie de persil frit : toutes sortes de marinades se font de la même façon, comme celles de poulets, lapereaux, etc., après les avoir coupés par membres.

Vous pouvez faire la même chose avec une poitrine en ragoût qui a déjà été servie, et même les restes d'une fricassée de poulets et de pigeons.

Tendrons de veau au vert-pré.

Prenez une poitrine de veau et coupez-en les tendrons en morceaux égaux, de la largeur d'un doigt; faites-les blanchir un moment à l'eau bouillante, mettez-les dans une casserole avec un morceau de beurre, un bouquet de persil, ciboule, deux clous de girofle, une demi-feuille de laurier, thym, basilic, une gousse d'ail, passez-les sur le feu, et mettez-y une bonne pincée de farine; mouillez avec du bouillon, assaisonnez de sel, gros poivre; faites bouillir à petit feu jusqu'à ce que les tendrons soient cuits et qu'il ne reste presque plus de sauce; ne dégraissez qu'à moitié, prenez deux poignées d'oseille, ôtez-en les queues, lavez-la bien, pressez-la fort pour qu'il ne reste point d'eau, mettez-la dans un mortier pour la piler très-fin, ensuite vous la pressez très-fort pour en tirer au moins un demi-verre de jus, passez-la au tamis et servez-vous-en pour délayer deux jaunes d'œufs, mettez cette liaison dans les tendrons, faites lier sur le feu sans bouillir, comme une fricassée de poulets; si la sauce est trop liée, mettez-y un peu de bouillon.

Poitrine farcie.

Il faut qu'elle soit coupée exprès, c'est-à-dire que toute la peau tienne après la poitrine ; alors vous mettez entre la peau et les tendrons telle farce de viande que vous jugerez à propos ; cousez la peau pour que la farce ne sorte pas ; vous la ferez cuire à la broche ou à la braise ; servez-la avec telle sauce ou ragoût de légumes que vous voudrez, comme à la farce, aux laitues, aux petits pois, aux cornichons, aux racines, etc.

Poitrine à l'allemande.

Après l'avoir fait blanchir, vous la mettez cuire entière avec un peu de bouillon, un demi-verre de vin blanc, un bouquet garni de fines herbes, sel, poivre ; quand elle est cuite, vous la dressez sur le plat et renversez la peau sur les côtes, pour laisser les tendrons à découvert ; versez par dessus une sauce à l'allemande qui se fait avec un peu de coulis, câpres, anchois, deux foies de volaille cuits, persil blanchi, une échalote, le tout haché très-fin ; faites bouillir un instant, et mettez-y un peu de gros poivre.

Si vous voulez une sauce plus simple, prenez la cuisson de poitrine que vous dégraissez et passez au tamis, mettez-y gros comme une noix de bon beurre manié de farine, avec une pincée de persil blanchi et haché, faites lier sur le feu.

Poitrine au coulis de lentilles, au coulis de pois.

Coupez une poitrine de veau par morceaux de la longueur d'un doigt ; faites-la blanchir et cuire avec de bon bouillon, 250 grammes de petit lard coupé en tranches, un bouquet de fines herbes, une gousse d'ail, peu de sel. Pendant qu'elle cuit, vous faites aussi cuire un demi-litre de lentilles ou de pois secs avec de l'eau ou du bouillon ; quand ils sont bien cuits, vous les passez en purée au travers d'une étamine ; si c'est une purée de pois, avant de les passer, vous aurez une poignée d'épinards cuits à l'eau, pressés et pilés, que vous mettrez dans les pois pour que la purée en soit verte, vous les passerez ensuite en les mouillant avec la cuisson des tendrons pour donner du corps à la purée ; après vous mettez les tendrons et le petit lard dans la purée ; faites réduire sur le feu si la purée est trop claire ; servez dans une terrine.

Côtelettes de veau grillées.

Coupez un carré de veau en côtelettes, et parez-les proprement sans être trop longues, mettez-les mariner une heure avec sel, gros poivre, champignons, persil, ciboule, une petite pointe d'ail, du beurre un peu chaud, ensuite vous faites tenir la marinade après les côtelettes, en les panant avec de la mie de pain ; mettez-les griller à petit feu en les arrosant avec le restant de la marinade. Quand elles seront cuites de belle couleur, servez dessous une sauce d'un jus clair, avec deux cuillerées de verjus, sel, gros poivre ; vous pouvez encore les servir sans sauce.

Voici un appareil pour faire les grillades sans fumée.

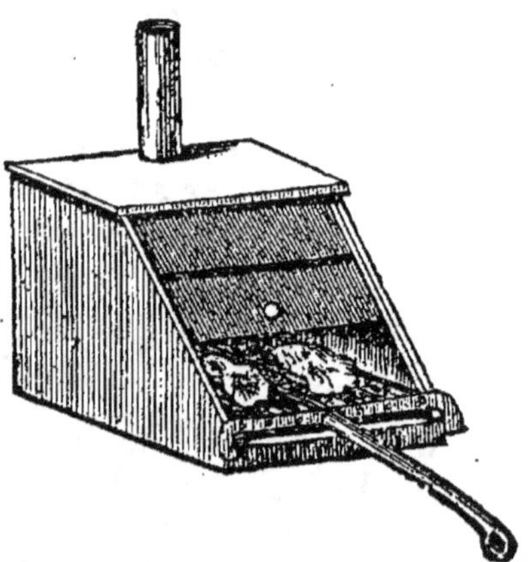

Côtelettes de veau au petit lard.

Prenez 125 grammes de petit lard bien entrelardé, coupez-le par tranches et mettez-le dans une casserole avec un morceau de beurre gros comme la moitié d'un œuf ; faites un peu rissoler le lard, et mettez-y des côtelettes de veau pour les faire cuire en les rissolant à petit feu avec le beurre ; ayez soin de les retourner de temps en temps jusqu'à ce qu'elles soient cuites ; ôtez-les de la casserole avec le petit lard pour les mettre dans une assiette ; ôtez la moitié de la graisse et mettez dans la casserole deux échalotes, une pincée de persil haché, peu de sel, gros poivre ; mouillez avec un demi-verre de vin blanc et autant de bouillon ou de l'eau ; faites bouillir et réduire à moitié ; remettez-y les côtelettes avec le petit lard et une liaison de trois jaunes d'œufs délayés avec deux cuillerées de bouillon ; faites lier sur le feu sans bouillir ; en servant, mettez-y un filet de vinaigre.

Côtelettes de veau marinées.

Coupez un carré de veau par côtes, faites-les mariner pendant deux heures avec trois cuillerées de vinaigre, un bon verre d'eau, sel, poivre, deux gousses d'ail, deux échalotes, une feuille de laurier, thym, basilic, trois clous de girofle, persil et ciboule ; après les avoir égouttées, essuyées, farinées, faites-les frire dans une friture neuve ; servez garnies de persil frit ; si la friture est vieille, il faut faire la marinade moins forte, et les faire cuire dedans jusqu'à ce qu'il ne reste point de sauce ; ôtez tous les ingrédiens qui ont servi à donner du goût ; farinez-les et faites-les frire. Cette dernière façon ne se pratique que parce qu'elles se noircissent avant que d'être cuites quand la friture est vieille.

Côtelettes en papillotes.

Coupez les côtelettes un peu minces et mettez-les dans des carrés de papier blanc, avec sel, poivre, persil, ciboule, champignons, échalotes, le tout haché très-fin, de l'huile ou du beurre ; tortillez le papier autour de la côtelette, et laissez sortir le bout; beurrez le papier en dehors; faites-les cuire à petit feu sur le gril, après avoir mis une feuille de papier beurrée sous les côtelettes; servez avec le papier qui les enveloppe.

Rouelle de veau à la crême.

Prenez de la rouelle de veau que vous coupez en plusieurs morceaux de la grosseur de la moitié d'un œuf; lardez chaque morceau en travers avec du gros lard; assaisonnez de sel, fines épices, persil, ciboule, champignons, le tout haché; mettez-les dans une casserole avec un peu de beurre; passez-les sur le feu et mettez-y une bonne pincée de farine mouillée avec du bouillon et un verre de vin blanc; faites cuire et réduire à courte sauce; en servant, ajoutez-y deux jaunes d'œufs avec de la crême; faites lier sur le feu sans bouillir.

Poupeton de veau.

Prenez 500 grammes de rouelle de veau, autant de graisse de bœuf que vous hachez ensemble; mettez-y persil, ciboule, échalotes, le tout haché, sel, poivre, deux œufs crus entiers, un petit verre de crême, foncez une poupetonnière avec des bardes de lard; mettez votre farce dedans. Si vous avez un ragoût de viande ou de légumes qui soit cuit et refroidi, vous pouvez le mettre dans le milieu de la farce; couvrez-la de bardes de lard et faites cuire au four : quand il est cuit, retirez-le doucement de dedans la poupetonnière pour ne pas le rompre; faites un trou dans le milieu pour y mettre une bonne sauce claire un peu piquante.

Brézolles.

Coupez de la rouelle de veau le plus mince que vous pouvez, de la largeur d'un doigt, et suffisamment pour garnir le plat que vous devez servir, ayez du persil, ciboule, échalotes hachés très-fin ; prenez une casserole, mettez dans le fond un peu d'huile ou de beurre avec de fines herbes hachées, sel, gros poivre ; arrangez dessus un lit de rouelle de veau mince ; ensuite vous recommencez à mettre de fines herbes, du beurre ou de l'huile, sel, gros poivre ; remettez de la rouelle de veau dessus, et continuez de cette façon jusqu'à la fin ; couvrez le dessus avec des bardes de lard ou une feuille de papier blanc ; couvrez la casserole ; faites cuire à très-petit feu sur de la cendre chaude pendant une heure et demie ; à la moitié de la cuisson, vous y mettrez un demi-verre de vin blanc ; quand elles seront cuites, vous les servirez avec le fond de leur sauce bien dégraissée.

Usage du cuissot de veau.

Le cuissot, qui comprend la rouelle et le jarret, est, pour ainsi dire, l'âme de la cuisine, puisque l'on en tire :

Le jus de veau, — les restaurans, — les coulis bourgeois, — les coulis de perdrix, de bécasses, etc. — et toute sorte de sauces.

Il donne du corps à plusieurs petites braises, sert à faire des farces et des pâtés gros et petits, beaucoup d'entrées de différentes façons.

Le jarret sert à faire de la gelée de viande pour les malades.

Cuissot de veau mariné.

Mettez un cuissot de veau dans une grande terrine et versez dessus trois ou quatre litres de vinaigre ; ajoutez du sel, poivre, échalotes, thym et laurier ; laissez mariner le cuissot pendant trois ou quatre jours, ayant soin de le retourner chaque jour ; piquez de gros lard toute la surface opposée à la noix ; mettez le cuissot ainsi préparé à la broche, et laissez-le cuire pendant quatre heures ; faites un roux que vous ajouterez au jus du cuissot et servez.

Rouelle de veau entre deux plats.

Vous prenez un morceau de rouelle de veau le plus épais que vous pourrez pour faire un bon plat, lardez-le de gros lard, avec persil, ciboule, champignons, une pointe d'ail, le tout haché, sel, poivre.

Mettez le veau dans une casserole bien couverte; faites-le cuire dans son jus avec un ognon, deux racines; quand il est cuit à très-petit feu, dégraissez le peu de sauce qu'il a rendu, et servez-la sur votre morceau de veau. Si vous avez du coulis, vous pouvez en mettre dans votre sauce; elle n'en sera que meilleure.

Fricandeau de veau à la bourgeoise.

Prenez une tranche de rouelle de veau épaisse de deux doigts, que vous piquez par-dessus avec du petit lard; faites-la blanchir un moment dans de l'eau bouillante, et mettez-la ensuite cuire avec du bouillon et un bouquet garni.

Quand elle est cuite, retirez-la de la casserole pour bien dégraisser la sauce; passez cette sauce dans une autre casserole avec un tamis; vous la ferez ensuite réduire sur le feu jusqu'à ce qu'il n'y en ait presque plus; vous y mettrez votre fricandeau pour le glacer; quand il sera bien glacé du côté du lard, dressez-le sur le plat que vous devez servir; détachez sur le feu ce qui est dans la casserole, en y mettant un peu de coulis et très-peu de bouillon; goûtez si cette sauce est de bon goût, et servez sous le fricandeau; servez dessous un ragoût de farce à l'oseille. Tous les fricandeaux se font de même.

Noix de veau aux truffes et à la bonne femme.

Prenez trois noix de veau que vous unissez en ôtant légèrement la viande qui empêche la bonne mine; il faut les larder partout avec des lardons de lard et des truffes, tous les deux maniés ensemble, avec du sel fin, persil, ciboule et truffes hachés; faites-les cuire avec bon bouillon.

Quand elles sont cuites et la sauce bien dégraissée, mettez-y deux cuillerées de coulis, faites réduire la sauce, qu'elle ne soit ni trop courte ni trop longue, et servez-la sur les noix de veau.

Epaule de mouton.

Elle se sert ordinairement cuite à la broche, dans son jus ou une poivrade liée.

Epaule de veau à la bourgeoise.

Mettez une épaule de veau dans une terrine avec un bon verre d'eau, deux cuillerées de vinaigre, sel, gros poivre, persil, ciboule, deux gousses d'ail, une feuille de laurier, deux ognons et deux racines coupées en tranches, trois clous de girofle, un morceau de beurre ; couvrez la terrine avec un couvercle, et bouchez les bords avec de la farine délayée avec un peu d'eau ; mettez cuire au four pendant trois heures, ensuite vous dégraissez la sauce pour la passer au tamis ; servez sur l'épaule.

Carré de veau à la bourgeoise.

Coupez 500 grammes de lard en lardons, et mêlez-les avec du persil, ciboule, une petite pointe d'ail, le tout haché, une feuille de laurier, thym, basilic haché comme en poudre, sel, gros poivre ; lardez avec le tout le filet d'un carré de veau ; après avoir coupé les os qui sont au bas du filet, mettez-le dans une terrine ou petite marmite, avec une barde de lard dans le fond, quelques tranches d'ognons, zestes de carottes et panais ; faites-le suer une demi-heure sur un petit feu ; ensuite vous le mouillerez avec un verre de bouillon, trois cuillerées à bouche d'eau-de-vie : faites-le cuire à petit feu ; la cuisson faite et la sauce courte, dégraissez-la pour la servir sur le carré. Si vous voulez servir ce carré froid, en façon de bœuf à la mode, dressez-le sur le plat, la sauce pardessus sans dégraisser ; mettez refroidir :

vous pouvez servir de la même façon des côtelettes de veau.

Carré de veau à la broche aux fines herbes.

Lardez tout le filet d'un carré de veau après l'avoir paré proprement ; mettez-le dans une terrine pour le faire mariner trois heures avec persil, ciboule, un peu de fenouil, champignons, une feuille de laurier, thym, basilic, deux échalotes, le tout haché très-fin, sel, gros poivre, muscade râpée, et un peu d'huile ; quand il aura pris goût, embrochez le carré ; mettez pardessus tout son assaisonnement, et enveloppez-le de deux feuilles de papier blanc bien beurrées, de façon que les petites herbes ne puissent point sortir ; ficelez-le ; faites-le cuire à petit feu ; la cuisson faite, ôtez le papier, enlevez avec un couteau toutes les petites herbes qui tiennent après le papier et la viande, pour les mettre dans une casserole avec un peu de jus, deux cuillerées de verjus, gros comme une noix de beurre manié avec une pincée de farine, un peu de sel, gros poivre, faites lier sur le feu pour servir sous le carré ; avant que de lier la sauce, il faut faire fondre un peu de beurre, et y mêler un jaune d'œuf pour frotter le dessus du carré, et le paner de mie de pain : faites prendre une belle couleur ; vous pouvez encore le servir sans être pané.

Côtelettes de veau à la casserole.

Coupez un carré de veau en côtelettes, et appropriez-les ; mettez dans le fond d'une casserole 125 grammes de petit lard coupé en tranches, un peu de beurre et les côtelettes dessus ; faites-les cuire à petit feu dans le jus, en les retournant souvent ; lorsqu'elles sont cuites, vous les dressez dans le plat que vous devez servir, les morceaux de petit lard dessus. Mettez dans la casserole de leur cuisson deux jaunes d'œufs, avec du bouillon, du persil blanchi haché, une échalote hachée ; détachez tout ce qui peut tenir à la casserole, faites lier sur le feu sans le faire bouillir, et mettez-y après un filet de vinaigre, un peu de gros poivre, servez sur les côtelettes ; vous y mettrez un peu de sel, s'il en est besoin, si le petit lard n'est point assez salé.

Côtelettes de veau au vert-pré.

Mettez des côtelettes de veau dans une casserole, avec un morceau de beurre, un bouquet de persil, ciboule, une demi-gousse d'ail, deux clous de girofle, une feuille de laurier ; passez-les sur le feu, et mettez-y une pincée de farine mouillée avec du bouillon, un verre de vin blanc ; assaisonnez de sel, gros poivre, faites cuire à petit feu et dégraissez ; la cuisson faite, et courte sauce, mettez-y gros comme une noix, de bon beurre manié de farine, avec une bonne pincée de cerfeuil blanchi, haché de deux ou trois coups de couteau ; faites lier la sauce ; en servant, ajoutez-y un jus de citron ou un filet de vinaigre.

Cervelles de veau et moelle dite amourette. Voyez *Cervelles de bœuf*, page 60.

Queues de veau à la Sainte-Ménehould.

Prenez trois queues de veau que vous coupez en deux, faites-les blanchir un instant à l'eau bouillante, mettez-les dans une petite marmite avec du bouillon bien gras, un bouquet de persil, ciboule, une gousse d'ail, trois clous de girofle, deux échalotes, une feuille de laurier, thym, basilic, sel, poivre, un ognon, une carotte, un panais ; faites bouillir jusqu'à ce qu'elles soient cuites et qu'il reste très-peu de sauce, retirez-les pour les refroidir, passez la sauce dans un tamis clair pour que la graisse passe avec : il faut qu'il n'en reste qu'environ un bon demi-verre ; mettez-la dans une casserole avec deux ou trois jaunes d'œufs délayés avec une bonne pincée de farine, faites-la lier sur le feu, mais sans bouillir, qu'elle soit un peu épaisse, ensuite vous y trempez les queues de veau et panez-les à mesure avec de la mie de pain ; mettez-les sur le plat que vous devez servir et faites-leur prendre couleur sous un couvercle de tourtière ; servez-les avec une sauce piquante. (Voy. page 31).

Préparées de cette façon, vous pouvez les faire griller et les servir avec la même sauce.

Queues de veau aux choux et aux petits pois. Voyez *Queues de mouton*, page 117.

Casserole au riz.

Faites cuire aux trois quarts 250 grammes de riz dans une petite marmite avec du bouillon, du lard fondu ; quand il est presque cuit, bien épais et fort gras, mettez-en de l'épaisseur d'un centimètre dans le fond du plat que vous devez servir, qui doit être d'argent ou d'une faïence qui aille au feu ; mettez sur le riz telle viande que vous jugerez à propos, ou même plusieurs mêlées ensemble ; il faut qu'elles soient cuites dans une bonne braise, et assaisonnées de bon goût ; couvrez tout le dessus avec du riz, de façon que l'on ne voie point la viande ; unissez avec un couteau, mettez votre plat sur une cendre chaude ; couvrez avec un couvercle de tourtière, un bon feu dessus ; vous le laissez jusqu'à ce que le riz soit d'une belle couleur dorée ; en servant, vous renverserez la graisse qu'il peut y avoir, et servirez à sec ; ou si vous voulez, vous pouvez mettre une petite sauce dans le fond. Vous pouvez encore employer de cette façon toutes sortes de ragoûts qui ont déjà servi, pourvu que la sauce en soit très-courte.

Rissoles.

Les rissoles peuvent se faire avec toutes sortes de farces, comme celles aux petits pâtés. Vous pouvez aussi les faire avec des restes de viandes cuites à la broche, que vous coupez en petits morceaux de la grosseur d'un pois, passez-les sur le feu avec un bon morceau de beurre, persil, ciboule hachés ; mettez-y une pincée de farine. mouillez avec un peu de bouillon, sel, gros poivre, faites réduire à courte sauce, qu'elle soit si liée qu'elle s'attache à la viande ; mettez refroidir, faites une pâte avec de la farine, un peu de beurre, de l'eau et du sel fin, pétrissez-la et battez-la avec le rouleau aussi mince qu'une pièce de deux francs ; mettez votre viande dessus par petits tas de distance d'un bon doigt de l'un à l'autre, mouillez la pâte tout autour de la viande, mettez dessus une abaisse de pâte pareille à celle de dessous et légèrement mouillée ; pincez-en tous les tours avec les doigts pour les bien coller ensemble, coupez-les ensuite avec une videlle ou un couteau, faites-les frire jusqu'à ce qu'elles soient d'une belle couleur dorée, servez pour hors-d'œuvre.

Vous pouvez aussi en faire avec un reste de hachis.

Hachis de toutes sortes de viandes.

Prenez telles viandes de boucherie que vous voudrez, volaille ou gibier cuit à la broche, et même de plusieurs mêlées ensemble, si vous n'en avez point assez d'une même sorte ; hachez-les très-fin ; mettez dans une casserole un morceau de beurre, persil, ciboule, deux échalotes aussi hachées très-fin ; passez-les sur le feu et mettez-y une pincée de farine ; mouillez avec un demi-verre de bouillon et autant de jus, sel, gros poivre ; faites bouillir un quart-d'heure, mettez-y ensuite la viande pour la faire chauffer sans qu'elle bouille, crainte qu'elle ne se racornisse, ou si vous voulez qu'elle bouille, au cas que votre viande soit dure, il faut faire bouillir au moins une heure à très-petit feu ; et pour lier la sauce, vous y ajouterez un peu de coulis ; si vous n'en avez point, vous y mettrez deux pincées de chapelure de pain bien fines ; en servant le hachis, vous y mettrez à l'entour des croûtons de pain frit, comme aux épinards.

Nous avons donné, page 46, la figure du hachoir à deux lames, en voici un à quatre lames fort commode pour les hachis de viandes.

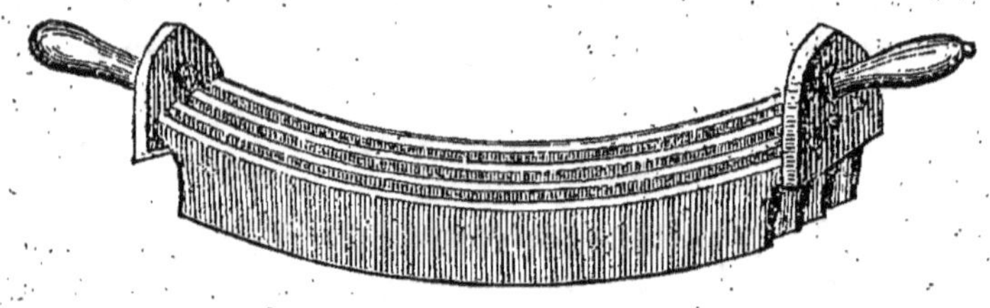

CHAPITRE VI.

DU MOUTON.

Les parties du mouton qui sont le plus en usage dans la cuisine, sont :

Le gigot, — *carré,* — *épaule,* — *collet ou bout saigneux,* — *poitrine,* — *filet,* — *langue,* *rognons,* — *pieds,* — *animelles,* — *queue.*

Gigot de mouton à la Périgord.

Prenez des truffes que vous coupez en petits lardons, vous coupez aussi du lard de la même façon, que vous remuez ensemble avec sel et fines épices, persil, ciboule, une pointe d'ail, le tout haché; lardez partout votre gigot de vos truffes et lard; enveloppez-le pendant deux jours dans du papier, de façon qu'il ne prenne point l'air; faites-le cuire à petit feu dans une casserole, dans son jus, enveloppé de tranches de veau et de lard; quand il est cuit, dégraissez la sauce dans laquelle il a cuit, ajoutez-y une cuillerée de coulis, servez. Tous les gigots qu'on laisse dans leur entier, pour les faire cuire dans un assaisonnement, doivent bouillir pendant cinq heures au moins.

Gigot de mouton aux légumes glacés.

Prenez un gigot mortifié que vous parez de sa graisse et du bout du manche; ficelez-le et mettez-le dans une marmite avec bon bouillon ; prenez la moitié d'un chou, une douzaine de racines que vous tournez en rond, six gros ognons, trois pieds de céleri, six navets; ficelez le chou et le céleri ; mettez tous ces légumes cuire avec le gigot ; quand le tout est cuit, retirez le gigot et les légumes sur un plat, essuyez la graisse qui reste après avec un linge blanc, dressez le gigot sur le plat que vous devez servir, les légumes autour ; vous prenez ensuite le bouillon qui a servi à cuire votre gigot, dégraissez-le et passez-le au tamis, faites-le réduire en deux cuillerées ; c'est ce qui fait votre glace : mettez-la légèrement sur le gigot et les légumes pour les glacer également; ensuite vous mettez un coulis clair dans la casserole qui a réduit la glace, pour en détacher ce qui reste, passez cette sauce au tamis pour être plus claire; assaisonnez-la d'un bon goût et servez sur les légumes sans toucher à la glace.

Voici la forme du couteau qui sert à tourner les

racines. On enjolive de cette manière des carottes , des navets, etc., en les laissant en spirales, en les ornant de cannelures, etc.

Gigot rôti au naturel.

Pour qu'il soit tendre, ne le faites cuire que trois ou quatre jours après que le mouton aura été tué; battez-le avec un rouleau de bois, et mettez une gousse d'ail dans le manche; faites-le cuire à la broche à un feu très-vif pendant une heure, en l'arrosant avec son jus.

Gigot de mouton à l'eau.

Désossez un gigot, ficelez-le et mettez-le dans une marmite juste à sa grandeur, avec un demi-litre d'eau et autant de bouillon; faites bouillir et écumer, ensuite vous y mettrez un bouquet de persil, ciboule, une demi-gousse d'ail, trois échalotes, deux clous de girofle, deux ognons, une carotte et un panais; quand le gigot sera cuit, passez-en le bouillon dans un tamis et dégraissez-le, mettez-le sur le feu pour le laisser réduire jusqu'à ce qu'il soit en glace comme un fricandeau; mettez cette glace pardessus le gigot; après vous mettrez quelques cuillerées de bouillon dans la casserole pour détacher ce qui reste; si vous avez un peu de coulis, vous en mettrez à la place du bouillon; vous le servirez sous le gigot, après l'avoir passé au tamis.

On peut aussi le servir avec une sauce aux cornichons : faites-les blanchir pour ôter la force du vinaigre, coupez-les par morceaux, et mettez-les dans une sauce liée; servez sous le gigot.

Gigot braisé ou gigot de sept heures.

Vous désossez un gigot de mouton jusqu'à la moitié du manche, vous en piquez l'intérieur de gros lardons, ficelez-le ensuite de manière à lui rendre sa première forme. Mettez dans le fond de votre braisière des bardes de lard, trois carottes, quatre ognons, thym, laurier, clous de girofle, bouquet de persil et mouillez avec du bouillon; couvrez le gigot de bardes de lard, recouvrez votre casserolle d'un papier beurré et faites cuire à petit feu dessous et dessus pendant sept heures ; au moment de servir, dégraissez la sauce, passez-la et servez le gigot avec le mouillement dans lequel il a cuit.

Gigot à la provençale.

Lardez un gigot avec une douzaine d'anchois et autant de gousses d'ail ; mettez-le à la broche, et servez-le avec un ragoût d'ail fait de cette manière :

Epluchez de l'ail, la valeur d'un litre, que vous faites blanchir à plusieurs bouillons ; quand il est presque cuit, vous le retirez et le jetez dans de l'eau fraîche ; vous l'égouttez ensuite ; mettez-le dans une casserole avec le jus que votre gigot aura rendu en cuisant, et un peu de jus ou de bouillon ; faites-le réduire, et servez sous votre gigot en place de haricots.

Gigot à la royale.

Faites cuire un gigot de mouton à la braise, de la même façon que celui à l'eau, et servez dessus le ragoût mêlé indiqué à la page 99, et auquel vous pourrez joindre un riz de veau blanchi à l'eau bouillante, coupé en gros dés et cuit avec le reste du ragoût.

Gigot farci.

Il se fait en désossant le gigot, à la réserve du manche ; ensuite vous faites des trous partout le dedans sans percer la peau, pour y mettre un salpicon fait de cette façon : coupez du lard, un peu de jambon, des champignons, des cornichons, et le tout coupé en dés ; assaisonnez de sel, fines épices mêlées, persil, ciboule hachés, thym, laurier, basilic en poudre ; maniez le tout ensemble et faites-le entrer partout dans le gigot, ensuite vous le ficelez et le mettez dans une casserole avec un verre de bouillon et autant de vin blanc, un ognon, une carotte, un panais ; faites-le cuire à petit feu bien étouffé ; lorsqu'il est cuit, vous dégraissez la sauce et vous la passez au tamis; faites-la réduire sur le feu si elle est trop longue, ajoutez-y un peu de coulis pour la lier. Servez sur le gigot.

Emincés de mouton.

On fait ordinairement les émincés avec les restes d'un gigot rôti de la veille. On fait un roux, on le mouille avec du bouillon et on y met l'émincé qu'on laisse simplement chauffer, sans aller jusqu'à l'ébullition.

Carré de mouton.

Il se sert sur le gril, coupé en côtelettes; vous les trempez dans du beurre frais fondu; sel, poivre, persil, ciboule, champignons, le tout haché; panez les côtelettes de mie de pain, faites-les cuire sur le gril; pendant qu'elles cuisent, arrosez les avec un peu de beurre, elles ne seront pas si sèches: quand elles seront cuites, vous les servirez à sec.

Voici un gril très-commode pour la cuisson des côtelettes.

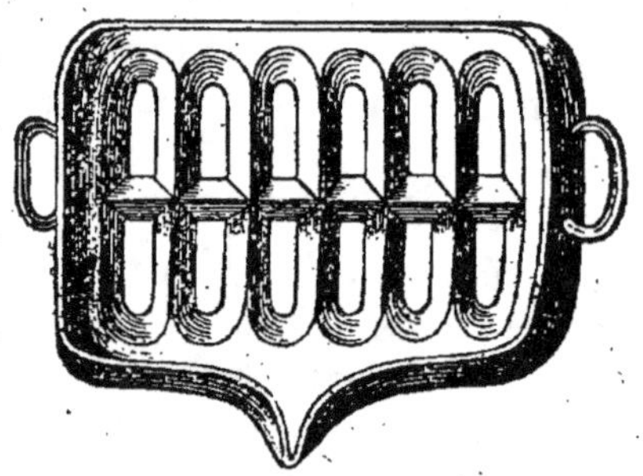

Carré en terrine à l'anglaise, aux lentilles.

Il faut le couper en côtelettes, faites-les cuire avec de bon bouillon, très-peu de sel, un bouquet garni; faites aussi cuire un litre de lentilles à la reine avec du bouillon; quand elles sont cuites, passez-les en purée, et mettez cette purée de lentilles avec ces côtelettes de mouton cuites et leur assaisonnement; si le coulis se trouve trop clair, faites-le réduire sur le feu ; vous prenez après une terrine propre à servir sur table, et qui souffre le feu ; vous mettez les côtelettes dedans, avec la moitié du coulis et couvrez avec de la mie de pain grillée d'un côté ; mettez ensuite votre terrine dans le four, qu'elle bouille pendant une heure ; quand vous êtes prêt à servir, mettez dedans le reste du coulis.

Carré de mouton au persil.

Coupez proprement un carré de mouton, en levant les peaux qui se trouvent sur les filets ; piquez tout le carré avec du persil en branche et bien vert ; faites-le cuire à la broche ; lorsque le persil est bien sec, vous avez du saindoux chaud et vous l'arrosez ; vous continuez de l'arroser de temps en temps jusqu'à ce que le carré soit cuit ; mettez un peu de jus dans une casserole avec quelques échalotes hachées, sel, gros poivre. Faites chauffer et servez dessous le carré.

Carré de mouton à la Contl.

Appropriez un carré de mouton en levant les peaux qui se trouvent sur le filet, prenez 125 grammes de petit lard bien entrelardé, deux anchois lavés, coupez-les en lardons et maniez-les avec un peu de gros poivre, deux échalotes, persil, ciboule hachés, un peu de laurier, trois ou quatre feuilles de basilic hachées comme en poudre, trois ou quatre feuilles d'estragon aussi hachées ; lardez tout le filet avec le lard et les anchois, mettez le carré avec toutes ces fines herbes dans une casserole ; mouillez avec un verre de vin blanc et autant de bouillon, faites cuire à petit feu ; lorsqu'il est cuit, dégraissez la sauce et mettez-y gros comme une noix de beurre manié avec une pincée de farine ; faites lier la sauce sur le feu et servez-la sur le carré.

Côtelettes de mouton à la jardinière.

Ayez des pois, des haricots nouveaux, des pointes

d'asperges, des morceaux de choux-fleurs, des champignons, et toutes sortes de racines tournées que vous faites cuire dans de bon bouillon ; quand ils sont cuits, faites un roux dans une autre casserole, jetez-y vos légumes que vous faites réduire et mijoter suffisamment ; faites cuire à part des côtelettes ; dressez-les sur un plat et versez au milieu votre ragoût de légumes.

Côtelettes de mouton à la poêle.

Ayez un carré de mouton mortifié, coupez-le en côtelettes, et mettez-les dans une poêle avec un morceau de bon beurre ; passez-les sur un petit feu en les retournant de temps en temps jusqu'à ce qu'elles soient tout-à-fait cuites ; retirez-les de la poêle pour les égoutter de leur graisse ; vous laisserez environ une demi-cuillerée à bouche de graisse dans la même poêle, et vous y mettrez, avec un verre de bouillon, de l'échalote hachée, sel et gros poivre ; faites bouillir pour détacher ce qui tient après la poêle, ensuite vous y mettez les côtelettes ; faites lier sur le feu sans bouillir ; en servant mettez-y un peu de muscade avec un filet de vinaigre et des cornichons coupés par tranches.

Côtelettes de mouton au gratin.

Coupez un carré de mouton en côtelettes, mettez-les dans une casserole avec un peu de lard fondu ou du beurre, persil, ciboule, deux échalotes, le tout haché, passez-les sur le feu et mouillez avec du bouillon, assaisonné de sel, gros poivre ; faites-les cuire à petit feu ; lorsqu'elles sont cuites, dégraissez la sauce et mettez-y un peu de coulis pour la lier ; prenez le plat que vous devez servir, et mettez-y partout dans le fond, de l'épaisseur d'une pièce de cinq francs, un petit gratin de cette façon : prenez une poignée de mie de pain passée à la passoire, que vous mêlez avec gros comme la moitié d'un œuf, de bon beurre, trois jaunes d'œufs, un peu de persil, ciboule hachée très-fin, peu de sel ; mettez votre plat sur de la cendre chaude jusqu'à ce que votre gratin soit bien attaché après le plat : égouttez-en le beurre qu'il y a de trop, et servez dessus votre ragoût de côtelettes. Vous pouvez servir de cette façon plusieurs sortes de ragoûts.

Carré de mouton à la ravigote.

Laissez votre carré entier si vous le jugez à propos, sinon vous le couperez en côtelettes, la façon est toujours la même ; mettez-les dans une casserole avec un peu de beurre, passez-les sur le feu et mettez-y une pincée de farine, mouillez-la avec du bouillon ; mettez-y un bouquet de persil, ciboule, une demi-gousse d'ail, deux clous de girofle ; faites cuire à petit feu, et dégraissez. Prenez cerfeuil, estragon, cresson alénois, pimprenelle et civette, en tout une demi-poignée, hachez très-fin ; faites revenir ces herbes dans du beurre fondu, délayez-les avec trois jaunes d'œufs et servez vos côtelettes avec cette sauce par dessus.

Côtelettes de mouton à la marinière.

Coupez un carré de mouton en côtelettes, que vous appropriez pour qu'elles soient un peu courtes et épaisses ; mettez-les dans une casserole avec gros comme la moitié d'un œuf, de beurre, passez-les sur le feu jusqu'à ce qu'elles soient un peu rissolées, et mouillez-les avec un verre de vin blanc et autant de bouillon, mettez-y une douzaine de petits ognons blancs, faites-les bouillir à petit feu ; une demi-heure après vous y mettrez 125 grammes de petit lard avec une carotte, un panais, le tout coupé en filets, une petite branche de sariette et du persil haché, peu de sel, gros poivre, un filet de vinai-gre ; lorsque les côtelettes sont cuites et qu'il reste peu de sauce, vous les dressez dans le plat que vous devez servir, les ognons autour, et les filets de racine et de lard sur les côtelettes.

Haricot de mouton.

Pour faire un haricot de mouton dans le goût bourgeois, il faut couper une épaule de mouton ou de la poitrine par morceaux de la largeur de deux doigts et un peu plus longs ; faites un roux avec peu de beurre et plein une cuiller à bouche de farine, faites-le roussir sur un petit feu en le tournant toujours avec une cuiller jusqu'à ce qu'il soit d'une couleur de cannelle bien foncée ; mettez-y la viande et passez-la cinq ou six tours sur le feu en la tournant de temps en temps ; vous y mettrez du bouillon : si vous n'en avez point, vous y mettrez deux verres d'eau un peu chaude, mettez-en peu à la fois, pour que le roux puisse bien se délayer, en remuant toujours avec la cuiller jusqu'à ce que vous ayez mis le tout ; assaisonnez votre viande avec du sel et du poivre, un bouquet de persil, ciboule, une feuille de laurier, thym, basilic, trois clous de girofle, une gousse d'ail ; faites cuire à petit feu ; à moitié de la cuisson, penchez votre casserole pour que la graisse vienne dessus ; ôtez-la avec une cuiller et n'en laissez que le moins que vous pourrez. Ayez des navets bien ratissés et lavés, que vous coupez par morceaux, faites-les cuire dans une poêle avec du saindoux, jusqu'à ce qu'ils soient bien colorés ; mettez-les dans la viande ; faites-les cuire ensemble ; les navets et la viande étant cuits, ôtez le bouquet, penchez encore la casserole pour ôter la graisse qui reste ; si la sauce est trop longue, il faut la faire réduire sur un bon feu, jusqu'à ce qu'elle ne soit ni trop claire ni trop liée, c'est-à-dire qu'elle soit de l'épaisseur d'une crème double ; dressez vos morceaux de viande dans le fond du plat, les navets pardessus, arrosez le tout avec la sauce.

Epaule de mouton en ballon.

Désossez-la et arrondissez-la, faites-la tenir à force de ficelle; vous la mettrez après cuire dans une bonne braise, comme la langue de bœuf, p. 58, bien assaisonnée; quand elle est cuite et bien essuyée de sa graisse, servez-la avec le même ragoût que vous servez au gigot et au carré.

Epaule de mouton de différentes façons.

Elle se met à l'eau, pour lors vous la laissez dans son naturel; après lui avoir cassé les os, faites-la cuire avec du bouillon, un bouquet garni : quand elle est cuite, dégraissez le bouillon et faites-le réduire en glace; remettez dedans l'épaule pour la glacer, mettez après un peu de coulis clair pour détacher ce qui reste à la casserole; et servez cette sauce sous l'épaule.

Elle se sert cuite à la broche avec sauce à la ciboulette, sauce à l'échalote, ragoût de chicorée, ragoût de laitue.

Epaule de mouton à la turque.

Mettez cuire une épaule de mouton avec du bouillon, un bouquet de persil, ciboule, une gousse d'ail, deux clous de girofle, une feuille de laurier, thym, basilic, deux ognons, quelques racines, un peu de sel, poivre ; quand elle est cuite, prenez 125 grammes de riz que vous lavez et mettez cuire avec le bouillon de la cuisson de l'épaule que vous passez au tamis sans le dégraisser; quand le riz est cuit et bien épais, mettez l'épaule sur le plat que vous devez servir, coupez-la dans deux ou trois endroits pour y faire entrer du riz, couvrez le dessus de l'épaule avec du riz, et sur le riz mettez du fromage de Gruyère râpé; faites prendre couleur sous un couvercle de tourtière avec un bon feu dessus; servez avec une sauce d'un coulis clair.

Epaule de mouton au four.

Lardez, si vous voulez, une épaule de mouton avec du petit lard, mettez dans le fond d'une terrine proportionnée à la grandeur de l'épaule deux ou trois ognons en tranches, un panais et une carotte coupés en zeste, une gousse d'ail, deux clous de girofle, une demi-feuille de laurier, quelques feuilles de basilic, environ un bon verre d'eau ou de bouillon, pour le mieux, sel, poivre; si l'épaule est lardée de petit lard vous y mettez moins de sel; mettez l'épaule dessus, et faites-la cuire au four: quand elle sera cuite, vous en passerez la sauce au tamis, et en presserez fort les légumes pour qu'ils fassent une petite purée claire pour lier la sauce, dégraissez cette sauce et servez la sur l'épaule.

Epaule de mouton à la Sainte-Ménehould.

Faites cuire une épaule de mouton avec un peu de bouillon, un bouquet de persil, ciboule, une gousse d'ail, trois clous de girofle, une feuille de laurier, thym, basilic, ognons, racines, sel, poivre; quand elle est cuite, vous l'ôtez de sa cuisson et l'égouttez; dressez-la sur le plat que vous devez servir, mettez dessus une sauce bien liée, que vous faites en prenant deux cuillerées de coulis que vous mettez dans une casserole sous un morceau de beurre manié de farine, trois jaunes d'œufs; faites-la lier sur le feu et versez-la sur l'épaule, panez-la de mie de pain, arrosez doucement la mie de pain avec du dégraissis de la cuisson de l'épaule, faites prendre couleur sous un couvercle de tourtière avec un peu de feu dessus; ensuite vous égouttez la graisse qui est dans le plat: essuyez bien les bords et servez dessous une sauce claire à l'échalote, ou simplement un peu de jus avec du sel et gros poivre. Si vous n'avez point de coulis pour la sauce que vous mettez sur l'épaule, prenez de la cuisson que vous dégraissez, et mettez un peu de farine avec le beurre.

Saucisson d'une épaule de mouton.

Désossez entièrement une épaule de mouton, étendez-la le plus que vous pourrez, mettez dessus une farce de godiveau de l'épaisseur d'une pièce de cinq francs sur cette farce, arrangez des cornichons et du jambon coupés en filets ; remettez un peu de farce dessus, seulement pour les faire tenir ; roulez l'épaule et enveloppez-la bien serrée dans un linge et faites-la cuire avec un peu de bouillon, un bouquet de persil, ciboule, gousse d'ail, trois clous de girofle, ognons, carottes, panais, sel, poivre ; la cuisson faite, dégraissez la sauce et passez-la au tamis ; faites-la réduire si elle est trop longue ; mettez-y une cuillerée de coulis pour la lier ; servez sur l'épaule.

Poitrine de mouton à la turque ou pilau.

Pour faire ce célèbre ragoût turc, coupez 500 grammes de poitrine en morceaux et 125 grammes de lard en petits dés ; faites revenir le tout dans du beurre et ajoutez-y un litre d'eau ; laissez bouillir jusqu'à ce que le mouton soit à moitié cuit ; alors mettez dans la casserole 125 grammes de riz, sel, poivre, bouquet garni, un peu de gingembre, un piment rouge, dont vous aurez supprimé les semences et que vous aurez pilé. Lorsque votre riz sera bien crevé et que votre préparation aura pris assez de consistance pour être dressée en pyramide, servez.

En Turquie on colore le pilau en jaune avec une pincée de safran ou de curcuma.

Du bout saigneux du mouton ou collet.

Faites-le cuire à la braise faite avec du bouillon, sel, poivre, un bouquet garni ; quand il est bien cuit, vous pouvez servir avec *ragoût de navets*, —

ragoût de concombres, — ragoût de céleri, — Sauce hachée, — sauce à l'anglaise, — sauce à la ravigote.

Quand il est fendu, il se met dans le pot; après qu'il est cuit, mettez-le sur le gril avec la graisse du pot, persil, ciboule hachés, sel, poivre; panez de mie de pain, et servez dessous une sauce au verjus.

Poitrine de mouton de plusieurs façons.

Elle est aussi bonne dans le pot que le bout saigneux, et se fait griller de même; vous la faites aussi cuire à la braise, entière ou coupée par morceaux, et vous la servez avec un ragoût de navets : l'on en fait aussi un hochepot. Voy. *Queue de bœuf en hochepot*, p. 63.

Filet de mouton en brezolles.

Prenez un filet de mouton que vous parez et coupez mince; mettez-le après dans une casserole, lit par lit, avec persil, ciboule, champignons, une pointe d'ail, le tout haché; du lard fondu, sel, gros poivre, et faites-le cuire à la braise à très-petit feu; quand il est cuit, vous le dégraissez et détachez les filets; ajoutez un peu de coulis dans la sauce, et servez.

Filet de mouton en paupiettes.

Pour faire les paupiettes, vous prenez un filet entier que vous coupez après en tranches de toute sa largeur; aplatissez-les et mettez dessus une bonne farce faite avec blanc de volaille cuite, graisse de bœuf blanchie, persil, ciboule, champignons hachés, sel, poivre, quatre jaunes d'œufs; roulez vos paupiettes et faites-les cuire à la broche, enveloppées de lard et de papier; quand elles sont cuites, servez dessous une bonne sauce.

Vous pouvez aussi servir le filet en fricandeau au naturel, ou avec un ragoût de chicorée ou de laitue.

Langues de mouton de différentes façons.

Après les avoir fait cuire dans l'eau, vous les servez communément grillées ; pour lors vous ôtez la peau et vous les fendez à moitié ; faites-les tremper avec de la graisse du pot, ou pour le mieux avec de l'huile fine, persil, ciboule, champignons, une pointe d'ail, le tout haché, sel, poivre, panez-les et faites-les griller ; servez après avec une sauce au verjus.

Langues de mouton en papillotes.

Après qu'elles sont cuites dans l'eau et nettoyées de leur peau, faites-les mariner, avec sel, gros poivre, persil, ciboule, champignons, une pointe d'ail, le tout haché, la moitié d'un citron coupé en tranches, huile fine ; mettez chaque moitié des langues avec l'assaisonnement dans du papier blanc et frotté d'huile, avec bardes de lard dessus et dessous ; pliez le papier tout autour pour que rien ne sorte ; faites-les cuire à très-petit feu, et servez avec le papier.

Langues de mouton à la broche.

Prenez quatre langues que vous faites cuire dans de l'eau avec du sel, un ognon piqué de deux clous de girofle, une carotte et un panais ; quand elles sont presque cuites, ôtez-en la peau et lardez-les en travers avec du gros lard. Pour le mieux, si vous voulez, à la place de gros lard, vous piquerez tout le dessus avec du petit lard ; embrochez-les dans un hatelet et attachez-les à la broche enveloppées avec du papier que vous graissez ; quand elles seront cuites de belle couleur, servez-les avec une sauce au verjus.

Langues de mouton à la flamande.

Prenez deux ou trois ognons que vous coupez en tranches, passez-les sur le feu avec du beurre jusqu'à ce qu'ils commencent à se colorer ; mettez-y une pincée de farine, et mouillez avec un verre de vin blanc, un demi-verre de jus; mettez-y aussi des champignons, deux échalotes, persil, ciboule, le tout haché très-fin, sel, gros poivre, une pointe de vinaigre; faites bouillir le tout ensemble un demi-quart d'heure; ayez trois langues de mouton cuites à l'eau, que vous épluchez, fendez-les en deux sans les séparer, mettez-les dans la sauce pour les faire bouillir ensemble jusqu'à ce qu'elles aient pris goût et qu'il reste peu de sauce; servez.

Langues de mouton à la poêle.

Epluchez trois langues de mouton, après les avoir fait cuire à l'eau; fendez-les par la moitié sans les séparer, mettez-les dans une casserole avec de bon bouillon, deux cuillerées de coulis, ou deux cuillerées à bouche de chapelure de pain dans un peu de bouillon; faites bouillir un instant et passez-le au travers d'un tamis en le pressant avec une cuiller; cette façon peut servir pour beaucoup de ragoûts bourgeois où l'on veut éviter la dépense et la peine de faire un coulis; après avoir mis votre coulis, vous y mettez aussi un verre de vin blanc, persil, ciboule, une pointe d'ail, des champignons, le tout haché très-fin, un petit morceau de beurre, sel, gros poivre, faites bouillir pendant une demi-heure, jusqu'à ce que la sauce ne soit ni trop liée ni trop claire.

Langues de mouton au gratin.

Faites-les cuire avec un peu de bouillon, un demi-verre de vin blanc, un bouquet de persil, ciboule, une demi-feuille de laurier, un peu de thym, basilic, une demi-gousse d'ail, deux clous de girofle, sel, gros poivre; faites-les bouillir pendant une demi-heure à très-petit feu, ajoutez-y un peu de coulis : pour le gratin, prenez un plat qui aille au feu, mettez-y dans le fond une farce de l'épaisseur d'une pièce de cinq francs, faite avec de la mie de pain , un morceau de beurre ou de lard râpé, deux jaunes d'œufs crus, persil , ciboule hachés , un peu de coulis ou une cuillerée à bouche de bouillon , sel, gros poivre ; mêlez le tout, et mettez le plat sur la cendre chaude jusqu'à ce que la farce se soit attachée, ensuite vous en égoutterez le beurre ; servez dessus les langues avec leur sauce.

Langues de mouton à la Sainte-Ménehould.

Etant cuites à l'eau vous les épluchez et fendez en deux sans les séparer ; vous les faites bouillir pendant une demi-heure avec un bon verre de lait, un morceau de beurre, persil, ciboule, une gousse d'ail, deux échalotes, deux clous de girofle, sel, gros poivre, ensuite vous ôtez les fines herbes et prenez le plus gras de la cuisson des langues pour les tremper dedans ; panez-les ; faites-les griller de belle couleur et servez-les avec une sauce piquante ou une sauce au verjus.

Cervelle de mouton. Voyez *Cervelle de veau*, page 74.

Pieds de mouton de différentes façons.

Il faut toujours faire cuire les pieds de mouton dans l'eau pour quelque ragoût que vous vouliez faire ; quand ils sont cuits, vous ôtez l'os de la jambe et laissez le pied entier ; si vous voulez les servir avec une sauce, après les avoir épluchés de ce qui reste de poil, mettez-les dans une casserole avec un morceau de beurre, du bouillon, un bouquet de toutes sortes de fines herbes, sel, poivre ; faites-les bouillir à petit feu pendant une demi-heure ; lorsqu'ils auront pris assez de goût, retirez-les sur un linge propre pour les essuyer de leur graisse, dressez-les sur le plat que vous devez servir ; mettez pardessus telle sauce que vous jugerez à propos, comme à la hollandaise, à l'espagnole, hachés, et autres que vous trouverez à l'article des *Sauces*, p. 25.

Pieds de mouton à la poulette.

Après les avoir bien fait cuire dans de l'eau, pendant cinq heures, il faut les éplucher de ce qui reste de poil; égouttez-les, et ôtez les os des jambes; faites réduire quelques cuillerées de coulis blanc, avec des champignons auparavant, passez au beurre; mettez-y une liaison de trois jaunes d'œufs, 300 grammes environ de beurre frais, du persil haché et blanchi, un jus de citron; jetez les pieds de mouton dans cette sauce; servez de suite.

Pieds de mouton à la Sainte-Ménehould.

Quand ils sont cuits dans l'eau, vous leur ôtez les gros os et vous les laissez entiers; mettez-les après dans une casserole avec un bon morceau de beurre, persil, ciboule, une pointe d'ail, le tout haché, sel, poivre; faites-les cuire jusqu'à ce qu'il n'y ait presque plus de sauce; sur la fin remuez-les, crainte qu'ils ne s'attachent. Quand ils sont refroidis, trempez-les dans le restant de la sauce et panez-les de mie de pain; faites-les griller, et servez-les à sec avec une sauce piquante et claire.

Pieds de mouton farcis.

Ayez une douzaine de pieds de mouton cuits à l'eau, mettez-les dans un peu de bouillon avec du sel, poivre, une feuille de laurier, thym, basilic, une gousse d'ail, faites-les mijoter pendant une demi-heure, retirez-les et désossez-les le plus que vous pourrez, et à la place des os, vous y ferez entrer une farce de cette façon : hachez un petit morceau de viande cuite, avec autant de graisse de bœuf, un peu de mie de pain desséchée avec du lait, assaisonnez de sel, poivre, persil, ciboule hachée, lié de trois jaunes d'œufs; après qu'ils seront farcis, si vous voulez les frire, trempez-les dans de l'œuf battu et panez-les de mie de pain, faites-les frire de

belle couleur; servez sortant de la poêle. Si vous voulez les servir sans être frits, vous les trempez dans du
beurre chaud, panez-les de mie de pain; vous pouvez
les faire griller ou leur faire prendre couleur sur le
plat que vous devez servir, avec un couvercle de tourtière et du feu dessus, égouttez-en la graisse, s'il y en
a; servez, les bords du plat bien essuyés. L'on peut
y mettre une sauce d'un jus clair si l'on veut. Les
pieds de mouton à l'anglaise se font de la même
manière.

Pieds de mouton en surtout.

Après les avoir fait cuire comme ci-dessus, vous
prenez le plat que vous devez servir, qui doit aller
au feu, mettez partout dans le fond une farce de
viande telle que vous l'aurez, pourvu qu'elle soit
bonne et assaisonnée de bon goût; arrangez les
pieds sur cette farce, couvrez-les avec de la
même farce, unissez le dessus avec un couteau
trempé dans de l'œuf battu, panez avec de la mie
de pain; mettez votre plat sur un petit feu, et
couvrez-le avec un couvercle de tourtière, et du feu
dessus jusqu'à ce qu'il soit d'une belle couleur dorée, égouttez-en la graisse, et servez dans le fond
une sauce claire, piquante, qui est la première que
vous trouverez à l'article des *Sauces*, p. 25.

Pieds de mouton aux concombres, en fricassée de poulets.

Vous coupez chaque pied en trois morceaux;
après les avoir fait cuire à l'eau et bien épluchés,
mettez-les dans une casserole avec autant de concombres coupés en gros dés, que vous aurez fait
mariner pendant une heure, avec une cuillerée de
vinaigre et un peu de sel; pressez-les bien dans les
mains pour en faire sortir toute l'eau, mettez-y un
morceau de beurre, un bouquet de persil, ciboule,
une gousse d'ail, une demi-feuille de laurier, deux
clous de girofle, passez le tout ensemble sur le feu,
et mettez-y après une pincée de farine mouillée

avec du bouillon ; laissez bouillir à petit feu jusqu'à ce que les concombres soient cuits, et qu'il n'y ait presque plus de sauce, mettez-y une liaison de trois jaunes d'œufs délayés avec de la crême ; faites lier la sauce sur le feu sans qu'elle bouille, crainte qu'elle ne tourne ; avant de servir, goûtez s'il y a assez de sel et de vinaigre, ajoutez-y un peu de gros poivre.

Pieds de mouton à la sauce Robert.

Prenez de l'ognon que vous coupez en filets, mettez-le dans une casserole avec un morceau de beurre, faites-le cuire à moitié, mettez-y ensuite les pieds de mouton coupés en trois et bien épluchés, mouillez avec du bouillon, un peu de coulis assaisonné de sel, poivre ; quand votre ragoût est cuit, mettez-y de la moutarde, un filet de vinaigre, et servez à courte sauce.

Rognons de mouton à la brochette.

Supprimez les petites peaux qui enveloppent vos rognons ; fendez-les sans séparer les deux morceaux ; embrochez chaque rognon séparément, avec une brochette de bois ou d'argent, de façon que le rognon reste bien ouvert ; mettez-les sur le gril en les retournant, lorsqu'ils seront cuits d'un côté. Saupoudrez-les de sel et de poivre. Au moment de servir mettez au milieu de chaque rognon un morceau de beurre bien frais et servez chaud, sans enlever les brochettes.

Rognons de mouton au vin de Champagne.

Emincez huit à dix rognons de mouton après en avoir ôté la peau ; mettez-les dans une casserole avec un bon morceau de beurre, poivre, sel, muscade, persil haché. Passez-les sur un feu vif pour leur faire rendre leur jus qu'il faudra laisser un peu réduire. Versez ensuite vos rognons dans une sauce italienne. Le vin de Champagne y est inutile si votre vin blanc est bon. Ajoutez un roux à votre italienne pour lui donner du corps, mais veillez à ce que vos rognons ne bouillent pas; cela les durcirait.

De la queue de mouton.

Elle se sert cuite à la braise, comme la langue de bœuf, page 58.

Queues de mouton de plusieurs façons.

Faites cuire pendant trois heures cinq ou six queues de mouton dans une braise (voyez page 23). Quand elles sont cuites de cette façon, elles peuvent vous servir à différens changemens; si vous voulez les mettre sur le gril, quand elles sont froides, trempez-les dans deux œufs battus comme pour une omelette, panez-les ensuite avec de la mie de pain; quand elles sont toutes panées, trempez-les après dans de l'huile fine, ou de la graisse du pot au feu, qu'elle soit tiède; repanez-les une seconde fois, et mettez-les griller à petit feu; ayez soin de les arroser sur le gril, avec le reste de l'huile ou graisse; quand elles sont grillées de belle couleur, servez-les à sec ou avec une petite sauce claire à l'échalote.

Si c'est pour les servir frites, quand elles sont cuites et refroidies, comme il est dit ci-dessus, panez-les simplement dans des œufs battus, trempez-les de mie de pain, et faites-les frire de belle couleur, servez-les avec du persil frit.

Cuites à la braise, on les sert avec un coulis de lentilles et petit lard, ou un ragoût de choux et petit lard.

Vous pouvez aussi les mettre au parmesan; pour lors il faut très-peu de sel dans la braise; vous prenez le plat que vous devez servir, mettez dans le fond un peu de coulis et du parmesan râpé, arrangez les queues de mouton dessus, mettez sur les queues un peu de sauce et du parmesan; il faut les faire mijoter un quart-d'heure sur le feu, et passer la pelle rouge pardessus pour les glacer ; servez de belle couleur à courte sauce.

Queues de mouton aux choux à la bourgeoise.

Faites cuire cinq ou six queues de mouton comme il est dit ci-dessus; faites blanchir un quart-d'heure à l'eau-bouillante la moitié d'un gros chou, retirez-le à l'eau fraîche et le pressez, ôtez-en le trognon, hachez le chou ; coupez en petits dés 125 ou même 250 grammes de petit lard, mettez-le avec les choux dans un petit roux fait avec une bonne pincée de farine et de beurre ; passez-les ensemble et mouillez-les avec un peu de bouillon sans sel, laissez cuire une heure à petit feu jusqu'à ce que le chou et le lard soient bien cuits et le ragoût bien lié ; mettez égoutter les queues, essuyez-les avec un linge, dressez-les dans le plat un peu distancées les unes des autres; couvrez chaque queue avec du ragoût et servez bien chaud.

CHAPITRE VII.

DE L'AGNEAU.

L'agneau n'est bon qu'au mois d'avril, encore faut-il qu'il ait deux mois et demi, et qu'il soit bien gras; comme la chair en est fade, elle demande un assaisonnement piquant.

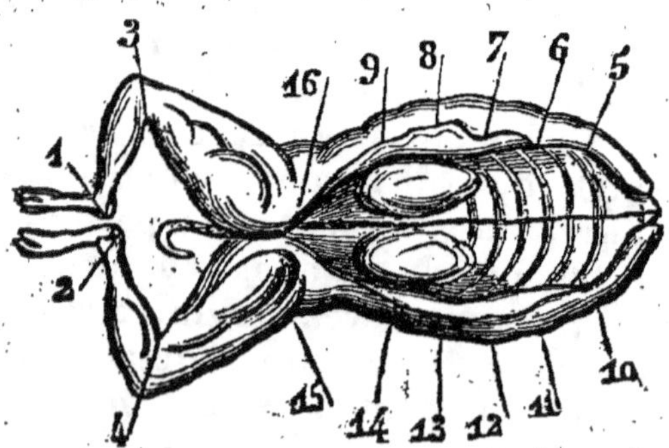

Voici la manière de découper l'agneau :

Quartier d'agneau.

Le quartier de devant est plus délicat que celui de derrière. Il se sert ordinairement rôti pour un plat de rôt. Vous le servez aussi en fricandeau. Voy. *Fricandeau*, p. 92. Pour le bien glacer, prenez la glace qui est dans la casserole avec le dos d'une cuiller et l'étendez sur l'agneau. Vous pouvez aussi le servir en fricandeau avec un ragoût d'épinards, ou cuit à la braise avec un ragoût de cornichons. Vous en faites aussi des entrées à l'anglaise en mettant les côtelettes sur le gril, comme celles de mouton, et le reste du quartier, vous le faites cuire à la broche ; quand il est froid, vous en faites un hachis et les côtelettes autour.

Le quartier de devant se déguise aussi. Quand il est cuit à la broche et qu'il a servi déjà sur une table, vous le coupez par filets et le mettez en blanquette ou à la béchamel.

Filet d'agneau.

Coupez un filet par tranches ; mettez-y du sel et du poivre, faites-les frire ; posez-les sur un plat et versez du beurre dessus ; faites une sauce avec un peu de farine, du bouillon de bœuf, un peu de saumure de noix ; faites bouillir en remuant toujours ; versez sur les tranches et servez garni de persil frit.

Rosbif d'agneau à l'anglaise.

Il faut commencer par faire rôtir les deux quartiers de devant ; levez-en les épaules, coupez les poitrines sans toucher aux côtes, faites-les cuire dans une braise et laissez-les refroidir ensuite ; vous les couperez par petits morceaux, trempez-les dans une bonne sauce, panez-les et les faites frire. Coupez proprement les côtelettes, sautez-les dans du beurre fondu et les glacez ; faites une blanquette avec les épaules rôties que vous aurez coupées par morceaux ; arrangez les côtelettes et les poitrines sur un plat, et la blanquette dans le milieu.

Quartier de l'agneau de derrière.

Le quartier de derrière d'agneau se met ordinairement à la broche ; il se met aussi farci en dedans, cuit à la braise et servi avec un ragoût d'épinards. Cuit à la braise et refroidi, vous en tirez des filets que vous mettez en blanquette ou à la béchamel, comme il est dit ci-devant.

Pieds d'agneau gratinés.

Faites cuire dans une bonne braise une douzaine de pieds d'agneaux, et dix-huit ou vingt petits ognons blancs ; faites un petit gratin avec de la mie de pain, un peu de fromage râpé, un morceau de beurre, trois jaunes d'œufs ; mêlez le tout ensemble, étendez-le sur le fond du plat que vous devez servir. Mettez ce plat sur une cendre chaude pour faire cuire et un peu attacher ce gratin ; dressez-y dessus les pieds d'agneaux entremêlés de petits ognons ; faites encore un peu mijoter sur le feu ; après vous en égouttez la graisse, et servez dessus une bonne sauce de blanc de veau. La langue, les pieds et la queue s'accommodent comme ceux de mouton.

CHAPITRE VIII.

DU COCHON.

Le cochon est d'un goût fort agréable. On ne saurait travailler la cuisine à son point sans en faire usage ; cependant il faut en user modérément, parce que sa chair est difficile à digérer.

Tête de cochon.

Elle se met en hure de sanglier. Faites-la brûler à un feu clair sur le fourneau bien ardent, et frottez-la à force de bras avec une brique, et ensuite avec un couteau. Après qu'elle est nette, désossez-la à moitié sans ôter la peau , piquez-la en dedans avec du gros lard : assaisonnez de sel , épices mêlées , persil, ciboule, champignons, ail , le tout haché. Enveloppez-la avec un linge blanc , ficelez-la et faites-la cuire dans une bonne braise faite avec du bouillon , vin rouge, un gros bouquet garni, ognons, racines, sel et poivre. Quand elle est cuite , laissez-la refroidir dans sa braise , et servez-la sur une serviette pour entremets du milieu. Elle se sert encore en ballon.

Oreilles, langue et pieds de cochon.

Les oreilles se font cuire à la braise faite comme celle de la tête ; quand elles sont cuites , il faut les paner et les faire griller ; servez-les à sec.

La langue se met à la braise avec des sauces piquantes , et pour le mieux , elle se mange salée et fumée.

Pieds de cochon à la Sainte-Ménehould.

Enveloppez des pieds de cochon avec des bandes de toile fine ; mettez-les dans une marmite avec sel, poivre en graines, clous de girofle, thym , laurier, persil, ciboule, des carottes et des ognons, une demi-bouteille de vin blanc ; qu'il y ait beaucoup de mouillement, laissez-les mijoter continuellement pendant vingt-quatre heures, et laissez-les refroidir dans leur cuisson ; développez-les et ressuyez-les ; vous les ferez griller à petit feu après les avoir assaisonnés de gros poivre et panés ; servez à sec.

Rognons de cochon au vin de Champagne.

Mettez dans une casserole, sur un feu vif, un morceau de beurre, des petits ognons, de l'échalote et du persil hachés très-fins, sel, poivre et les rognons émincés ; sautez-les sans discontinuer pour qu'ils ne s'attachent pas ; quand ils seront presque cuits, ajoutez un peu de farine et remuez ; mettez-y

6

un verre de bon vin blanc; ne les laissez plus
bouillir, et servez.

Jambons.

La cuisse et l'épaule se mettent en jambons; il
faut les saler et fumer. Pour cet effet, vous faites
une saumure avec du sel et du salpêtre, et toutes
sortes d'herbes odoriférantes, comme thym, laurier, basilic, baume, marjolaine, sarriette, genièvre,
que vous mouillez avec moitié eau et moitié lie de
vin; laissez infuser toutes ces herbes dans la saumure pendant au moins vingt-quatre heures; vous la
passez au clair et mettez tremper les jambons dedans pendant quinze jours. Ensuite vous les tirerez
de la saumure pour les faire égoutter; après les
avoir bien essuyés, vous les mettez fumer à la cheminée. Quand ils seront secs, pour les conserver,
vous les frotterez avec de la lie de vin et du vinaigre,
et mettrez par dessus de la cendre. Quand vous vou-
lez-les faire cuire, vous en ôtez le mauvais sans rien
ôter de la couenne; faites-les dessaler dans de l'eau
deux ou trois jours, suivant qu'ils sont nouveaux,
et que vous les jugerez assez dessalés; enveloppez-les
d'un torchon blanc, et mettez-les dans une marmite
pas plus large que le jambon; mettez-y deux pintes
d'eau et autant de vin, racines, ognons, un gros
bouquet garni de toutes sortes de fines herbes; faites
cuire votre jambon pendant cinq ou six heures à
très-petit feu. Quand il est cuit, laissez-le refroidir
dans sa cuisson, vous le retirez ensuite et en levez
doucement la couenne sans ôter de la graisse; mettez
par dessus la graisse du persil haché avec un peu de
poivre, et après de la chapelure de pain, passez
pardessus la pelle rouge, pour que la chapelure
s'imbibe un peu dans la graisse et prenne belle couleur. Servez à froid, sur une serviette, pour gros
entremets.

Quand les jambons sont nouveaux et petits, vous

pouvez les faire cuire à la broche et les servir chaud[s] ou froids pour entremets ; faites attention qu'il[s] soient beaucoup plus dessalés pour la broche que pour la braise.

La figure ci-dessous montre la manière dont se coupe le jambon.

Echiné à la broche.

Coupez-le en carré et laissez-lui l'épaisseur d'un doigt de graisse, ciselez cette graisse et embrochez le carré ; il lui faut deux heures de cuisson ; vous le servirez pour rôt, ou pour entrée avec une sauce piquante.

Filets de cochon.

Piquez de lard fin des filets mignons que vous laisserez dans leur longueur et d'une forme ronde ; mettez dans une casserole, des tranches de lard et de veau, carottes, ognons, deux clous de girofle, un bouquet garni, et les filets par dessus ; couvrez-les d'un rond de papier beurré, et ajoutez une demi-cuillerée à pot de bouillon ; faites-les mijoter pendant une heure avec du feu dessus pour les glacer ; égouttez-les et servez avec tels légumes ou sauce que vous voudrez.

Côtelettes de porc frais en ragoût.

Coupez en côtelettes un carré de porc-frais, mettez-le cuire avec un peu de bouillon, un bouquet garni, peu de sel et de poivre, un riz de veau blanchi, coupé en dés ; mettez-les dans une casserôle avec champignons, quelques foies de volaille, un peu de beurre, passez-les sur le feu; mettez-y une bonne pincée de farine, mouillez moitié bouillon, un verre de vin blanc, et du jus ce qu'il en faut pour colorer le ragoût; sel, gros poivre, un bouquet de persil, ciboule, une demi-gousse d'ail, deux clous de girofle; laissez cuire et réduire à courte sauce; servez sur les côtelettes. Vous pouvez encore passer les côtelettes de la même façon que le ragoût; et quand elles sont cuites à plus de moitié, vous y mettez les ris, foies et champignons avec le même assaisonnement.

Petit-salé de cochon.

Toutes les parties du cochon sont bonnes pour faire du petit-salé; le filet est estimé le meilleur; vous coupez les morceaux de la grosseur que vous voulez, et prenez du sel pilé; sur huit kilogrammes de viande mettez un demi-kilogramme de sel, frottez-en votre viande partout, mettez-la à mesure dans un vaisseau; quand il est plein, bouchez-le bien, de crainte qu'elle ne prenne un goût d'évent; vous pouvez vous en servir au bout de cinq à six jours; si vous voulez le garder longtemps, vous y mettrez un peu plus de sel; observez que, plus le salé est nouveau, meilleur il est; vous vous en servez ensuite soit pour manger avec de la purée de pois ou un ragoût de choux, ragoût de légumes, purée de lentilles, purée de navets. De quelque façon que vous l'employiez, ne mettez point de sel dans le ragoût que vous destinez à manger avec; et si votre salé avait pris trop de sel, faites-le tremper dans de l'eau tiède avant que de le faire cuire, jusqu'à ce qu'il soit au degré de sel que vous le voulez.

Lard et saindoux.

Prenez le lard sur le porc, ne laissez de chair que le moins que vous pouvez, arrangez-le sur des planches dans la cave, et mettez-y un demi-kilogramme de sel pilé sur cinq kilogrammes de lard; après l'avoir frotté de sel partout, vous le mettez l'un sur l'autre, chair contre chair; mettez des planches sur le lard et des pierres sur les planches pour le charger, afin que le lard en soit plus ferme. Vous le laissez au moins quinze jours dans le sel, et le suspendez ensuite dans un endroit sec pour le faire sécher.

Le saindoux se fait après avoir épluché la panne, c'est-à-dire ôté les peaux qui s'y trouvent; coupez la panne par petits morceaux, mettez dans un chaudron, avec un bon verre d'eau, un ognon piqué de clous de girofle; faites-la fondre à très-petit feu jusqu'à ce que les grignons qui ne se fondent point commencent à se colorer, pour lors vous la retirerez du feu, la laisserez refroidir à moitié, et la passerez ensuite dans un vaisseau de terre pour la mettre au frais.

Boudin de cochon.

Prenez de l'ognon que vous hachez, et faites-le cuire avec un peu d'eau et de la panne; quand il est bien cuit et qu'il ne reste que de la graisse, vous prenez de la panne que vous coupez en dés; mettez-la dans la casserole où est votre ognon, avec du sang et le quart de crème, assaisonnez de sel fin, épices mêlées, maniez bien le tout ensemble, et l'entonnez dans des boyaux que vous aurez coupés auparavant de la longueur que vous voulez faire les boudins; ne les emplissez pas trop, dans la crainte qu'ils ne crèvent en cuisant; ficelez les deux bouts de chaque boyau; vous les faites ensuite cuire dans de l'eau bouillante; il faut un quart-d'heure pour les cuire; pour savoir s'ils sont cuits, vous en tirerez un avec l'écumoire, et le piquerez avec une épingle; si le sang ne sort plus, que ce soit de la graisse, c'est une preuve qu'ils sont cuits; mettez-les ensuite refroidir pour les faire griller quand vous voudrez les servir.

Boudin blanc à la bourgeoise.

Mettez sur le feu un demi-litre de bon lait que vous faites bouillir, et y mettez ensuite une bonne poignée de mie de pain. Passez à la passoire, faites bouillir le tout ensemble en le tournant souvent, principalement sur la fin, jusqu'à ce que la mie de pain ait bu tout le lait et qu'elle soit bien épaisse ; mettez-la refroidir, coupez une demi-douzaine d'ognons en petits dés, et faites-les cuire à petit feu sans qu'ils soient colorés, avec un morceau de beurre ; ensuite vous avez 250 grammes de panne hachée que vous mêlez avec les ognons ; après qu'ils sont ôtés du feu, mettez-y la mie de pain avec six jaunes d'œufs, un peu plus d'un verre de crême ; délayez le tout ensemble, assaisonnez de sel fin, fines épices ; prenez des boyaux de cochon bien lavés, coupez-les de la longueur que vous voulez faire vos boudins, ne les emplissez qu'aux trois quarts, liez le bout. Quand ils seront tous finis, mettez vos boudins dans de l'eau bien bouillante et vous les y laisserez jusqu'à ce qu'ils soient cuits, ce que vous reconnaîtrez si, en les piquant avec une épingle, il en sort de la graisse. Un quart-d'heure suffit. Retirez-les, mettez-les dans l'eau fraîche, faites-les égoutter et faites-les griller dans une caisse de papier, ensuite vous les ôtez de la caisse pour les servir chauds.

Cervelas.

Communément l'on prend de la chair de porc la plus tendre et la plus entrelardée ; si vous voulez les faire d'autre viande, soit veau, lièvre ou lapin, vous aurez soin que votre viande soit bien nourrie de lard ; vous prendrez donc la viande, selon la quantité de cervelas que vous jugerez devoir faire ; hachez-la et mettez avec un peu de persil, ciboules hachées, sel, épices mêlées ; prenez des boyaux, de telle grosseur que vous jugerez à propos, emplissez-les de viande, et ficelez-les par les deux bouts ; mettez-les fumer à la cheminée deux jours, et faites-les ensuite cuire deux ou trois heures, suivant leur grosseur, dans un bouillon sans sel. Si vous voulez faire des cervelas à l'ognon, vous prendrez des ognons suivant la quantité de viande que vous aurez ; il faut les hacher et les faire cuire avec du lard fondu ou du saindoux. Quand ils sont cuits aux trois quarts, vous les mettez avec la viande, et finissez vos cervelas, comme il est dit ci-devant. Si vous voulez faire des cervelas aux truffes, vous hacherez la viande, et y mettrez ensuite des truffes sans les faire cuire, et finirez vos cervelas de la même façon.

Saucisses.

Prenez de la chair de porc où il y ait plus de gras que de maigre, hachez-la et mettez-y persil, ciboule hachés, assaisonnez de sel et fines épices, entonnez le tout dans des boyaux de veau ou de cochon, ficelez les saucisses de la longueur que vous voulez, faites-les griller, vous leur donnez le goût que vous jugerez à propos, comme truffes, échalotes. Si c'est aux truffes, vous en hachez avec la chair, suivant la quantité que vous voulez ; à l'échalote, vous en mettrez très-peu, de crainte que le goût ne domine. Les saucisses plates se font de la même façon, à cette différence que vous mettez la viande dans une crépine de porc.

Andouilles de cochon.

Prenez des boyaux gras de cochon ; après qu'ils seront bien lavés, coupez-les de la longueur que vous voulez faire les andouilles. Faites-les tremper dans de l'eau où il y ait un quart de vinaigre, du thym, laurier, basilic, pour faire prendre leur goût de charcuterie ; vous prenez une partie de ces boyaux que vous coupez en filets, de la panne en filets, des morceaux de porc en filets ; assaisonnez le tout ensemble avec du sel et fines épices, mêlez avec un peu d'anis ; remplissez ensuite vos boyaux aux deux tiers, de crainte qu'ils ne crèvent en cuisant, s'ils étaient trop pleins ; ficelez-les par les deux bouts, faites-les cuire avec moitié eau et moitié lait, sel, thym, laurier, basilic, un peu de panne pour les nourrir. Quand elles sont cuites, laissez-les refroidir dans leur cuisson ; vous les faites griller, et les servez pour hors-d'œuvre.

Jambon en cingarat.

Prenez du jambon que vous coupez en tranches fort minces, mettez-les dans une casserole ou dans une poêle avec un peu de gras de jambon ou du lard ; faites cuire à petit feu ; quand il est cuit vous dressez le jambon dans un plat et mettez dans la même casserole un peu d'eau, un filet de vinaigre et du poivre concassé ; il faut détacher ce qui reste dans la casserole en remuant votre sauce avec une cuiller, et la servez sur le jambon.

Cochon de lait rôti.

Le cochon de lait se fait cuire à la broche ; quand il est bien échaudé et troussé, vous lui coupez un peu la peau à la tête, aux épaules et à la cuisse pour qu'elle ne se déchire point ; quand il est au feu, frottez-le souvent avec de l'huile, pour que la peau soit croquante ; il faut le manger sortant de la broche, sinon la peau se ramollit et n'a plus le même goût. Lorsqu'il a été desservi vous pouvez en faire une blanquette avec du vin blanc et un assaisonnement un peu relevé. Pour la manière de le découper, voyez la figure, page 56.

Cochon de lait en galantine.

Quand il est bien échaudé, il faut le désosser, l'étendre sur un linge blanc, et mettre dessus une farce de viande assaisonnée de bon goût, que vous étendez de l'épaisseur d'une pièce de cinq francs ; mettez sur cette farce une rangée de lardons de jambon, une de lard, une de truffes, une de jaunes d'œufs durs, couvrez tous ces lardons avec un peu de farce, ensuite vous roulez le cochon de lait, en prenant garde de déranger les lardons ; enveloppez-le de bardes de lard et d'une étamine, serrez-le fort avec de la ficelle et faites-le cuire pendant trois heures, avec moitié bouillon et moitié vinblanc, sel, gros poivre, racines, ognons, un gros bouquet de persil, ciboule, échalotes, ail, girofle, thym, laurier, basilic ; quand il est cuit, laissez-le refroidir dans sa cuisson, et servez-le froid pour entremets. Toutes sortes de galantines se font de même.

Cochon de lait en pâté froid.

Pour faire ce pâté froid, voyez l'article des *Pâtés*, page 253.

Fromage de cochon.

Prenez une tête de cochon bien nettoyée, désossez-la avec soin, levez toute la chair et le lard sans couper la couenne ; coupez la chair en filets très-minces, faites-en autant du lard ; mettez le maigre sur un plat à part bien étendu et le gras dans un autre ; coupez les oreilles aussi en filets ; assaisonnez le tout des deux côtés avec du sel fin, du gros poivre, thym, laurier, basilic, six clous de girofle, deux pincées de coriandre, la moitié d'une muscade, le tout haché très-fin ; deux gousses d'ail, quatre échalotes, aussi hachées ; une demi-poignée de persil en feuilles entières ; mettez la peau de la hure dans une casserole ronde ; arrangez tous vos filets de viande en mettant un lit de maigre et quelques tranches de jambon, des feuilles de persil arrangées proprement ; continuez de cette façon jusqu'à la fin ; cousez la couenne et plissez-la en bourse, enveloppez-la d'un torchon

6.

blanc que vous serrerez fort avec de la ficelle ; mettez ce fromage dans une marmite juste à sa grandeur, pour le faire cuire pendant six ou sept heures avec du bouillon, une pinte de vin blanc, de l'ognon, racines, thym, laurier, basilic, une gousse d'ail, sel, poivre ; lorsqu'il est cuit, vous l'égouttez et le mettez dans un vaisseau juste à sa grandeur et bien rond ; couvrez-le avec un couvercle et un poids très-lourd dessus, pour lui faire prendre la forme que vous voulez jusqu'à ce qu'il soit froid ; vous le servirez pour gros entremets.

CHAPITRE IX.

DE LA VOLAILLE.

Manière de trousser la volaille.

Quand la volaille a été bien plumée, il faut commencer par la flamber sur un fourneau ardent ou une feuille de papier ; passez-la vivement pour ne brûler que les poils qui restent ; faites chauffer les pattes sur le feu pour en retirer la peau, et coupez-en le bout ; si vous la destinez pour rôtir, cette préparation n'est pas nécessaire, il faut seulement couper le bout des pattes ; ensuite vous la poserez sur une table et vous couperez un peu de la peau du cou près du dos ; détachez le boyau et le cornet, passez l'index par le trou du boyau, et détachez le foie et le gésier que vous ferez sortir par l'autre extrémité de la volaille ; fendez l'anus ou pour le mieux faites une incision sous la cuisse gauche, et retirez les boyaux, le gésier et le foie qui viendront aisément ; prenez garde de déchirer les poumons ou de crever le fiel, cela gâterait la volaille ; retournez la pointe des ailes sur le dos et faites passer le cou et la tête sous l'aile gauche ; salez le foie et ôtez-en le fiel, remettez-le dans le corps ; embrochez la pièce, passez la brochette de fer par le bec de la volaille et lui faites traverser le gros de la cuisse et la grande broche, qu'elle ressorte par l'autre cuisse ; allongez les pattes sur la broche ; liez-les dessus près du croupion avec une petite ficelle ; faites-la revenir à une des pointes de la brochette ; arrêtez-la et repassez-la sur le dos à l'autre pointe ; faites un tour pour contenir les ailes, nouez la ficelle et coupez-la ; si cette volaille est pour bouillir, faites entrer les pattes dans le corps ; assujétissez les cuisses avec une brochette ainsi que les ailes ; faites quelques tours de ficelle pour contenir le tout ; tous les oiseaux, soit volaille, ou gibier, se troussent de la même manière. Si les différentes espèces y apportent quelques changemens, ils sont de peu d'importance, et une explication plus longue deviendrait diffuse. Nous nous réservons d'indiquer à chaque article tout ce qu'il est utile de savoir.

Différentes espèces de poulets.

Nous en avons de quatre sortes, qui sont les poulets gras, les poulets aux œufs, les poulets à la reine et les poulets communs. Le poulet à la reine est le plus petit et le plus estimé. Le poulet aux œufs vient après. Le poulet gras, qui est le plus fort, est très-estimé quand il est choisi bien blanc en chair et graisse.

Fricassée de poulets.

Prenez deux poulets communs bien en chair, que vous flambez, épluchez et videz ; coupez-les par membres et mettez-les tremper dans une eau un peu tiède pour les faire dégorger ; vous y mettez aussi les foies après avoir ôté l'amer ; les gésiers que vous fendez pour ôter ce qui est dedans ; les pattes que vous mettez sur de la braise pour ôter la peau ; il faut couper les ergots, les cous dont vous coupez la moitié de la tête. Vos poulets étant bien dégorgés, mettez-les égoutter sur un tamis ou dans une passoire ; mettez-les dans une casserole avec un morceau de beurre, bouquet de persil, ciboule, une feuille de laurier, un peu de thym, du basilic, deux clous de girofle, des champignons, une tranche de jambon, si vous en avez ; passez le tout sur un bon feu jusqu'à ce qu'il n'y ait presque plus de sauce ; vous y mettez une bonne pincée de farine et mouillez avec un peu d'eau chaude ; assaisonnez de sel, gros poivre ; faites cuire et réduire à peu de sauce. Lorsque vous êtes prêt à servir, vous y mettez deux ou trois jaunes d'œufs délayés avec de la crême ou du lait ; faites lier sur le feu sans faire bouillir, parce que votre sauce tournerait ; mettez-y un jus de citron ou un filet de vinaigre ; dressez votre fricassée, les abattis dans le fond, les cuisses et les ailes dessus, arrosez partout avec la sauce et les champignons.

Poulet Marengo.

Dépecez-le comme il est dit ci-dessus, mettez-le dans une casserole avec 125 grammes d'huile et du sel. On y met en premier les cuisses et cinq minutes après les autres membres. Le poulet doit prendre couleur et cuire dans cette huile. Un peu avant on y met un bouquet garni, des champignons et des truffes coupées en lames, si on eu a. Lorsque le poulet est cuit à point versez dessus une sauce italienne.

Poulet à la tartare.

Flambez et videz-le, faites-le refaire sur le feu et coupez-le par moitié ; cassez-lui un peu les os et faites-le mariner avec de bon beurre frais que vous faites fondre ; mettez avec persil, ciboule, champignons, une pointe d'ail, le tout haché, sel, poivre ; trempez-le dans le beurre et panez-le de mie de pain ; faites-le griller à petit feu, et servez à sec, ou avec une bonne petite sauce claire.

Poulet à la poêle.

Flambez, épluchez deux moyens poulets, fendez-les en deux par le milieu de l'estomac, videz-les et passez-les dans une casserole avec un morceau de beurre, une pointe d'ail, deux échalotes, des champignons, persil, ciboule, le tout haché; mettez-y une pincée de farine, mouillez avec un verre de vin blanc et autant de bouillon; assaisonnez de sel, gros poivre; faites cuire et réduire à courte sauce, dégraissez avant que de servir.

Poulet à l'estragon.

Faites blanchir un demi-quart d'heure une bonne pincée de feuilles d'estragon, retirez-le à l'eau fraîche; hachez-le fin après l'avoir pressé; flambez et épluchez deux poulets, videz-les et prenez-en les foies que vous hachez et mêlez avec un morceau de beurre, le quart de l'estragon haché, sel, gros poivre; mettez cette petite farce dans le corps des poulets; mettez-les dans une casserole après les avoir troussés avec leurs pattes pour les faire revenir dans de la graisse ou du beurre; mettez une barde de lard sur l'estomac et faites-les cuire à la broche enveloppés de papier; quand ils seront cuits, mettez le reste de l'estragon haché dans une casserole avec deux fois gros comme une noix de bon beurre manié d'une pincée de farine, un demi-verre de jus, deux cuillerées de bouillon, un filet de vinaigre, sel, gros poivre; faites lier la sauce. Servez sur les poulets, avec une garniture de feuilles d'estragon autour du plat.

Poulet sauté.

Employez de préférence un poulet à la reine, coupez-le par membres et mettez-le dans une casserole sur un grand feu avec un morceau de beurre, des champignons, du sel et du poivre, un bouquet garni ; sautez votre poulet pendant dix minutes sans le quitter un instant ; mettez-y alors un peu de farine, mêlez-la bien avec le poulet ; ajoutez un verre de bouillon ou d'eau et remuez jusqu'au premier bouillon, ne le laissez pas davantage sur le feu, et servez avec liaison de jaunes d'œufs, jus de citron.

Poulets au roux.

Coupez des poulets par membres et faites-les revenir dans un petit roux avec des petits ognons, des champignons, un bouquet garni, du sel et du poivre ; quand ils sont à moitié cuits, ajoutez quelques culs d'artichauts : vous dégraisserez la sauce avant de servir.

Les poulets, piqués de lard, cuits à la braise et glacés, peuvent être servis en fricandeau.

Poulets au verjus.

Flambez, épluchez et videz les poulets, farcissez le dedans avec le foie mêlé avec du beurre, persil, ciboule hachés, sel, gros poivre, et faites cuire à la broche ; mettez dans une casserole un peu de beurre avec deux ognons, une gousse d'ail, persil, ciboule, une carotte, un panais, deux clous de girofle, passez le tout ensemble jusqu'à ce qu'il soit coloré, mettez-y une bonne pincée de farine, mouillez avec un verre de bouillon, laissez cuire et réduire à moitié, passez au tamis ; prenez une bonne poignée de verjus en grains bien verts, ôtez-en les pépins et faites-les blanchir un instant à l'eau bouillante ; retirez-les pour les égoutter, mettez-les dans la sauce avec deux jaunes d'œufs ; faites lier sur le feu sans bouillir, en tournant toujours ; aussitôt que la sauce s'épaissit, ôtez du feu, servez sur les poulets.

Poulets en gibelote.

Coupez-les par membres et mettez-les dans une casserole avec les abattis, des champignons, un bouquet de persil, ciboule, une gousse d'ail, la moitié

— 135 —

d'une feuille de laurier, thym, basilic, deux clous
de girofle, un peu de beurre; passez-les sur le feu,
mettez-y une bonne pincée de farine, mouillez avec
un verre de vin blanc, du bouillon, du jus ce qu'il
en faut pour colorer le ragoût, sel, gros poivre;
faites cuire et réduire à courte sauce.

Poulets aux petits pois.

Coupez-les par membres et mettez-les dans une
casserole avec un litre de petits pois, un morceau
de beurre, un bouquet de persil, ciboule; passez-
les sur le feu, mettez-y une bonne pincée de farine;
mouillez moitié jus et moitié bouillon; faites cuire
et réduire à courte sauce; ne mettez du sel qu'un
moment avant de servir; un peu de sucre, si vous
le voulez.

Poulets en hatelet.

Prenez des poulets rôtis que l'on a desservis de la
table, vous les coupez par membres, et embrochez
chaque morceau à des hatelets d'argent ou de petites
brochettes de bois; trempez-les dans de l'œuf battu,
assaisonnez de sel, poivre, persil, ciboule hachés,
panez-les et retrempez-les dans du beurre ou de
l'huile, repanez-les et faites-les griller à petit feu,
en les arrosant légèrement avec un peu d'huile. Ser
vez à sec ou avec une sauce claire.

Poulets marinés.

Coupez-les par membres et faites-les mariner et
frire, comme il est dit pour la poitrine de veau,
page 87.

Poulets farcis.

Il faut les désosser avec soin sans percer la peau,
les remplir d'un ragoût de ris de veau; ficelez-les en
les arrondissant, et enveloppez-les de lard et d'un
linge blanc; faites-les cuire avec du vin blanc, du
bouillon et un bouquet garni. Servez avec une sauce
à l'espagnole.

Poulets à la Sainte-Ménehould.

Flambez, videz et troussez les pattes dans le corps deux poulets communs, mettez-les dans une casserole avec un morceau de beurre, un verre de vin blanc, sel, gros poivre, un bouquet de persil, ciboule, une gousse d'ail, thym, laurier, basilic, deux clous de girofle; faites cuire à petit feu, et attachez la sauce autour des poulets; ensuite vous tremperez les poulets dans de l'œuf battu, panez de mie de pain, retrempez-les dans du beurre et repanez-les, faites-les griller d'une couleur dorée, servez-les à sec ou avec une sauce claire un peu piquante.

Poulets gras aux œufs et à la reine, rôtis.

Ils se préparent tous de la même façon, et se servent ordinairement pour plat de rôt.

Vous les servez bardés ou piqués; pour être cuits à leur point, cela se connaît au doigt et à l'œil; quand ils fléchissent sous le doigt en les tâtant à la cuisse, il est temps de les retirer du feu. Pour la couleur, il ne la faut ni trop pâle ni trop colorée.

Toute sorte de rôts doit se faire cuire et connaître au même degré de cuisson; il ne s'agit que du temps qu'il faut de plus au feu, suivant qu'ils sont durs à cuire.

Tout le monde sait faire cuire des viandes à la broche, et peu réussissent à les servir à leur parfait degré de cuisson; c'est à quoi l'on doit prendre garde, parce que c'est de là que dépend une partie de la bonté des viandes, comme aussi d'être trop mortifiées ou pas assez.

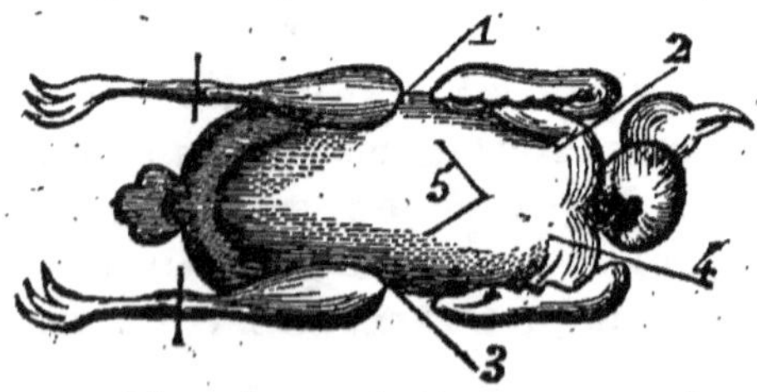

Voici la manière dont se découpe un poulet rôti.

Poulets en entrées de broche de différentes façons.

Si vous voulez servir des poulets gras ou à la reine pour entrée, faites-les cuire à la broche de cette façon : vous les flambez à la flamme d'un fourneau, videz-les et mettez dans le corps un peu de lard râpé, et le foie du poulet haché, un peu de persil, ciboule hachés, très-peu de sel; cousez-les pour que rien ne sorte; faites-les refaire sur le feu dans une casserole avec de la graisse de la marmite; faites-les cuire à la broche enveloppés de lard et de papier; ne les mettez point à un feu trop ardent, de crainte qu'ils ne se colorent, parce que les poulets en entrée de broche doivent se servir blancs.

Quand vos poulets sont cuits, dressez-les dans le plat que vous devez servir, et mettez avec telle sauce ou ragoût que vous jugerez à propos.

Comme, *Sauce à la ravigote,* — *sauce à l'espagnole,* — *sauce à l'anglaise,* — *sauce blanche aux câpres et anchois,* — *sauce à l'italienne,* — *sauce piquante,* — *sauce tomate.*

Ou toutes sortes de ragoûts, comme *aux truffes,* — *aux mousserons,* — *aux morilles,* — *aux petits ognons,* — *au ragoût de foie gras,* — *aux concombres,* — *aux cardes,* — *aux écrevisses,* — *aux pistaches,* — *aux cornichons,* — *aux huîtres.*

Bouillon de coq et de poule.

Ils sont tous les deux excellens pour faire de bon bouillon et de la gelée de viande pour les malades, en mettant un peu de jarret de veau avec. Ils servent à faire de bons consommés, et à donner du corps à toutes sortes de sauces et ragoûts.

Poule au riz.

Ficelez une poularde et mettez-la dans une casserole avec du bouillon; faites-la bouillir et écumer, ajoutez-y 125 grammes de riz bien lavé, deux carottes entières, un bouquet de persil et de ciboule, faites cuire à petit feu ; avant de servir, retirez les carottes et le bouquet, ajoutez un peu de gros poivre et du sel s'il est nécessaire.

DES DINDONS ET DINDONNEAUX.

Le dindonneau se sert à la broche, piqué ou bardé, pour un plat de rôt, principalement quand il est gras et dans la nouveauté. Quand il est cuit et refroidi, ce que l'on a desservi de la table vous sert à faire différentes entrées. — Vous le coupez par filets et le servez en blanquette. — Une autre fois à la béchamel. Voyez *Poularde à la béchamel*, page 147. — Les cuisses se servent sur le gril, avec une sauce Robert.

Si vous voulez mettre un dindonneau en entrée, vous le préparez pour la broche, comme j'ai expliqué ci-devant pour les poulets gras. Faites-le cuire de la même façon, et servez avec les mêmes sauces et ragoûts.

Dindon à la poêle.

Flambez et épluchez un dindon, aplatissez-le un peu sur l'estomac, troussez les pattes et le mettez dans une casserole, avec du beurre ou du lard fondu, persil, ciboule, champignons, une pointe d'ail, le tout haché très-fin ; faites-le refaire et le mettez dans une autre casserole avec l'assaisonnement, sel, gros poivre ; couvrez l'estomac de bardes de lard, mouillez avec un verre de vin blanc, autant de bouillon ; faites cuire à petit feu, ensuite vous le dégraissez et mettez du coulis dans la sauce pour la lier. Les poulets et poulardes se préparent de même.

Dindon en galantine.

Flambez et videz un gros dindon, désossez-le proprement, pour en faire une galantine de la même façon qu'il a été dit pour le cochon de lait en galantine, page 128.

Abattis de dindon en fricassée au blanc ou au roux.

Prenez un ou deux abattis de dindon, qui comprend les ailes, les pattes, le cou, le foie, le gésier; échaudez et épluchez le tout; mettez-le dans une casserole avec un morceau de beurre, un bouquet de persil, ciboule, une gousse d'ail, deux clous de girofle, thym, laurier, basilic, des champignons; passez le tout sur le feu, et mettez-y une bonne pincée de farine; mouillez avec de l'eau ou du bouillon, assaisonnez de sel, gros poivre, faites cuire et réduire à courte sauce; quand vous êtes prêt à servir, ôtez le bouquet; mettez-y une liaison de trois jaunes d'œufs avec de la crème, faites lier sans bouillir; en servant, un filet de vinaigre ou de verjus; si vous le mettez au roux, après l'avoir fariné, mouillez moitié bouillon et moitié jus; laissez réduire à courte sauce. Si vous voulez mettre un abattis aux petits pois, mettez-les dans la casserole pour les passer avec, et un bon morceau de beurre, farinez et mouillez moitié bouillon et moitié jus, laissez cuire et réduire à courte sauce. Vous pouvez aussi les accommoder aux navets, comme le haricot de mouton.

Abattis de dindon en haricots.

Voyez *haricot de mouton*, page 106.

Dindon en daube.

On prépare de cette manière les vieux dindons: vous les plumez, videz et troussez les pattes dans le corps, faites-les refaire sur la braise; vous les lardez de gros lardons; assaisonnez de sel, poivre, persil, ciboule, ail, échalotes, le tout haché; mettez-le cuire dans une marmite juste à sa grosseur; mettez-y un demi-litre de vin blanc, du bouillon, racines, ognons, un bouquet garni, sel, poivre; faites-le cuire à petit feu. Quand il est cuit, passez le bouillon au tamis, et faites-le réduire en glace, que vous mettez refroidir; étendez-la sur le dindon ; si vous en avez de reste , mettez-la dans le corps. Vous servez ce dindon dans un plat sur une serviette, garni de persil vert. Vous pouvez faire de ces dindons des entrées à la braise, comme brezolle, fricandeau , des entrées à la bourgeoise, entre deux plats comme les noix de veau.

Cuisses de dindon accompagnées

Faites dégorger un ris de veau et blanchir à l'eau bouillante, coupez-le en gros dés , avec beaucoup de champignons coupés aussi en dés ; maniez-les ensemble avec du lard râpé, persil, ciboule, basilic, échalotes, le tout haché , sel, gros poivre, deux jaunes d'œufs ; ayez deux cuisses de dindon crues , bien épluchées et bien désossées, à la réserve du bout de l'os qui joint la patte que vous laissez ; mettez dans les cuisses les ris de veau avec leur assaisonnement, cousez-les pour que rien ne sorte , et faites-les cuire dans une petite braise faite avec un verre de vin blanc, autant de bon bouillon, un bouquet de persil, ciboule, peu de sel , couvrez-les de bardes de lard et faites-les cuire à petit feu ; lorsqu'elles sont cuites et qu'il reste peu de sauce, dégraissez-la , ôtez les bardes et le bouquet, mettez-y deux cuillerées de coulis pour la lier ; si vous n'en avez point, vous y mettez un peu de beurre manié avec une pincée de farine et un peu de persil blanchi haché ; faites lier sur le feu, et servez sur les cuisses avec un jus de citron ou un filet de verjus.

Dindon à l'escalope.

Les cuisses étant ôtées de votre dindon pour les préparer comme il est dit à la façon précédente, il vous reste les ailes et l'estomac pour faire l'escalope ; la carcasse, on la met dans le pot pour manger au gros sel ; prenez ensuite les ailes et l'estomac, que vous coupez très-minces en filets, et arrangez-les dans une casserole , en faisant plusieurs couches l'une sur l'autre ; il faut assaisonner chaque couche avec du persil, ciboule, échalote, basilic, champignons, le tout haché fin, sel, gros poivre, et un peu de bonne huile ; couvrez avec quelques bardes de lard, faites cuire à petit feu. A moitié de la cuisson, vous y mettez un demi-verre de vin b'anc, rachevez de cuire, et dégraissez la sauce avant que de la servir sur les escalopes ; si vous avez du coulis, vous en mettez deux cuillerées pour la lier, un jus de citron ou un filet de verjus.

Ailerons en fricassée de poulets.

Après avoir échaudé des ailerons, fait blanchir, et bien épluchés, vous les faites cuire de la même façon que la fricassée de poulet, page 131.

Ailerons à l'espagnole.

Après qu'ils sont blanchis et épluchés, mettez-les dans une casserole sur des bardes de lard, avec deux cuillerées d'huile, un verre de vin blanc, autant de bon bouillon, un bouquet de persil, ciboule, deux gousses d'ail, thym, laurier, basilic, deux clous de girofle, sel, gros poivre, deux pincées de corian-dre ; lorsqu'ils sont cuits, passez la sauce au tamis, dégraissez-la et mettez-y un peu de coulis pour la lier ; essuyez les ailerons avec un linge blanc : servez la sauce dessus.

Ailerons à la purée verte.

Vous les faites cuire avec un peu de bon bouillon, un bouquet garni, sel, poivre, un peu de petit lard si vous voulez ; vous avez un demi-litre de pois cuits avec du bouillon, des queues de ciboules et du per-sil, passez-les en purée dans une étamine, mettez dans la purée de la cuisson des ailerons pour lui donner du goût, servez la purée sur les ailerons et le petit lard dans une terrine ; que la purée ne soit ni trop claire ni trop liée.

Les ailerons à la *purée de lentilles* se font de même, si ce n'est que vous ne mettez ni queues de ciboules ni de persil.

Ailerons aux petits ognons.

Faites un ragoût de petits ognons comme il est expliqué ci-après. Mettez les ailerons dans une casserole, avec un peu de bouillon, un bouquet garni, du sel, gros poivre ; faites-les cuire ; ensuite vous dégraissez la cuisson et passez au tamis ; mettez-la dans le ragoût d'ognons, pour lui donner du corps ; servez à courte sauce sur les ognons.

Ailerons au vin de Champagne.

Foncez une casserole de tranches de veau, mettez les ailerons dessus, couvrez de bardes de lard, mettez-y un bouquet garni, sel, gros poivre, un verre de bon vin blanc, un demi-verre de bouillon ; faites-les cuire à petit feu ; lorsqu'ils sont cuits, mettez deux cuillerées de coulis dans la sauce, dégraissez-la et passez-la au tamis : servez sur les ailerons bien essuyés de leur graisse. Étant cuits de cette façon sans y mettre de vin, vous pouvez les servir avec telle sauce ou ragoût que vous jugerez à propos.

Ailerons à la Sainte-Ménehould.

Faites-les cuire avec un verre de bouillon, un demi-verre de vin blanc, un bouquet garni, sel, gros poivre ; quand ils sont cuits à petit feu, faites attacher toute la sauce après les ailerons, comme si vous les glaciez, mettez-les refroidir et trempez-les dans un peu d'huile, panez-les de mie de pain ; étant panés, arrosez-les avec un peu d'huile, et faites-les griller de belle couleur ; servez sans sauce, ou, si vous voulez, une sauce claire assaisonnée de bon goût. Ces mêmes ailerons peuvent se mettre frire, à cette différence qu'à la place d'huile vous les trempez dans de l'œuf battu, et les panez de mie de pain pour les faire frire.

Dinde aux truffes.

Pour une forte dinde ayez un kilogramme de truffes ; brossez-les bien et enlevez la pelure que vous hacherez le plus fin possible. Retirez de l'intérieur de la dinde le plus de graisse que vous pourrez ; mettez vos truffes dans une casserole avec un morceau de beurre, sel, épices, et passez-les sur le feu pendant dix minutes ; ajoutez-y alors vos parures de truffes, la graisse retirée et quelques morceaux de lard, après avoir pilé le tout afin de bien incorporer toutes les parties de cette farce. Votre dinde étant ainsi préparée, introduisez-y la farce, recousez-en l'ouverture et laissez-la se parfumer deux ou trois jours suivant la saison ; ensuite enveloppez-la de papier beurré et faites-la cuire à la broche. On la sert avec son jus ou avec une sauce aux truffes.

On peut aussi la faire cuire à petit feu dans une braisière avec des débris de veau et des bardes de lard, et on donne du corps à la sauce avec un roux et des parures de truffes. On découpe une dinde comme l'indique cette figure.

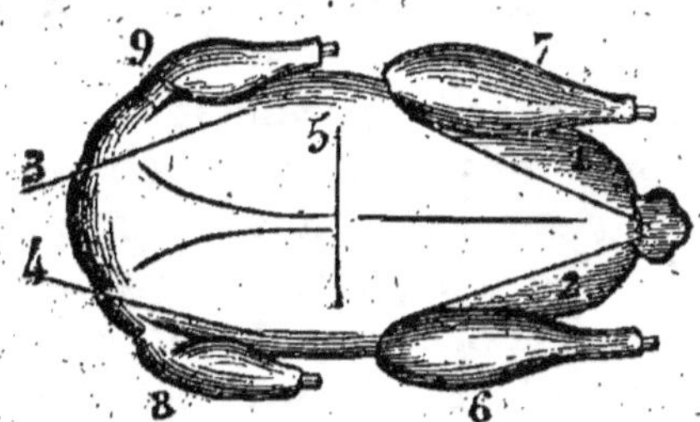

DE LA POULARDE ET DU CHAPON.

La poularde se sert aussi pour un plat de rôt, comme j'ai expliqué ci-devant pour les poulets gras ; dans le temps du cresson, vous en mettrez tout autour, assaisonné de sel et de vinaigre.

Voici comment on découpe la poularde ou le chapon.

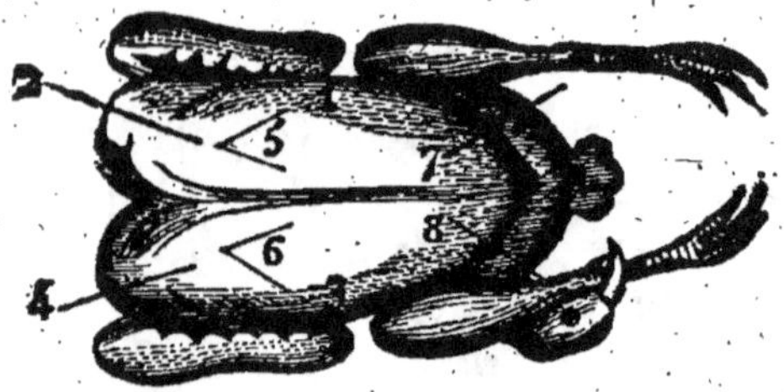

Elles se mettent aussi en entrée de bien des façons différentes. Quand elles sont tendres, elles se mettent en entrée de broche et se servent avec les mêmes sauces et ragoûts que les poulets en entrée de broche. (Voy. *Poulets*, page 137).

Observez la même chose pour les chapons.

Si vous ne les jugez pas assez tendres pour la broche, ou que vous vouliez les diversifier, voici toutes sortes de braises : vous les mettez en fricandeau (Voy. *Fricandeau de veau*, p. 92), ou à la tartare, ou au gros sel. Vous les flambez, videz et troussez les pattes en dedans après les avoir fait blanchir un instant ; mettez une barde de lard sur l'estomac pour le tenir blanc ; ficelez-le et mettez-le cuire dans la marmite ; quand il fléchit sous le doigt, en tâtant à la cuisse, retirez-le, et servez avec un peu de bouillon et de gros sel par dessus.

Les foies gras des poulardes, chapons, dindons, et gros poulets servent à mettre dans beaucoup de ragoûts et à faire des entremets particuliers. Vous les faites cuire à la broche, enveloppés de bardes de lard et panés de mie de pain ; servez-les avec une sauce verte piquante. Vous les mettez aussi en caisse, ce qui se fait avec du papier fort, frotté d'huile ; faites-les cuire dans leur jus, avec persil, ciboule, champignons, le tout haché, bardes de lard dessus, et dessous un peu d'huile, un jus de citron en les servant, ou mettez-les en papillote ou en ragoût.

Poularde entre deux plats.

Flambez, videz et troussez les pattes dans le corps ; faites-la refaire dans une casserole sur le feu avec un morceau de beurre, sel, poivre, persil, ciboule, champignons, une pointe d'ail, le tout haché. Mettez dans le fond d'une casserole des tranches de veau, la poularde dessus avec son assaisonnement, et couvrez-la de bardes de lard ; faites-la cuire de cette façon sur de la cendre chaude. Quand elle est cuite, dégraissez la sauce et passez-la au tamis ; mettez-y une cuillerée de coulis et un filet de verjus ; goûtez si la sauce est de bon goût, et servez sur la poularde.

Poularde à la persillade.

Prenez une poularde crue ou cuite à la broche, ou qui ait été déjà servie sur la table ; si elle est entamée, cela n'y fait rien ; coupez-la par membres et faites-la cuire dans une casserole avec bon bouillon et du coulis, sel, un peu de gros poivre. Quand elle est cuite, et la sauce assez réduite, mettez-y une bonne pincée de persil haché très-fin, que vous aurez fait cuire un moment dans de l'eau ; avant que de le hacher, il faut le bien presser ; en servant, mettez-y un filet de verjus.

Poularde à la chipolata.

Prenez des cuisses de poulardes ou de dindons, ou mieux, des ailerons de dindons ou de poulardes, suivant la saison. Vous avez six saucisses de la longueur du doigt, du petit lard en tranches, de petits ognons blanchis ; faites cuire le tout ensemble dans une casserole avec un peu de bouillon et enveloppé de bardes de lard dessus et dessous, deux tranches de citron, un bouquet de fines herbes ; quand le tout est cuit, retirez-le proprement pour le mettre égoutter, et vous le dresserez ensuite dans le plat que vous devez servir ; vous prenez en-

7

suite la sauce qui reste dans la casserole, que vous dégraissez en passant par le tamis; mettez-y une cuillerée de coulis pour donner du goût, et servez-la par-dessus.

Poularde aux ognons.

Prenez une bonne poularde qui soit tendre; après l'avoir flambée, épluchée et vidée, prenez son foie que vous hachez et mettez avec du lard râpé, persil, ciboule et champignon, le tout haché, assaisonné de sel et de poivre; mêlez bien cette farce et farcissez-en votre poularde. Cousez-la pour que la farce ne sorte point; faites-la cuire à la broche; enveloppée de lard et de papier. Quand elle est cuite, servez-la avec un ragoût de petits ognons blancs, qui se fait de cette façon : prenez de petits ognons blancs et coupez-leur un peu le bout de la tête et de la queue; faites-les cuire un quart-d'heure à l'eau bouillante; retirez-les et mettez-les dans l'eau fraîche pour leur ôter la première peau; vous les faites cuire ensuite dans du bouillon; quand ils sont cuits et égouttés, mettez-les prendre goût dans un coulis bien assaisonné, en leur faisant faire quelques bouillons sur un fourneau, et servez autour de la poularde. Les poulets aux oignons se font de la même façon.

Poularde à la matelote.

Flambez et videz votre poularde, troussez-la comme pour mettre au pot; bardez-la de lard; faites-la cuire avec du vin blanc, un peu de bouillon, six gros ognons, cardes et panais proprement coupés, un bouquet de persil, clous de girofle, ciboule, thym, laurier, basilic, deux tranches de citron, sel, poivre; faites cuire à petit feu; quand elle est cuite, dressez la poularde dans le plat que vous devez servir, les ognons et les racines alentour; servez avec une sauce bien dégraissée; si vous avez une cuillerée de coulis à mettre dans la sauce, elle aura plus de consistance.

Poularde à la Béchamel.

Ordinairement on prend une poularde cuite à la broche, que l'on a desservie de la table; vous la coupez par membres, ou pour le mieux, quand la poularde est presque entière et forte, vous levez toute la chair que vous coupez par filets, mettez dans une casserole un demi-litre de crême ou un grand verre de lait; quand elle bout, mettez-y gros comme la moitié d'un œuf de bon beurre manié d'une pincée de farine, avec du sel, du poivre, deux échalotes, une demi-gousse d'ail, persil, ciboule; faites bouillir à petit feu une demi-heure; quand elle est réduite au point d'une sauce, passez-la au tamis clair, mettez-y la poularde pour la faire chauffer sans bouillir; si la sauce n'était pas tout-à-fait assez liée, vous y mettriez un jaune d'œuf; faites lier sans bouillir; en servant, mettez deux ou trois gouttes de vinaigre.

Poularde à la Montmorency.

Il faut piquer le dessus de la poularde; après l'avoir flambée et vidée, vous la remplissez avec des foies coupés en dés, du petit lard, de petits œufs; cousez la poularde pour que rien ne sorte, faites-la cuire comme un fricandeau, et glacez-la de même.

Poularde marinée.

Flambez, épluchez et videz une poularde; ensuite vous la coupez par membres, et vous la faites mariner et frire de la même façon que la poitrine de veau (*voy*. p. 87).

Poularde à la Sainte-Ménehould.

Il faut préparer une poularde et la faire cuire de la même façon que les poulets à la Sainte-Ménehould, que vous trouverez ci-devant, page 136.

Poularde en caneton.

Vous la désossez entièrement après l'avoir coupée

par la moitié; mettez sur chaque moitié une bonne farce de volaille, roulez-les ensuite et couvrez le dessus avec une barde de lard, ficelez et faites cuire une heure avec un demi-verre de vin blanc, bon bouillon, un bouquet garni, sel, poivre; la cuisson faite, passez la sauce au tamis; dégraissez-la et mettez-y deux cuillerées de coulis; faites réduire sur le feu au point d'une sauce; ôtez les bardes de lard et les ficelles; servez la sauce sur les canetons de poularde.

Poularde en filets.

Prenez de celle que l'on a desservie et coupez-la en filets que vous mettez chauffer dans une bonne sauce liée au roux ou au blanc comme à la béchamel, ou à l'espagnole, que vous trouverez à l'article des *Sauces*, page 29.

Chapon au gros sel.

Le chapon vidé, flambé et troussé, mettez-le cuire comme la poule au riz, c'est-à-dire qu'il baigne entièrement. Frottez-le de jus de citron pour qu'il reste blanc; faites réduire le jus de la cuisson, liez avec de la fécule et servez la sauce sous le chapon.

DU CANARD, CANETON, OIE ET OISON.

Le caneton de Rouen se sert aussi cuit à la broche pour un plat de rôt : si vous voulez le servir pour entrée, mettez-le à différentes petites sauces ; faites-le toujours cuire à la broche.

Les canards et le caneton s'accommodent de la même façon : on les fait cuire dans une braise avec bouillon, sel, poivre, un bouquet garni de toute sorte de fines herbes; quand ils sont cuits, vous les servez avec un ragoût de concombres ou de pois. Vous pouvez aussi les servir avec différentes sauces.

Canard farci.

Flambez et videz-le par la poche, désossez-le entièrement sans lui percer la peau. Vous commencez à le désosser par la poche, et vous le renversez à mesure que vous ôtez les os; vous le remplissez à moitié avec une farce de volaille ou de godiveau (voy. pages 39 et 40); ficelez-le pour que rien ne sorte et faites-le cuire à la braise comme la langue de bœuf (page. 58). Quand il est cuit, essuyez-le de sa graisse et servez-le avec une bonne sauce ou un ragoût de marrons; faites cuire des marrons avec un bon verre de vin blanc, un peu de coulis, une pincée de sel, et servez comme vous le jugerez à propos.

Canard en hochepot.

Flambez, videz et coupez en quatre; faites-le blanchir un quart-d'heure, et cuire dans une petite marmite avec des navets, un quart de chou, panais, carottes, ognons, le tout coupé et tourné proprement, et du bon bouillon; un morceau de petit lard coupé en tranches, tenant à la couenne et ficelé, un bouquet garni, peu de sel. Quand le tout est cuit, vous dressez le canard dans une terrine à servir sur la table, vous mettez tous les légumes autour; dégraissez le bouillon de la petite marmite où ont cuit vos légumes, faites-le réduire; mettez un peu de coulis et servez à courte sauce sur les légumes et le canard; ayez soin auparavant de goûter si votre sauce est de bon goût.

Canard aux navets.

Prenez un canard que vous flambez et videz : troussez les pattes en dedans; après qu'il est bien épluché, vous mettez un peu de beurre dans une casserole avec une cuillerée de farine; faites-la roussir de belle couleur et mouillez avec du bouillon ; vous y mettez ensuite le canard avec un bouquet garni, un peu de sel, gros poivre ; ayez des navets coupés proprement, que vous faites cuire avec le canard; s'ils sont durs, vous les mettez en même temps ; s'ils ne le sont pas, vous les mettez à la moitié de la cuisson du canard. Quand votre ragoût est bien cuit et bien dégraissé, mettez un filet de vinaigre, servez à courte sauce. Voilà la façon de faire le canard aux navets à la bourgeoise. L'autre façon est de faire cuire le canard à part dans une braise blanche et les navets, de les tourner en amandes, les faire blanchir et cuire avec bon bouillon, jus de veau et coulis; quand votre ragoût est fait, vous le servez sur le canard.

Canard au père Douillet.

Flambez un canard que vous épluchez et videz ; troussez les pattes ; mettez-le dans une casserole juste à sa grandeur, avec un bouquet de persil, ciboule, une gousse d'ail, deux clous de girofle, thym, laurier, basilic, une bonne pincée de coriandre, tranches d'ognons, une carotte, un panais, un morceau de beurre, deux verres de bouillon, un verre de vin blanc, faites cuire à petit feu ; lorsque le canard fléchit sous le doigt, vous passez la sauce au tamis et vous la dégraissez ; faites-la réduire sur le feu au point d'une sauce, et servez sous le canard. Vous pouvez encore le servir de la même façon, en le coupant en quatre avant de le faire cuire.

Canard à la Bruxelles.

Il faut le flamber et vider. Mettez dans le corps un salpicon de cette façon : coupez en dés un ris de veau avec du petit lard bien entrelardé; maniez-le tout de suite avec persil, ciboule, champignons, deux échalotes, le tout haché, peu de sel, gros poivre ; cousez le canard pour que rien ne sorte, et mettez-le cuire avec une barde de lard sur l'estomac, un verre de vin blanc, autant de bouillon, deux ognons, une carotte, la moitié d'un panais, un bouquet garni ; quand il est cuit, passez la sauce au tamis, dégraissez-la, mettez-y un peu de coulis pour la lier ; faites-la réduire au point d'une sauce. Servez sur le canard.

Canard en daube.

Comme l'*Oie à la daube*, ci-après, page 154.

Canard à la béarnaise.

Faites-le cuire avec un peu de bouillon, un demi-verre de vin blanc, un bouquet de persil, ciboule, thym, laurier, basilic, deux clous de girofle ; mettez dans une casserole sept ou huit gros ognons coupés en tranches avec un morceau de beurre ; passez-les sur le feu, en les tournant souvent jusqu'à ce qu'ils soient colorés ; mettez-y une bonne pincée de farine ; mouillez avec la cuisson du canard ; faites cuire les ognons et réduire à courte sauce ; dégraissez-la et ajoutez-y un filet de vinaigre. Servez sur le canard.

Canard à l'italienne.

Faites cuire un canard avec un bon verre de vin blanc, autant de bouillon, sel, gros poivre ; mettez dans une casserole deux cuillerées à bouche d'huile, persil, ciboule, champignons, une gousse d'ail, le tout haché ; passez-les sur le feu ; mettez-y une pincée de farine, mouillez avec la cuisson du canard, qui doit être dégraissée et passée au tamis ; faites réduire au point d'une sauce ; dégraissez et servez sur le canard.

Canard à la purée verte.

Faites cuire un demi-litre de pois secs avec un peu de bouillon, un peu de persil et queues de ciboule ; ensuite vous les passez en purée fort épaisse ; si ce sont des pois verts, il en faut un litre, mais il ne faut ni persil ni ciboule ; faites cuire un canard avec du bouillon, sel, poivre, un bouquet de persil, ciboule, thym, laurier, basilic, une demigousse d'ail, deux clous de girofle ; quand il est cuit ; passez la sauce dans un tamis pour la mettre dans la purée ; pour lui donner du corps, faites réduire la purée jusqu'à ce qu'elle ne soit ni trop claire ni trop épaisse ; servez sur le canard. En faisant cuire votre canard, vous y pouvez mettre un morceau de petit lard coupé en tranches tenant à la couenne, et vous le servez autour du canard. Toute sorte d'entrées à la purée verte se fait de même.

Caneton aux pois.

Ayez un ou deux canetons échaudés et vidés, troussez les pattes de façon qu'il n'y ait que les griffes qui paraissent, faites-les blanchir un moment à l'eau bouillante ; faites un petit roux avec deux pincées de farine et un morceau de beurre ; mouillez avec du bouillon ; mettez-y les canetons avec un litre de petits pois, un bouquet de persil, ciboule ; faites bouillir à petit feu jusqu'à ce que les canetons soient cuits ; un moment avant de servir, vous y mettrez un peu de sel. Servez à courte sauce.

Les oisons se préparent de la même façon.

Oie farcie à la broche.

Prenez des marrons ou de grosses châtaignes, ce que vous jugerez à propos, ôtez la première peau et mettez-les sur le feu dans une poêle percée, et remuez-les jusqu'à ce que vous puissiez ôter la seconde ; gardez les plus beaux pour faire un ragoût ; si vous n'avez point de poêle percée, mettez les marrons dans l'eau bouillante jusqu'à ce que vous puissiez ôter la seconde peau ; mettez à part ceux que vous destinez pour le ragoût ; les autres, vous les hachez et vous les mettez dans une casserole avec la chair de quatre ou cinq saucisses, le foie de l'oie haché, deux cuillerées de saindoux ou un morceau de beurre, une échalote, une pointe d'ail, persil, ciboule, le tout haché, passez cet asaisonnement sur le feu pendant un quart-d'heure ; laissez refroidir ; prenez une oie jeune et tendre, après l'avoir vidée, flambée et épluchée, mettez-lui cette farce dans le corps ; cousez pour que rien ne sorte ; faites cuire à la broche et servez-la avec un ragoût de marrons comme celui que vous trouverez à l'article des *Ragoûts*, p. 39.

Voici la manière de découper l'oie :

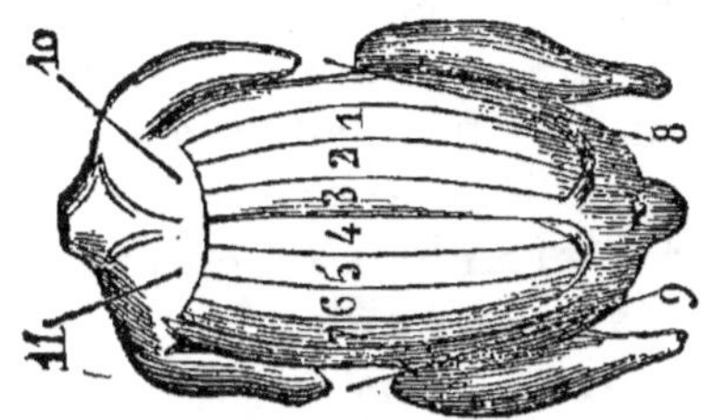

Oie à la moutarde.

Ayez une oie jeune et tendre que vous flambez, épluchez et videz ; prenez-en le foie, que vous hachez après en avoir ôté l'amer, et mêlez-le avec deux échalotes, persil, ciboule, le tout haché, une feuille de laurier, thym, basilic haché comme en poudre, un bon morceau de beurre, sel, gros poivre, farcissez-en l'oie et cousez-la ; faites-la cuire à la broche en l'arrosant de temps en temps avec un peu de beurre ; et à mesure que vous arrosez, vous tenez un plat dessous pour ne point perdre ce qui en tombe ; lorsque l'oie est presque cuite, mêlez une cuillerée de moutarde dans le beurre qui vous a servi à arroser ; remettez-le sur l'oie et panez à mesure jusqu'à ce que tout le dessus de l'oie soit bien couvert de mie de pain ; rachevez de cuire jusqu'à ce qu'il soit d'une belle couleur dorée ; servez avec une sauce faite de cette façon : mettez dans une casserole gros comme la moitié d'un œuf de beurre manié de deux pincées de farine, une bonne cuillerée de moutarde, plein une cuiller à café de vinaigre, un petit verre de jus ou de bouillon, sel, poivre, faites lier sur le feu. Servez sous l'oie.

Oie à la daube.

Ordinairement on prend une oie qui n'est point assez tendre pour mettre à la broche; videz-la et troussez-lui les pattes dans le corps, ensuite vous la faites refaire sur le feu et l'épluchez; lardez-la partout avec des lardons de lard assaisonnés et maniés avec du persil, ciboule, deux échalotes, une demi-gousse d'ail, le tout haché, une feuille de laurier, thym, basilic haché comme en poudre, sel, gros poivre, un peu de muscade râpée; après avoir lardé l'oie, vous la ficelez et vous la mettez dans une marmite juste à sa grandeur avec deux verres d'eau, autant de vin blanc et un demi-verre d'eau-de-vie, encore un peu de sel, gros poivre; bouchez bien la marmite, et faites cuire à très-petit feu pendant trois ou quatre heures; la cuisson faite et la sauce très-courte, pour qu'elle puisse se mettre en gelée, dressez la daube dans son plat; quand elle sera presque froide, mettez la sauce par dessus, et ne servez que quand elle sera tout-à-fait en gelée, pour entremets froid.

Ailes et cuisses d'oie : manière de les conserver.

Pour préparer des ailes et des cuisses d'oie afin de les conserver longtemps, vous prenez la quantité d'oies que vous jugez à propos, vous les flambez, videz et mettez à la broche pour ne les faire cuire que jusqu'aux trois quarts; ayez soin de mettre à part la graisse qu'elles rendront en cuisant; laissez refroidir les oies, et coupez-les en quatre en levant les cuisses et faisant tenir l'estomac avec les ailes; arrangez-les bien serrées dans un pot de graisse, en mettant entre chaque lit trois ou quatre feuilles de laurier et du sel; faites fondre avec beaucoup de saindoux la graisse d'oie que vous avez mise à part ; il faut qu'il y en ait assez pour que les ailes et les cuisses en soient couvertes ; mettez-la dans le pot et ne couvrez-le avec du parchemin que vingt-quatre heures après que le tout sera bien froid ; il faut les conserver dans un endroit sec. Lorsque vous voulez vous en servir, retirez-les du pot et lavez-les à l'eau chaude avant d'en faire usage. Elles se mettent cuire dans une petite braise pour les servir avec différentes sauces et ragoûts ; l'on en sert sur le gril après les avoir panées, avec une sauce claire à la ravigote, ou une rémoulade. Vous pouvez encore, étant cuites à la braise, les servir avec une sauce à la moutarde faite de cette façon : vous mettez dans une casserole gros comme une noix de beurre manié d'une pincée de farine, une cuillerée de moutarde, deux échalotes hachées, une petite pointe d'ail, sel, gros poivre, le tout délayé avec un peu de bouillon ; faites lier sur le feu : servez sur les cuisses ou les ailes. Elles servent aussi à faire des hochepots et à garnir des potages.

Poules d'eau.

Elles se préparent de la même façon que les canards.

PIGEONS.

On distingue plusieurs espèces de pigeons les gros pigeons ou pigeons cauchois, les pigeons de volière et les bisets.

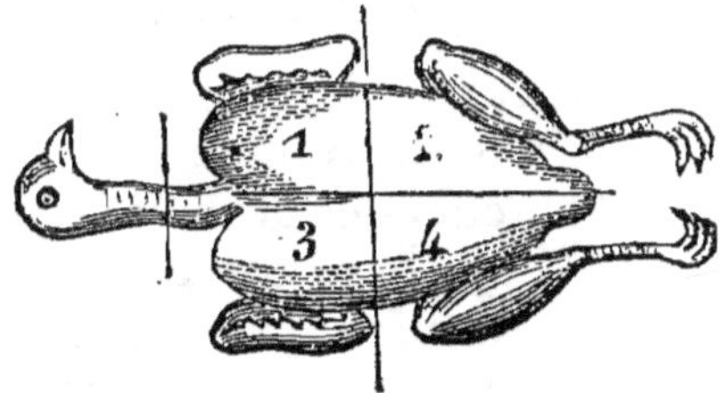

Les gros pigeons cauchois, quand ils sont blancs,

gros et tendres, servent à faire des plats de rôts ; vous les servez bardés ou piqués, suivant le goût du maître.

Gros pigeon en braise.

Si vous voulez les préparer de plusieurs façons, faites-les cuire dans une braise comme la langue de bœuf ; quand ils sont cuits, dressez-les dans le plat que vous devez servir ; mettez autour des choux-fleurs cuits dans un blanc, et servez par dessus une sauce au beurre. Une autre fois vous mettez un ragoût de concombres, de petits ognons ou de montans de cardes, comme vous le jugerez à propos.

Pigeons de volière rôtis.

Ils se servent pour plats de rôts ; faites-les cuire à la broche, enveloppés de lard et de feuilles de vigne dans la saison. Ils servent aussi à faire des entrées de beaucoup de façons. Si vous voulez les servir en entrées de broche, vous les flambez et videz ; hachez leur foie avec un peu de lard et très-peu de sel ; remettez dans le corps le foie avec le lard, faites-les cuire à la broche, enveloppés de lard et de papier. Quand ils sont cuits, vous les servez avec différentes sauces ou différens ragoûts :

Comme *Sauce à l'échalote. — Sauce à la ravigote. — Sauce au beurre. — Sauce à l'italienne.*

En ragoûts, vous en mettez : *Aux morilles. — Aux mousserons. — Aux truffes. — Aux pointes d'asperges. — Aux petits pois.*

Pigeons à la bourgeoise.

Vous les échaudez, videz et troussez les pattes en dedans ; faites-les blanchir un moment, et retirez-les à l'eau fraîche, épluchez-les et mettez-les dans une casserole avec du bouillon, un bouquet garni de toute sorte, des champignons, deux culs d'artichauts coupés en quatre et cuits à moitié, sel, poivre. Quand ils sont cuits, mettez-y un peu de coulis, et servez à courte sauce. Si vous n'avez point de coulis, mettez-y une liaison de trois jaunes d'œufs délayés avec du bouillon et un peu de persil haché.

Compote de pigeons.

Ayez de petits pigeons échaudés, les pattes troussées dans le corps, faites-les blanchir, ôtez le cou et les ailes ; après les avoir épluchés, mettez-les dans une casserole avec deux ou trois truffes, si vous en avez, des champignons, quelques foies de volaille, un ris de veau blanchi coupé en quatre morceaux, un bouquet de persil, ciboule, une gousse d'ail, deux clous de girofle, du basilic, un morceau de bon beurre; passez-les sur le feu, mettez-y une pincée de farine, mouillez moitié jus et moitié bouillon, un verre de vin blanc, sel, gros poivre ; laissez cuire et réduire à courte sauce ; ayez soin de dégraisser ; en servant, un jus de citron ou un filet de vinaigre blanc ; que le tout soit cuit à propos et d'un bon sel.

Pigeons au basilic.

Prenez de petits pigeons que vous échaudez après les avoir vidés, troussez les pattes en dedans, faites-les cuire dans une braise comme la langue de bœuf, page 58, en mettant un peu plus de basilic ; quand ils sont cuits, retirez-les de la braise pour les mettre refroidir, trempez-les ensuite dans deux œufs battus comme pour une omelette ; panez-les à mesure avec de la mie de pain, faites-les frire et servez garni de persil frit.

Pigeons à la crapaudine, sauce au verjus.

Prenez de bons pigeons dont vous trousserez les pattes en dedans ; s'ils sont gros, vous les couperez en deux ; sinon, vous ne ferez que les fendre par derrière, et les aplatirez sans beaucoup casser les os ; faites-les mariner avec de l'huile fine, gros poivre, persil, ciboule, champignons, le tout haché;

faites-leur prendre l'assaisonnement le plus que vous pourrez, et panez-les de mie de pain ; mettez-les sur le gril, et arrosez-les du reste de leur marinade : faites-les griller à petit feu et d'une belle couleur dorée ; quand ils sont cuits, vous les servez avec une sauce faite de cette façon : vous mettez un ognon coupé dans un mortier avec du verjus, pilez bien le tout ensemble et faites-en sortir le plus de jus que vous pourrez, que vous mettez avec bouillon, sel, gros poivre ; faites chauffer et servez sous les pigeons. Les mêmes pigeons se servent sans verjus, en mettant une autre sauce claire et un peu piquante ; à la place d'huile, vous pouvez vous servir de beurre, saindoux ou bonne graisse de pot.

Pigeons en matelote.

Prenez des pigeons de moyenne grosseur, échaudés et les pattes retroussées en dedans ; passez-les dans une casserole avec un peu de beurre, une douzaine de petits ognons blancs, que vous faites cuire un demi quart-d'heure dans de l'eau pour les éplucher ; mettez avec 125 grammes de petit lard bien entrelardé, coupé en tranches, un bouquet garni ; ensuite vous mettrez une pincée de farine, et mouillerez moitié bouillon et moitié vin blanc. Quand vos pigeons seront cuits et réduits à peu de sauce, mettez-y une liaison de trois jaunes d'œufs avec un peu de lait ; en servant, il faut mettre un filet de verjus.

Vous pourrez les accommoder de la même façon que les pigeons cauchois et les pigeons de volière.

Pigeons en surprise.

Prenez cinq petits pigeons que vous échaudez, videz et troussez les pattes dans le corps, mettez les foies à part, faites blanchir un instant les pigeons à l'eau bouillante ; après les avoir retirés, vous mettez dans la même eau cinq belles laitues pommées, et vous les faites bouillir un bon quart-d'heure ; retirez-les à l'eau fraîche pour les presser fort, qu'il ne reste point d'eau ; ouvrez-les en deux sans détacher les feuilles , mettez dessus une petite farce faite avec les foies de pigeons, persil , ciboule, cinq ou six feuilles d'estragon , un peu de cerfeuil , deux échalotes , le tout haché très-fin et mêlé avec un morceau de beurre ou du lard râpé, sel, gros poivre ; liez de deux jaunes d'œufs ; ensuite vous mettez les pigeons et vous les enveloppez chacun avec une laitue , de façon que l'on ne les voie point ; ficelez-les , et mettez-les cuire avec un bouillon un peu gras, un bouquet de persil , ciboule , deux clous de girofle , deux ognons, carottes, panais, sel , poivre ; faites-les cuire une heure à petit feu ; quand ils sont cuits, égouttez et déficelez les pigeons , essuyez-les de leur graisse ; servez dessus un beau coulis de veau ; si vous n'avez point de coulis , mettez un peu moins de sel dans la cuisson, passez la sauce au tamis et dégraissez-la ; faites-la réduire au point d'une sauce, et mettez-y gros comme une noix de beurre manié de farine avec deux jaunes d'œufs ; faites lier sur le feu sans bouillir. Servez les pigeons enveloppés de laitues.

Pigeons aux pois.

Prenez trois ou quatre pigeons, suivant qu'ils sont gros , échaudez-les et faites-les blanchir ; s'ils sont gros, vous les coupez en deux , après avoir troussé les pattes en dedans ; mettez-les dans une casserole avec un bon morceau de beurre, un litre de petits pois , un bouquet de persil , ciboule ; passez-les sur le feu et mettez-y une pincée de farine ; mouillez avec un verre d'eau ; faites cuire à petit feu ; quand ils sont cuits et qu'il n'y a plus de sauce, vous y mettez un peu de sel fin , une liaison de deux œufs avec de la crème ; faites lier sur le feu sans bouillir. Servez à courte sauce.

Si vous voulez les mettre au roux , en les passant

vous y mettrez un peu plus de farine , et mouillerez moitié jus et moitié bouillon ; laissez cuire et réduire jusqu'à ce qu'il n'y ait que peu de sauce bien liée , et vous y mettrez le sel un moment avant de servir, et gros comme une noisette de sucre fin.

Pigeons au court-bouillon.

Ayez trois ou quatre gros pigeons flambés et vidés, les pattes troussées dans le corps ; lardez-les de gros lard et mettez-les dans une marmite juste à leur grandeur , avec un bouquet de persil, ciboule, une gousse d'ail , deux échalotes , deux clous de girofle , une feuille de laurier , thym , basilic , un panais , une carotte , deux ognons , gros comme la moitié d'un œuf de beurre , sel , poivre ; mouillez avec un verre de vin blanc et autant de bouillon ; faites cuire à petit feu ; lorsque les pigeons fléchissent sous le doigt, vous passez la sauce au tamis et vous la faites réduire ; si elle est trop courte , mettez-y une demi-cuillerée de verjus ou un filet de vinaigre. Servez sur les pigeons.

Pigeons à la Sainte-Ménehould.

Prenez trois gros pigeons que vous videz, laissez les foies, troussez les pattes dans le corps, faites-les refaire, et épluchez ; mettez dans une casserole gros comme un œuf de beurre manié avec deux pincées de farine , du persil en branches, ciboule entière , deux ognons en tranches, zestes de carottes et panais, une gousse d'ail entière, trois clous de girofle, sel, poivre, une feuille de laurier , thym , basilic , mouillez avec un verre de lait ; faites bouillir, et ensuite vous y mettez les pigeons pour les faire cuire à très-petit feu pendant une heure ; lorsqu'ils sont cuits, retirez-les pour les égoutter ; enlevez le gras de la Sainte-Ménehould , pour le mettre sur une assiette, trempez-y les pigeons et les panez à mesure ; faites griller de belle couleur, en les arroant avec le restant du gras où vous les avez trempés ; servez à sec ; vous mettrez une sauce rémoulade dans la saucière. La façon de la faire se trouve dans l'article des *Sauces*, p. 31.

Pigeons en fricandeau.

Après avoir piqué tout le dessus de vos pigeons avec du lard fin, vous les faites cuire et glacer tout comme le fricandeau de veau à la bourgeoise, p. 92.

Pigeons en fricassée de poulet.

Coupez de gros pigeons en quatre morceaux, et par la moitié s'ils sont moyens ; ensuite vous les ferez cuire de la même façon que les fricassées de poulets, page 131.

Pigeons au soleil.

Ayez des pigeons nouvellement éclos, bien échaudés après les avoir vidés ; il faut leur laisser les ailes, la tête, les pattes ; passez à chacun une brochette à travers les cuisses, pour empêcher qu'elles ne s'écartent trop en les faisant blanchir un instant à l'eau bouillante ; après les avoir bien épluchés, vous les mettez cuire dans une casserole avec un verre de vin blanc, un bouquet de persil, ciboule, une gousse d'ail, deux clous de girofle, sel, gros poivre, un petit morceau de beurre ; la cuisson faite, vous les égouttez et laissez refroidir pour les tremper ensuite dans une pâte, et vous les faites frire de belle couleur et les servez chauds avec du persil frit autour ; cette pâte se fait en mettant dans une casserole deux poignées de farine, du sel fin, un peu d'huile, et vous y mettez peu à peu du vin blanc pour délayer la pâte jusqu'à ce qu'elle ne soit ni trop claire ni trop épaisse, c'est-à-dire qu'il faut qu'elle file en la versant avec la cuiller.

Pigeons en tourte. (Voyez Pâtisserie, page 249).

Pigeons à la poêle.

Plumez et videz de petits pigeons ; laissez-leur les pattes et faites-les refaire légèrement sur le feu ; passez-les dans une casserole avec un peu de bon beurre, persil, ciboule, champignons, une pointe d'ail, le tout haché, sel, gros poivre ; ensuite vous les mettez, avec tout leur assaisonnement, dans une autre casserole foncée de tranches de veau que vous avez fait blanchir un instant à l'eau bouillante ; mettez-y un demi-verre de vin blanc ; couvrez-les de bardes de lard et d'une feuille de papier blanc ; mettez un couvercle sur la casserole, et faites-les cuire à petit feu, qu'ils ne fassent que mijoter ; ensuite vous dégraissez la cuisson ; mettez-y un peu de coulis pour la lier. Servez sur les pigeons.

DIVERSES PRÉPARATIONS DE VOLAILLES.

Mayonnaise.

Dressez en rond, sur un plat, des morceaux de volaille rôties et froides, vous l'ornerez de filets d'œufs durs, anchois, câpres, cornichons et fines herbes hachées ; au milieu, placez des cœurs de laitue.

Mettez ensuite deux jaunes d'œufs dans une terrine, avec jus de citron, sel et poivre ; mêlez-y peu à peu, deux cuillerées d'huile fine, puis encore du jus de citron. Opérez le mélange en tournant quelque temps cette sauce que vous verserez sur votre volaille.

On prépare de la même manière les mayonnaises de plusieurs poissons d'eau douce, brochets, truites, carpes, etc.

Les *salades de volaille et de gibier* se font de la même manière, sauf qu'on les assaisonne comme les autres salades.

Galantine de volaille.

Désossez une volaille crue après en avoir enlevé les ailes, en ménageant la peau qui ne doit pas être endommagée et qui doit rester adhérente aux chairs. Laissez le moins de chair possible sur la carcasse.

Prenez ensuite 375 grammes de rouelle de veau et autant de jambon de Bayonne ; hachez le tout, en y ajoutant poivre, sel, épices et un œuf ; étendez votre volaille, c'est-à-dire sa peau garnie de chair, mettez-y une couche de cette farce de deux doigts d'épaisseur, puis un lit de filets de volaille que vous aurez levé à cet effet et mis à part, puis une couche de truffes en rouelles minces ; sur ces truffes mettez un lit de langue à l'écarlate, puis un lit de farce ; continuez ainsi jusqu'à ce que la volaille soit pleine, recousez la peu de manière que la farce ne puisse s'échapper. Couvrez ensuite votre galantine de bardes de lard ; enveloppez-la dans un linge et faites-la cuire quatre heures dans une braisière ou une daubière dont voici la forme, et servez avec le fond de la cuisson passé au tamis et réduit en gelée.

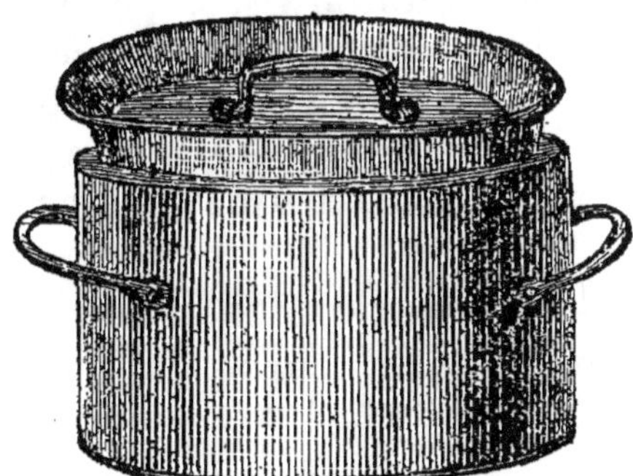

Capilotade de volaille.

Prenez une volaille cuite de la veille, coupez-la par morceaux et mettez-la dans une casserole avec un roux, auquel vous joindrez un demi-verre de bouillon; faites mijoter quelque temps et ajoutez avant de servir câpres et cornichons en tranches.

Croquette de volaille.

Préparez la sauce suivante qui doit être épaisse; faites fondre un bon morceau de beurre dans une casserole, ajoutez-y deux cuillerées de farine, sel, poivre, muscade et champignons hachés, mouillez avec du bouillon et un peu de crême. Coupez ensuite les chairs de votre volaille en petits dés et mettez-les dans votre sauce que vous laisserez ensuite refroidir; faites-en des boulettes que vous panerez; trempez-les dans des œufs battus, panez de nouveau et faites frire de belle couleur; servez avec persil frit.

On prépare de la même façon toutes les croquettes composées de viandes.

Marinade de volaille.

Ce genre de préparation convient à toute espèce de volaille. Otez-en la peau, séparez-en les membres, faites-les dégorger dans l'eau froide; préparez une marinade que vous composerez de moitié vinaigre et moitié bouillon, sel, poivre, ognons, ciboules, persil et une feuille de laurier; mettez-y vos membres de volaille et tenez-les trois heures sur de la cendre chaude; faites ensuite égoutter, trempez dans des œufs battus, farinez et faites frire.

Blanquette de volaille.

On la fait de la même façon que la blanquette de veau (*voy*. page 83).

Financière.

Faites blanchir des crêtes de coq à l'eau bouillante, avec une poignée de sel; frottez-les afin d'enlever l'épiderme qui les recouvre; faites-les dégorger dans l'eau fraîche pendant six heures.

Mettez-les dans une casserole avec du beurre, un peu de citron, muscade et autres épices; lorsqu'elles seront presque cuites, ajoutez un riz de veau et des rognons de coq, qu'on aura fait dégorger d'avance. Cette préparation peut être servie seule ou accompagner, comme garniture, une fricassée de poulet ou autres mets.

CHAPITRE X.

DU GIBIER.

Nous comprenons, sous le nom de gibier, les *faisans*. — *Les canards sauvages.* — *Les sarcelles.* — *Les rouges, sorte de canard.* — *Les alouettes, et autres petits oiseaux compris sous le nom de mauviettes.* — *Les bécasses.* — *Les bécassines.* — *Les cailles.* — *Les guinards.* — *Les ortolans.* — *Les ramiers.* — *Les perdreaux rouges et gris.* — *Les merles.* — *Les grives.* — *Les gélinotes.* — *Les pluviers.* — *Les vanneaux.*

Gibier à poil.

Les lièvres et levrauts. — *Les lapins et lapereaux.*

Venaison.

Sous le nom de venaison ou de viande noire, l'on comprend :
Le chevreuil. — *Le daim.* — *Le faon.* — *Le cerf.* — *La biche.* — *Le sanglier et le marcassin.*

PRÉPARATIONS DE TOUTE SORTE DE GIBIER ET VENAISON.

Faisans.

Les faisans et faisandeaux se servent ordinairement pour rôt. Vous les videz et piquez; faites-les

cuire à la broche, et servez-les de belle couleur.
Vous les servez aussi en entrée de broche, avec une
petite farce de leurs foies, que vous faites en les
hachant avec lard râpé, persil, ciboule hachés, sel,
gros poivre; enveloppez-les de bardes de lard et de
papier, servez-les avec une sauce à la provençale, ou
autre petite sauce dans le goût nouveau. Vous en
faites aussi des pâtés chauds et froids, ou en terrine.

Canards sauvages.

Les canards sauvages ou oiseaux de rivière (la
femelle est estimée la meilleure) se servent ordinairement pour rôt sans être piqués ni bardés, après
les avoir flambés et vidés. Vous en faites aussi des
entrées étant cuits à la broche et refroidis; vous en
tirez des filets que vous mettez à différentes sauces,
comme au jus d'oranges, aux anchois et câpres, en
salmis que vous trouverez à l'article des *Alouettes*,
page 166.

Rouges, Sarcelles.

Les sarcelles se font aussi cuire à la broche, flambées et vidées, sans être piquées ni bardées, et se
servent pour rôts. Si vous voulez les mettre en entrée, enveloppez-les de papier, et servez-les avec
un ragoût d'olives, — *aux truffes;* — *ragoût de
montans de cardons;* — *aux navets, ou en sauce à
la rocambole.*

Les rouges se servent ordinairement pour un excellent plat de rôt, après les avoir flambés et vidés.

Alouettes.

Les alouettes se mettent cuire à la broche, piquées
ou bardées, moitié l'un et moitié l'autre; vous ne
les videz point, et mettez dessous des rôties de pain
pour recevoir ce qui tombe. Servez les alouettes sur
les rôties pour un plat de rôt.

Elles se mettent en tourte : pour lors vous les
videz ; ôtez-en le gésier, mettez le reste avec du

lard râpé dans le fond de la tourte ; mettez dessus les alouettes après leur avoir ôté les pattes et la tête, lorsque vous les avez passées sur le feu dans une casserole avec un peu de bon beurre, persil, ciboule, champignons, une pointe d'ail, le tout haché ; laissez refroidir. Vous finirez la tourte comme il est expliqué à l'article *Tourtes*, pag. 249 et suiv.

Alouettes en salmis à la bourgeoise.

Elles se servent en salmis à la bourgeoise ; quand elles sont cuites à la broche (vous vous servez de celles que l'on a desservies de la table), vous leur ôtez les têtes et ce qu'elles ont dans le corps ; jetez les gésiers, et le reste servez-vous-en avec les rôties ; pilez le tout dans un mortier ; délayez ce que vous avez pilé avec un peu de bouillon, passez-le à l'étamine, et assaisonnez ce petit coulis de sel, gros poivre, un peu de rocambole écrasée, un filet de verjus ; faites chauffer dedans les alouettes sans qu'elles bouillent, et servez garni de croûtons frits. Toute sorte de salmis à la bourgeoise se fait de la même façon, en prenant les débris ou les carcasses pour les faire piler.

Alouettes en ragoût.

Ayez une douzaine d'alouettes, que vous plumez, flambez et videz ; troussez les pattes pour les faire passer dans le bec comme pour rôt ; passez-les dans une casserole sur le feu avec un morceau de beurre, un bouquet garni, des champignons, un ris de veau ; mettez-y une bonne pincée de farine, mouillez avec un verre de vin blanc, du bouillon et du jus, ce qu'il en faut pour donner couleur ; faites bouillir et réduire au point d'une sauce liée ; dégraissez et assaisonnez de sel, gros poivre. Ce même ragoût étant desservi de la table peut se mettre en caisse : vous foncez le plat que vous devez servir avec une bonne farce de viande ; mettez le ragoût dessus, couvrez-le avec de la même farce, unissez avec un couteau trempé dans de l'œuf, panez de mie de pain ; faites cuire sous un couvercle de tourtière, ensuite vous égouttez la graisse, et mettez dans le fond une sauce d'un jus clair.

Ramiers et ramereaux.

Les ramiers sont une espèce de pigeons sauvages qui se servent pour d'excellens plats de rôt. Vous les piquez et faites cuire de belle couleur; vous en faites aussi des entrées de plusieurs façons : vous n'avez qu'à consulter l'article des *Pigeons*, p. 155.

Perdreaux et perdrix.

Les perdreaux se servent pour rôts; vous les plumez, videz et piquez ; faites-les cuire de belle couleur. Si vous voulez les servir pour entrée, vous les flambez, videz, et faites une petite farce de leurs foies avec du lard râpé, un peu de sel, persil et ciboule hachés ; mettez cette farce dans le corps, cousez-le pour que rien ne sorte, et troussez-leur les pattes sur l'estomac; faites-les refaire dans une casserole sur le feu avec un peu de beurre ; faites-les cuire à la broche enveloppés de lard et de papier. Quand ils sont cuits, vous les servez avec telle sauce et ragoût que vous jugerez à propos, comme *Sauce à l'espagnole. — Sauce à la bourgeoise. — Ragoût de truffes. — Ragoût d'olives.—Ragoût au salpicon.*

Vous mettez aussi les perdreaux sur le gril et en papillotes.

Les perdreaux gris se connaissent d'avec la perdrix ; quand ils ont la première plume de l'aile pointue, le bec et les pattes noirs, vous êtes sûr qu'ils sont jeunes; pour la bonté, il faut distinguer la fraîcheur et le bon fumet. Les perdreaux rouges se distinguent aux premières plumes de l'aile ;

il faut qu'elles soient pointues et un peu blanches au bout.

Voici la manière de découper un perdreau :

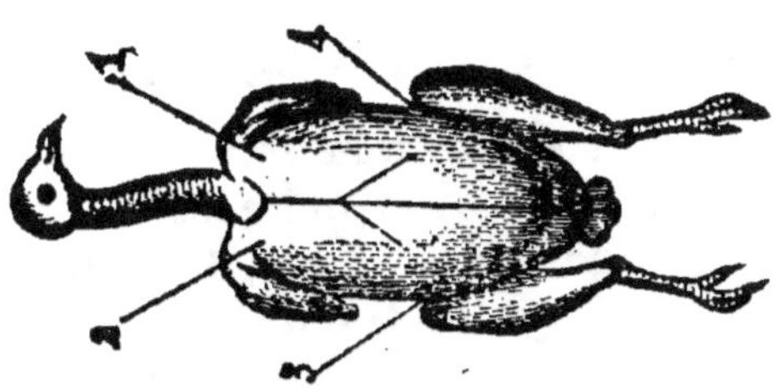

Vieilles perdrix.

Elles se font toujours cuire à la braise, que vous faites comme celle de la langue de bœuf, page 58, en y ajoutant du vin blanc. Quand elles sont cuites, vous les mettez en terrine avec un coulis de lentilles et de petit lard. Vous les servez aussi avec un ragoût de marrons, un ragoût d'olives, des truffes, des montans de cardons d'Espagne. Elles se mettent aussi en pâté chaud et froid ; cuites dans le pot pour garnir le milieu d'un potage.

Les perdreaux rouges se préparent et se servent de la même façon que les perdreaux et les perdrix grises.

Perdrix aux choux.

Lorsque vos perdrix seront flambées, vidées et piquées de lardons, troussez-leur les pattes et bridez-les avec du gros fil ; mettez dans une casserole des bardes de petit lard blanchi, des tranches de veau, un cervelas, les perdrix dessus et des bardes de lard pour recouvrir le tout ; mettez ensuite quelques ognons, une carotte, un bouquet de persil et ciboule, deux clous de girofles ; faites blanchir des choux, pressez-les et mettez sur les perdrix ; couvrez de bardes de lard et d'un rond de papier beurré ; ajoutez deux cuillerées à pot de bouillon ; faites cuire à petit feu pendant deux heures quand vous

8

voulez servir, pressez les choux, égouttez les perdrix, débridez-les, et dressez-les sur un plat avec les choux à l'entour, le lard et le cervelas par dessus; ajoutez une sauce espagnole.

Bécasses, bécassines et bécasseaux.

Ils se servent et s'accommodent comme les faisans; lorsqu'on les fait rôtir, on ne les vide pas et l'on place dessous, pendant la cuisson, des rôties de pain. On peut les servir en salmis comme les alouettes.

Cailles et cailleteaux.

Ils se servent cuits à la broche pour rôts. Vous les plumez, videz et faites refaire sur de la braise, enveloppez-les de feuilles de vigne, et bardez de lard; faites-les cuire et servez de belle couleur. Si vous voulez les mettre en entrée, faites-les cuire dans une braise faite avec tranches de veau, un bouquet garni, bardes de lard, un peu de bon beurre, très-peu de sel, un bon verre de bon vin blanc, une cuillerée de bouillon; faites-les cuire à très-petit feu; quand ils sont cuits, retirez-les et mettez dans leur cuisson un peu de coulis, dégraissez la sauce et passez au tamis; goûtez si elle est assaisonnée de bon goût, servez dessus les cailles et cailleteaux. En faisant cuire les cailles de cette façon, vous pouvez les garnir d'écrevisses ou de ris de veau, que vous faites cuire avec les cailles.

Cailles aux choux.

Faites-les cuire comme il est marqué ci-devant, à l'article des perdrix.

Cailles au gratin.

Prenez six ou sept cailles que vous flambez et videz, passez-les dans une casserole sur le feu, avec un morceau de beurre, un bouquet de persil, ciboule, une demi-gousse d'ail, deux clous de girofle, une demi-feuille de laurier, thym, basilic, des

champignons ; mettez-y une bonne pincée de farine ; mouillez avec un verre de vin blanc, du bouillon et du jus, ce qu'il en faut pour donner couleur,
sel, gros poivre ; à moitié de la cuisson, vous y mettez un ris de veau blanchi et coupé en gros dés, rachevez de cuire et faites réduire au point d'une sauce
liée ; votre ragoût dégraissé, vous le servez en gratin
de cette façon : hachez les foies des cailles avec persil, ciboule, et mettez-les avec un peu de mie de
pain, un morceau de beurre, sel, gros poivre, deux
jaunes d'œufs : prenez le plat que vous devez servir,
garnissez-en le fond avec cette petite force et mettez-les ensuite sur un petit feu jusqu'à ce qu'elle soit
gratinée ; servez ensuite le ragoût dessus.

Cailles au salpicon.

Faites cuire des cailles à la broche ou dans une
petite braise, et vous les servirez ensuite avec un
salpicon, que vous trouverez ci-après, à l'article
Ragoûts, page 39.

Ortolans, guinards et gélinottes.

Les ortolans sont de petits oiseaux très-délicats
et excellens ; l'on en voit peu à Paris ; ils se servent
pour rôt.

Les guinards et gélinottes sont aussi peu communs
à Paris ; ils se servent de même pour rôt.

Grives.

Vous les plumez et les faites refaire sans les vider ;
elles se servent cuites à la broche avec des rôties dessous comme des mauviettes. Vous en faites aussi des
entrées différentes, comme des bécasses : vous n'avez
qu'à vous en servir de la même façon.

Les merles se servent aussi de même ; il ne faut
point les vider.

Pluviers et vanneaux.

Ils sont excellens quand ils sont gras, vous plumez et piquez sans les vider ; faites-les cuire à la broche avec les rôties de pain dessous ; quand ils sont cuits d'une belle couleur dorée, servez les rôties dessous. Si vous voulez les servir pour entrée de broche, faites une farce de ce qu'ils ont dans le corps, comme il est expliqué à l'article *Bécasses*, p. 170 ; faites-les cuire de même, et servez avec une même sauce et même un ragoût. Si vous voulez les servir à la braise, faites-les cuire comme les cailles, et servez-les de la même façon.

DU GIBIER A POIL.

Levrauts et lièvres.

Pour connaître un lièvre d'un levraut, il faut le tâter sur le dehors des pattes de devant au-dessus du joint : si vous y trouvez une grosseur comme une petite lentille, c'est une marque qu'il est jeune ; vous les connaissez encore à la tête parce qu'ils ont le nez plus pointu et les oreilles plus tendres ; cette marque n'est point si sûre que celle de la patte ; pour le fumet, il faut les flairer au ventre, et l'usage vous apprendra à connaître les bons. Vous connaîtrez le lapereau d'avec le lapin de la même manière.

Manière de trousser les lièvres, lapins, etc.

Coupez les quatre pattes à la jointure ; posez l'animal sur une table et étendez-le sur le dos ; passez la pointe d'un couteau dans l'anus et faites une ouverture d'environ huit ou dix centimètres, par laquelle vous ferez passer les cuisses ; dépouillez la queue et rabattez la peau sur le dos ; prenez les cuisses de la main gauche en vous servant d'un torchon blanc ; tirez la peau de la main droite, prenez garde de la déchirer. Si quelque chose vous arrête, coupez légèrement avec un couteau ; on coupe les oreilles du lapin, mais on a soin d'écorcher celles du lièvre ; si vous le destinez à rôtir, il ne faut pas couper les pattes ; laissez les bouts sans les dépouiller, fendez la peau du ventre et retirez les intestins et le foie, ôtez-en le fiel, mettez à part le sang ; on coupe le gibier par membre pour en faire des ragoûts ou bien on le fait rôtir bien étendu sur la broche et assujéti par des brochettes et de la ficelle ; placez une brochette qui traverse les oreilles pour les faire tenir droites. On peut arranger un jeune faon de la même manière.

Civet de lièvre.

Vous les coupez par membres. Gardez-en le sang s'il y en a ; faites-les cuire dans une casserole avec un morceau de beurre, un bouquet bien garni, passez-le sur le feu, mettez-y une bonne pincée de farine mouillée avec du bouillon, un demi-litre de vin blanc ; assaisonnez de sel, poivre ; quand il est cuit, si vous avez de son sang, mettez-le dedans, et faites lier la sauce sur le feu comme une liaison. Servez à courte sauce.

Pâté de lièvre à la bourgeoise.

Dépouillez le lièvre, gardez-en le sang ; après l'avoir vidé, coupez-le par membres et lardez-le partout avec de gros lardons roulés dans le sel, poivre, persil, ciboule, ail, le tout haché ; mettez-le ensuite dans une petite marmite avec un demi-verre d'eau-de-vie, un morceau de beurre ; faites-le cuire à petit feu ; quand il est cuit et qu'il n'y a presque point de sauce, mettez le sang, faites-le chauffer sans qu'il bouille, dressez le lièvre sur le plat que vous devez servir ; servez le tout ensemble pour qu'il ne paraisse faire qu'un seul morceau ; ce pâté froid sert pour entremets.

Lièvre en haricot.

Dépouillez et videz un lièvre, gardez-en le foie après avoir ôté l'amer ; coupez-le par morceaux, et mettez le tout dans une casserole avec un morceau de beurre, un bouquet de persil, ciboule, une gousse d'ail, trois clous de girofle, deux échalotes, une feuille de laurier, thym, basilic; passez-le sur le feu et mettez-y plein une cuiller à bouche de farine, mouillez avec un bon verre de vin blanc, deux cuillerées de vinaigre, deux ou trois verres d'eau ou de bouillon; faites cuire une heure, ensuite vous avez des navets coupés proprement, faites-les blanchir sept à huit minutes à l'eau bouillante, et mettez-les cuire avec le lièvre; assaisonnez de sel, gros poivre; rachevez de faire cuire et servez à courte sauce, ôtez le bouquet, servez chaud; si le lièvre est tendre, il faut mettre les navets en même temps.

Filet de lièvre en civet.

Vous prenez le lièvre rôti que l'on a desservi de la table, levez-en toutes les chairs et coupez-les en filets, brisez un peu les os et mettez-les avec les flancs dans une casserole, avec gros comme la moitié d'un œuf de beurre, quelques ognons en tranches, une gousse d'ail, une feuille de laurier, deux clous de girofle; passez-les sur le feu et mettez-y une bonne pincée de farine mouillée avec un verre de bouillon et deux verres de vin rouge, sel, poivre; faites bouillir une demi-heure et réduire à moitié; passez la sauce au tamis, mettez-y les filets de lièvre avec un peu de vinaigre; faites chauffer sans bouillir.

Lièvre à la broche.

Après que vous aurez dépouillé et vidé un lièvre, faites-le refaire sur de la braise ardente pour que les chairs se raffermissent et que vous puissiez faire tenir les lardons; frottez-le sur le dos avec son sang, piquez-le depuis le cou jusqu'au bout des cuisses, et faites-le cuire à la broche. Une heure suffit.

Vous pouvez employer de cette manière le râble seulement et réserver le train de devant pour en faire un civet. Voici la sauce que l'on sert dans une saucière avec le lièvre rôti :

Pilez-en le foie, faites-le revenir avec un morceau de beurre, un peu d'échalotes très-fines, un instant suffit; mouillez avec moitié vin blanc et bouillon, mettez-y du poivre et un grain de sel, un filet de vinaigre, et liez-le avec le sang que vous aurez mis à part; vous pouvez aussi le servir avec une sauce claire et piquante.

La figure ci-dessous représente la manière de découper un lièvre à la broche.

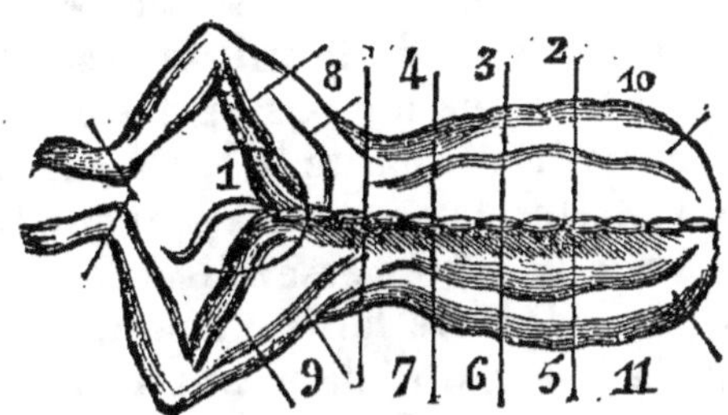

Levrant sauté.

Il se prépare comme le lapereau.

Filet de lièvre à la poivrade.

Prenez un lièvre ou un levraut qui ait été cuit à la broche et que l'on a desservi de table, vous en lèverez les chairs pour les couper par filets; si vous n'en avez point assez pour garnir un plat, vous laisserez les os et couperez les morceaux d'égale grosseur; mettez-les dans une casserole avec une sauce à la poivrade de haut goût; faites-les chauffer sans bouillir; servez chaudement. Vous trouverez sa sauce à l'article *Sauces*, p. 31.

Lapins et lapereaux de plusieurs façons.

Les lapereaux se servent pour rôt ; dépouillez-les, videz-les, et faites-les refaire sur de la braise ; il faut les piquer et faire cuire à la broche ; servez-les de belle couleur avec une sauce au vinaigre et à l'échalote dans une saucière.

Lapins en fricassée de poulet.

Coupez-les par membres et faites-les dégorger longtemps dans l'eau, et cuire comme les poulets en fricassée, p. 131.

Vous en servez aussi de marinés ; après les avoir coupés par membres, faites-les mariner comme la cervelle de bœuf, p. 60, et servez-les de même.

Lapins au coulis de lentilles.

Coupez-les par membres et faites-les cuire avec bon bouillon, du petit lard et un bouquet garni, sel et peu de poivre. Vous faites aussi cuire un litre de lentilles à la reine avec du bouillon sans sel ; quand elles sont cuites, vous les passez à l'étamine avec leur bouillon ; retirez ensuite le lapin et le petit lard de sa cuisson, faites-la réduire après sur le feu jusqu'à ce que vous la jugiez assez liée pour la servir ; faites chauffer dedans le lapin et petit lard, et servez, s'il est de bon goût, dans une terrine.

Gibelotte de lapin.

Coupez un lapin par membres, faites un petit roux avec une cuillerée de farine et un morceau de beurre ; mettez-y les membres du lapin avec le foie, passez-les et mouillez avec un verre de vin rouge, deux verres d'eau et de bouillon, un bouquet de persil, ciboule, une gousse d'ail, deux clous de girofle, thym, laurier, basilic, sel, gros poivre et champignons ; faites cuire à petit feu ; une demi-heure après vous y mettrez une douzaine de petits ognons blanchis ; avant de servir, ôtez le bouquet, dégraissez la sauce et ajoutez-y des croûtons passés au beurre.

Lapereaux en hachis.

Prenez les restes de lapereaux rôtis que l'on a desservis de la table ; levez-en toute la chair, ajourez un peu de mouton rôti, hachez le tout ensemble, prenez les os des lapereaux que vous coupez en petits morceaux, mettez-les dans une casserole avec un peu de beurre, quelques échalotes, une demi-gousse d'ail, thym, laurier, basilic, passez-les sur le feu et mettez-y deux bonnes pincées de farine, mouillez avec un verre de vin rouge, autant de bouillon ; faites bouillir une demi-heure à petit feu ; passez la sauce au tamis et mettez-y la viande hachée avec sel, gros poivre ; faites chauffer sans bouillir, servez bien chaud ; vous garnirez, si vous voulez, le tour du hachis avec des croûtons frits comme ceux des épinards.

Lapins aux petits pois.

Coupez-les par morceaux et faites-les cuire comme les poulets aux petits pois que vous trouverez ci-devant, page 135.

Lapereaux à l'espagnole.

Faites-les cuire, étant coupés par membres, avec un demi-verre de vin blanc, un peu de bouillon, un bouquet garni, sel, poivre, ensuite vous les servirez avec une sauce à l'espagnole (voy. l'art. *Sauces*, page 29).

Lapereaux en galantine.

Il faut les désosser entièrement, comme le cochon de lait en galantine (voy. page 128).

Lapereau sauté.

Coupez-le par membres et mettez-le dans une casserole avec un morceau de beurre sur un feu vif, jusqu'à ce qu'il ait pris couleur. Mettez alors champignons, poivre, sel, persil et ciboules hachées, et un peu de farine ; mouillez avec un demi-verre de bouillon et un peu de vin blanc, et servez. Si vous préparez un lapin, il doit être fraîchement tué et pour ainsi dire encore chaud, sinon il pourrait être dur.

Boudin de lapin.

Prenez un litre de lait que vous faites bouillir avec trois ognons coupés en tranches, de la coriandre, persil, ciboule entière, thym, laurier, basilic; faites réduire ce lait à un tiers; quand il est réduit et passé au tamis, mettez dedans plusieurs foies de lapins hachés, un demi-kilogramme de panne coupée en petits carrés, un peu de sel et fines épices; mêlez dix jaunes d'œufs, faites chauffer le tout sur un petit feu en le remuant toujours; quand tout est bien mêlé et point trop chaud, vous entonnez ce boudin dans des boyaux de cochon d'environ vingt centimètres de long; ne les emplissez qu'aux deux tiers, parce qu'en cuisant ils renfleront et feraient crever votre boudin. Quand ils seront prêts, mettez-les cuire dans de l'eau bouillante pendant un quart d'heure. Pour voir s'ils sont cuits, vous les piquez un peu avec une épingle; s'il en sort de la graisse, c'est marque qu'ils sont cuits; vous les retirerez dans l'eau fraîche et les mettrez après sur un plat pour les faire griller. Ils servent pour hors-d'œuvre.

DE LA VENAISON.

Le cerf, la biche, le chevreuil, et le daim, se préparent tous de la même façon; les quartiers de devant et de derrière se servent marinés et cuits à la broche : mettez dans une terrine trois bouteilles de vinaigre, sel, poivre, quelques feuilles de laurier, thym, persil, ciboule, des ognons coupés en tranches; piquez le cuissot et le filet de votre gibier, et mettez-le tremper dans cette marinade pendant deux jours; faites-le cuire à la broche pendant cinq quarts-d'heure, et servez-le avec une sauce à la poivrade. Vous les mettez aussi en bœuf à la mode, en pâté froid et en pâté en pot.

Sanglier.

La hure, qui sert à faire un entremets froid des plus estimés, se fait cuire comme la hure de cochon; les pieds se mettent à la Sainte-Ménehould comme les pieds de cochon; le reste comme le filet. Les quartiers de derrière et de devant se servent cuits à la broche après les avoir fait mariner, en pâté froid, en civet, en bœuf à la mode, et en pâté en pot.

Le marcassin se sert piqué pour un beau plat de rôt.

Hachette de viandes cuites à la broche.

Prenez de la viande cuite à la broche telle que vous l'aurez, soit viande de boucherie, ou volaille, ou gibier; vous la couperez par tranches fort minces, mettez-la dans une casserole avec un peu de persil, ciboule, échalotes, champignons, le tout haché, un peu de bon bouillon, sel, gros poivre; faites mijoter le tout sur le feu pendant un quart-d'heure; prenez le plat que vous devez servir; mettez-y un peu de la sauce de votre viande avec de la mie de pain, arrangez votre viande sur la mie de pain, et remettez sur la viande encore un peu de mie de pain; faites attacher sur un feu doux jusqu'à ce qu'il se fasse un petit gratin au fond du plat; vous mettrez ensuite le reste de la sauce avec un filet de verjus.

CHAPITRE XI.

POISSONS DE MER ET D'EAU DOUCE.

Turbot et barbue.

Ils se préparent l'un et l'autre de la même façon. Vous les faites cuire dans une casserole de la grandeur de votre poisson, moitié saumure et moitié lait, ou bien une eau de sel, après avoir frotté le poisson avec du citron; mettez-en suffisamment pour que votre poisson trempe; faites bouillir très-doucement, qu'il ne fasse que frémir sur les bords, autrement le poisson se romprait; quand il fléchit sous les doigts, il est cuit; mettez-le égoutter un quart-d'heure et servez-le garni de persil vert et posez sur une planche couverte d'une serviette, pour un plat de rôt. Vous placerez un huilier d'un côté, et de l'autre une saucière dans laquelle il y aura une sauce blanche au beurre d'anchois.

Pour entrée, en maigre, vous le mettez dans le plat que vous devez servir, et par dessus une sauce à l'huile : vous mettez dans une casserole de l'huile fine, sel, gros poivre, un filet de vinaigre ; faites chauffer la sauce sans qu'elle bouille, et servez sur le poisson. Voici la manière de le découper.

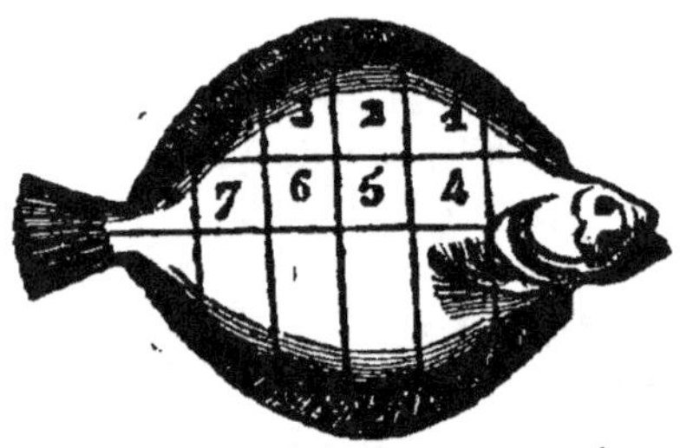

Turbot aux câpres.

Mettez dans une casserole un bon morceau de beurre, une pincée de farine, sel, gros poivre, un anchois lavé et haché, et des câpres fines ; remuez la sauce sur le feu jusqu'à ce qu'elle soit liée sans qu'elle bouille, et servez sur le poisson.

Vous pouvez aussi le servir avec une sauce à la béchamel ; faites réduire trois bons verres de crème à moitié, mettez du sel, et servez sur le turbot.

Vous le servez encore avec une sauce hachée maigre, ou avec un ragoût d'écrevisses.

Turbot et barbue : diverses sauces.

Si vous voulez les faire cuire de la même façon qu'en maigre, ils seront plus naturels et coûteront moins. Vous mettrez dessus différentes sauces grasses : comme *Sauce à l'espagnole. — Sauce hachée. — Ragoût de ris de veau, et petits œufs. — Ragoût au salpicon. — Sauce au vin de Champagne, et ragoût de crêtes. — Ragoût d'huîtres. — Ragoût de truffes. — Ragoût de mousserons.*

Turbot en salade.

Lorsqu'il est cuit au court-bouillon, coupez-le par morceaux et dressez-le sur un plat, mettez autour des cœurs de laitue, des œufs durs, des filets d'anchois, des branches d'estragon, des cornichons et des câpres, des petits ognons blancs cuits dans du bouillon; assaisonnez d'huile, vinaigre, sel, poivre et échalotes hachées; que le tout soit arrangé avec symétrie.

Turbot et barbue cuits au gras.

Mettez-le dans une turbotière, avec de bonnes tranches de veau, sel, poivre, un bouquet garni de toutes sortes de fines herbes, et couvrez-le partout de bardes de lard; faites suer à petit feu et mettez-y après un verre de vin de Champagne; quand il est cuit, vous le servez avec différentes sauces grasses ou ragoûts.

Si vous voulez-le servir dans son naturel, quand il est cuit, vous le dressez dans le plat que vous devez servir : vous passez sa cuisson au tamis, dégraissez-la et mettez dedans deux cuillerées de coulis; si elle est trop longue, faites-la réduire et servez sur le turbot. Si vous le servez de cette façon, ne mettez que très-peu de sel dans sa cuisson. Pour retirer le turbot, et même la barbue, du vase où on les a fait cuire sans les briser, il faut employer la *turbotière*, dont voici la forme ci-dessus.

Saumon frais.

Il se coupe en tranches ou bardes ; vous le faites mariner avec huile ou bon beurre, sel, poivre ; faites-le griller en l'arrosant de sa marinade, et servez dessus des sauces ou ragoûts, comme il est expliqué pour le turbot ou bien une sauce au beurre frais et aux câpres. Si la tranche est épaisse il faut une heure de cuisson.

Saumon au bleu.

Videz et lavez un saumon, ne lui coupez pas le ventre et ne l'écaillez pas ; faites-le cuire doucement au court-bouillon pendant deux heures à peu près, vous l'égoutterez bien et le servirez pour un plat de rôt, une serviette dessous et du persil à l'entour.

Saumon à la rémoulade.

Faites cuire une dalle de saumon dans un court-bouillon et faites-la égoutter ; il faut ensuite l'écailler et la dresser ; mettez dessus des anchois dessalés et une rémoulade dessous. Vous le servez aussi cuit au court-bouillon avec les mêmes sauces et ragoûts que le turbot.

Saumon à la Chambord.

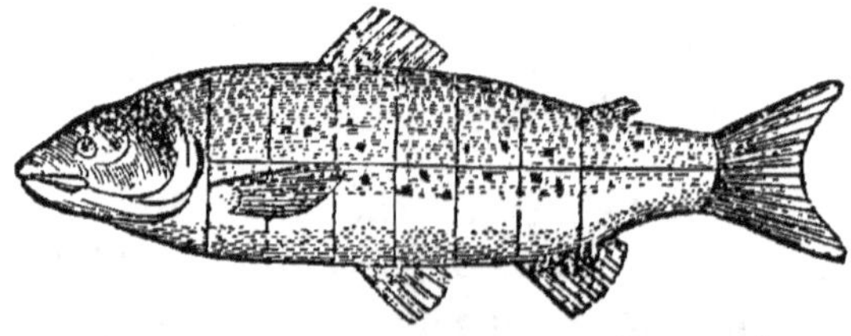

Votre saumon étant préparé, piquez-le en dessus avec du lard très-fin, puis mettez-le cuire dans du vin blanc avec deux cuillerées de jus ; laissez réduire la cuisson et garnissez votre saumon d'une bonne financière avec écrevisses, truffes et croûtons frits, et servez bien chaud. La figure ci-dessus démontre la manière dont on sert le saumon.

Esturgeon.

Il se sert cuit à la broche. Vous le faites mariner deux ou trois heures avec une marinade ordinaire. Pour la faire, vous mettrez dans une casserole un morceau de beurre manié de farine, sel, poivre, persil, ciboule, ail, fines herbes, clous de girofle, un bon verre d'eau, un peu de vinaigre; faites chauffer la marinade sur le feu en la remuant; quand elle est tiède, mettez dedans l'esturgeon; quand il est assez mariné, faites-le cuire à la broche, et le servez avec toute sorte de bonnes sauces maigres. Vous pouvez aussi le faire cuire au court-bouillon comme le saumon, et le servir avec les mêmes sauces maigres.

Esturgeon en gras à la broche.

Lardez-le de gros lard, et servez-le avec toutes sortes de bonnes sauces : comme à l'italienne, à l'espagnole, à la ravigote, ou ragoût de truffes, morilles, mousserons, de ris de veau, de crêtes et de petits œufs.

Esturgeon à la braise.

Mettez-le dans une petite marmite avec tranches de veau et bardes de lard, un bon verre de vin blanc, un bouquet garni, ognons, racines, sel, poivre, de bon bouillon. Quand il est cuit, servez-le avec la même sauce ou même ragoût que quand il est cuit à la broche.

Anguille de mer ou congre.

On la fait cuire dans de l'eau avec du sel, un fort bouquet de persil, du gros poivre et trois ou quatre feuilles de laurier. Enlevez la peau qui est gluante et servez votre poisson avec une sauce blanche aux câpres ou une sauce tomate. Il sera meilleur cuit dans un court-bouillon; froid, il est fort bon à l'huile et au vinaigre. On sert aussi le congre cuit à la broche. On retire la peau à mesure qu'elle grille, on arrose le poisson de beurre fondu qu'on saupoudre à mesure de chapelure. Continuez jusqu'à ce que votre rôt ait pris une bonne couleur et servez sous une sauce tartare ou une sauce piquante.

Alose.

L'alose de Seine est estimée la meilleure ; vous la servez entière ou par moitié. Si vous voulez la servir pour un plat de rôt, videz-la et ne l'écaillez point ; faites-la cuire dans un court-bouillon comme le saumon. Quand elle est cuite, servez-la sur une serviette garnie de persil vert. Si c'est pour entrée, écaillez-la et servez-la avec différentes sauces, comme aux câpres, à l'huile, à l'italienne. Vous la faites aussi cuire sur le gril ; après l'avoir écaillée et vidée, fendez-la un peu sur le dos et faites mariner avec un peu d'huile ou un peu de beurre, sel, poivre ; faites-la griller et arrosez-la de temps en temps avec de sa marinade. Quand elle est cuite, cela se connaît quand l'arête n'est plus rouge, vous la servez sur un ragoût de farce assaisonné de bon goût ; étant grillée, vous pouvez aussi la servir avec une sauce aux câpres et aux anchois, ou sur une purée d'oseille.

Cabillaud.

Le cabillaud, ou morue fraîche, se fait cuire dans un court-bouillon blanc, comme le turbot (voy. pag. 179). Servez-le dans le même goût et même sauce ou ou même ragoût tant en gras qu'en maigre.

Morue fraîche en dauphin.

Prenez une morue bien fraîche que vous écaillez et videz ; il faut la ciseler et l'essuyer, vous la faites ensuite mariner deux heures avec de l'huile fine, sel, poivre, persil, ciboule entière, une gousse d'ail, une feuille de laurier. Prenez ensuite une brochette de fer, que l'on appelle hatelet, passez-la dans la morue fraîche en commençant par les yeux, le milieu du corps, et finissez par la queue, en lui faisant prendre la figure d'un dauphin. Mettez-la sur une tourtière, et arrosez-la de sa marinade. Faites-la cuire au four. Quand elle est cuite, retirez le hatelet et dressez-la sur le plat que vous devez servir, et servez dessus le ragoût que voici : prenez trois laitances de carpes, faites-les bouillir un moment dans l'eau ; prenez aussi des pointes d'asperges aussi bouillies un moment dans l'eau ; mettez le tout dans une casserole avec un bon morceau de beurre, des champignons, un bouquet de persil et ciboule, passez-le sur le feu, et mettez-y une pincée de farine, et mouillez avec un verre de vin blanc et bon bouillon maigre. Quand votre ragoût est cuit, la sauce réduite et assaisonnée de bon goût, mettez-y une liaison de trois jaunes d'œufs et de crême ; faites lier la sauce sur le feu, et servez sur la morue. Pour le mieux, ne mettez vos asperges que quand le ragoût est presque fini.

Raie.

La boucléc est estimée la meilleure, et se sert de plusieurs façons, comme les autres raies. La façon la plus bourgeoise se fait en la mettant cuire dans un chaudron, dans de l'eau, du vinaigre, quelques tranches d'ognons, un peu de sel. Après l'avoir bien lavée dans l'eau fraîche et l'amer du foie ôté, ne lui faites faire que deux bouillons, pour qu'elle ne cuise point trop ; retirez-la ensuite sur un plat pour l'éplucher ; coupez les bords pour la propreté. Si elle n'était point assez cuite, après l'avoir épluchée, c'est ce que vous connaîtrez si elle se trouve trop ferme et que l'arête en soit rouge, ce qui ne doit pas être si la raie est bien fraîche, remettez-la sur un fourneau avec un peu de son court-bouillon ; quand vous êtes prêt à la servir, égouttez-la et servez dessus telle sauce que vous jugerez à propos, comme sauce au beurre avec des câpres et anchois, sauce à l'huile.

Raie au beurre noir.

La raie étant cuite et préparée comme celle ci-dessus, vous la faites chauffer dans le plat que vous devez servir, avec du vinaigre, sel et un peu de gros poivre; mettez par dessus le beurre noir et persil frit autour.

Raie à la sauce de son foie.

Faites-la cuire comme il est dit à la page 185. Pour la sauce, vous la ferez de cette façon : mettez dans une casserole, persil, ciboule, champignons, une pointe d'ail, le tout haché très-fin, un peu de beurre, passez-les quelques tours sur le feu, et mettez-y une bonne pincée de farine, ensuite un morceau de beurre, câpres et un anchois hachés, le foie de la raie cuit et écrasé, sel, gros poivre, mouillez avec de l'eau ou du bouillon, faites lier sur le feu. Servez sur la raie.

Merluche.

La merluche la plus blanche est estimée la meilleure ; avant que de la mettre tremper, battez-la bien partout avec un rouleau pour l'attendrir ; faites-la tremper plusieurs jours en la changeant d'eau ; vous la faites cuire un moment avec de l'eau de rivière, retirez-la et mettez-la en morceaux par feuillets. La sauce à la gasconne est celle qui convient le mieux : mettez la merluche dans une casserole avec de l'huile fine et autant de bon beurre, gros poivre, un peu d'ail et de sel ; si elle est trop douce, mettez la casserole sur un fourneau en la remuant sans cesse, jusqu'à ce que le beurre soit lié avec l'huile, et servez-la dans le moment, parce que cette sauce, à mesure qu'elle se refroidit, se tourne.

Morue à la maître-d'hôtel.

Prenez l'endroit de la morue que vous voulez ; après l'avoir écaillée et lavée, vous la mettez à l'eau fraîche dans un poêlon ou chaudron; mettez-la

sur le feu; quand elle sera prête à bouillir, écu-
mez-la et ôtez-la du feu aussitôt qu'elle bout, couvrez-la avec un torchon pendant un demi-quart
d'heure, ensuite vous la retirez de l'eau pour la
faire égoutter; mettez-la sur un plat avec du persil,
ciboule hachés, gros poivre, muscade râpée, un bon
morceau de beurre, une cuillerée de verjus; faites
chauffer en la retournant, et servez-la tout de suite.

Morue à la provençale.

Prenez de la morue que vous ferez cuire à l'eau
et bien égoutter, prenez le plat que vous devez
servir, mettez-y dans le fond de l'échalote, un peu
d'ail, persil, ciboule, du citron coupé en tranches,
l'écorce ôtée, de gros poivre, deux cuillerées d'huile,
gros comme la moitié d'un œuf de beurre; arrangez
la morue dessus, remettez par dessus le même assaisonnement que dessous, et panez ensuite avec de
la chapelure de pain; mettez le plat sur un petit feu
pour qu'elle bouille doucement, faites-lui prendre
couleur dessus avec une pelle rouge ou un couvercle
de tourtière.

Morue au beurre noir.

Faites-la cuire dans l'eau et égoutter, mettez-la
sur le plat que vous devez servir avec un demi-verre
de vinaigre, autant de bouillon, du gros poivre;
faites-la bouillir un demi-quart d'heure, et mettez
dessus du beurre bien chaud avec du persil frit.

Morue à la sauce aux câpres et aux anchois.

Faites cuire votre morue dans de l'eau; après
l'avoir égouttée, dressez-la bien chaude dans le plat
que vous devez servir, et mettez par dessus une
sauce aux câpres et aux anchois. Vous trouverez la
façon de la faire à l'article *Sauces*, p. 30.

Morue à la crême.

Faites-la cuire dans de l'eau; après qu'elle est
égouttée, vous la levez par feuillet; mettez dans une

casserole un bon morceau de beurre, une demi-cuillerée de farine, une pointe d'ail hachée, de gros poivre ; mouillez avec de la crême ou du lait, faites lier la sauce sur le feu, et mettez-y ensuite les filets de morue ; faites chauffer et servez. Si vous voulez la paner, vous y mettez un peu de beurre et trois jaunes d'œufs ; dressez-la dans le plat que vous devez servir, panez le dessus, et faites-lui prendre couleur sous un couvercle de tourtière.

Tourte de morue.

La morue étant cuite à l'eau, égouttée et refroidie, mettez-la par feuillet dans la pâte avec du beurre, gros poivre, un bouquet garni ; la tourte étant cuite, vous ôtez le bouquet et mettez dans la tourte une sauce à la crême comme la précédente.

Sole au gratin.

Préparez votre gratin comme il est indiqué à l'article *Moules*, page 195, à la seule différence que vous mouillerez avec du vin blanc au lieu de l'eau des moules.

Voici la figure du *four de campagne*, ustensile indispensable dans une cuisine. Il y en a de ronds pour les mets ordinaires et d'ovales pour le poisson.

Sole, limande, carrelet, plie frites.

Ces quatre poissons s'accommodent tous de la même façon ; après les avoir écaillés, vidés et bien lavés, essuyez-les dans un linge blanc, fendez-les sur le dos auprès de l'arête, farinez-les après pour les faire cuire dans une friture bien chaude et sur un feu clair ; si vous les laissez languir sur le feu, votre poisson sera mollasse et gras ; c'est à quoi vous devez prendre garde pour toute sorte de fritures. Quand il est cuit de belle couleur, retirez-le sur un linge, et servez-le sur une serviette pour un plat de rôt. Ces sortes de poissons peuvent encore se servir pour entrées quand ils sont frits, en mettant dessus une sauce aux câpres et anchois, ou une sauce à l'huile. En gras, avec une sauce hachée ou quelques petits ragoûts, comme ris de veau, soles, limandes, carrelets et plies grillés ; faites-les mariner avec de l'huile, sel, poivre, persil et ciboule entière que vous aurez soin de retirer avant de servir. Quand votre poisson sera sur le gril, vous aurez soin de l'arroser de temps en temps avec sa marinade, et le servirez après avec telle sauce que vous jugerez à propos. Vous pouvez aussi les faire cuire dans un court-bouillon blanc, comme il est dit pour le turbot, p. 179, et servez-les après, si vous voulez, dans le même ragoût que le turbot. Voici comment se découpe la sole et les autres poissons plats.

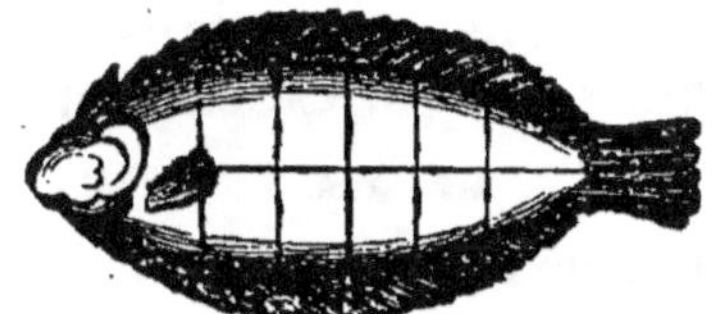

Soles, limandes, carrelets et plies entre deux plats, à la bourgeoise.

Après les avoir écaillés, vous prenez de bon beurre que vous faites fondre, mettez dans le plat que vous devez servir avec persil, ciboule, champignons, le tout haché, sel, poivre, arrangez votre poisson dessus. Faites le même assaisonnement sur le poisson que vous avez fait en dessous, couvrez bien votre plat, et faites cuire à petit feu sur un fourneau. Quand il est cuit, servez à courte sauce, et mettez par dessus un filet de verjus.

Sole à la Colbert.

Votre sole étant frite, comme il vient d'être

dit, ajoutez beurre frais, jus de citron, sel et poivre, puis dressez vos soles dessus.

Filets de soles à la Horly.

Vos soles dépouillées de leur peau, levez-en les filets, que vous ferez mariner une heure, dans du jus de citron, avec tranches d'ognon, persil, sel et poivre; égouttez, farinez, faites frire et servez avec une sauce tomate.

Sole normande.

Choisissez une forte sole. Mettez dans un plat étamé votre poisson avec un bon morceau de beurre, fines herbes, champignons, échalotes hachées, poivre, sel, épices, un verre de vin blanc; ajoutez-y un roux auquel vous joindrez moitié coulis ou à défaut du bouillon; garnissez le tour de votre plat d'huîtres sans écailles, moules, petits goujons arrosés de beurre; faites cuire à petit feu sous le four de campagne. La sole étant cuite, ajoutez-y champignons cuits dans du beurre et croûtons frits, puis servez. Ce plat est excellent.

Merlans.

Les merlans se servent ordinairement frits; après les avoir écaillés, vidés, lavés et essuyés, ayez soin de leur laisser les foies dans le corps; vous les ciselerez en cinq ou six endroits de chaque côté, trempez-les dans la farine, faites-les frire à très-grand feu, et servez-les sur une serviette pour un plat de rôt. Etant frits de cette façon, vous pouvez les servir pour entrée en mettant pardessus une sauce blanche avec des câpres et anchois. Si vous voulez les servir avec plus grande propreté, ôtez-en la tête et l'arête du milieu, prenez les filets, arrangez-les sur le plat que vous devez servir, le blanc en dessus, et mettez après la sauce pardessus. Vous pouvez encore les faire au gratin. *Voyez* l'art. *Soles*, page 190.

Merlans grillés.

Videz et essuyez des merlans, frottez-les d'un peu de vinaigre et farinez-les ; faites chauffer le gril après l'avoir frotté de beurre pour qu'ils ne s'y attachent pas, posez-les dessus et retournez-les pendant la cuisson ; servez avec telle sauce que vous voudrez.

Eperlans.

Il ne faut point les vider ; lavez-les et essuyez-les bien entre deux linges, farinez-les et faites-les frire à grand feu, servez pour plat de rôt.

Mulet et maquereau.

Il faut écailler, vider et bien laver le mulet, puis le couper un peu sur les deux côtés.

Pour le maquereau, vous ne faites que le vider, essuyer et le fendre le long du dos.

Ces deux sortes de poissons, après les avoir bien essuyés dans un linge, s'accommodent de même. Faites-les cuire sur le gril ; si vous les enveloppez d'un papier beurré, ils n'en sont que meilleurs ; quand ils sont cuits, vous les servez après avec une sauce blanche aux câpres et anchois. Le maquereau se sert encore après être grillé. Arrangez-le sur le plat que vous devez servir, fendez-le en deux et mettez dessus persil, ciboule hachés, de bon beurre, une gousse d'ail, sel, poivre, un filet de vinaigre ; mettez-le sur le fourneau pour faire un petit bouillon ; servez à courte sauce. Vous pouvez aussi le servir au beurre roux et persil frit. Il se sert à la maître-d'hôtel : quand il est grillé, mettez dans le corps du beurre mêlé avec persil, ciboule hachés, sel, gros poivre et une goutte d'eau.

Thon frais à la provençale.

Arrangez-le sur le plat que vous devez servir sur la table avec de bon beurre, persil, ciboule hachés ; panez-le de mie de pain, et faites-lui prendre couleur au four ou sous un couvercle de tourtière.

Le thon mariné est meilleur que le thon frais. On le reçoit tout préparé de Provence. Il se sert en hors-d'œuvre.

Vive.

Après l'avoir écaillée, vidée, lavée et bien essuyée, coupez-la légèrement en cinq ou six endroits de chaque côté; faites-la tremper avec un peu d'huile, sel, poivre, faites-la griller et arrosez-la de temps en temps avec le reste de votre huile; servez-la après avec telle sauce que vous voudrez, comme au beurre, câpres et anchois, un peu de farine et un peu d'eau, sel, poivre, faites lier sur le feu et servez sur les vives. Vous pouvez encore les mettre avec une sauce au pauvre-homme, sauce hachée.

Rouget.

Le vrai rouget ne s'écaille point, vous le videz, lavez et gardez les foies. Faites-le cuire sur le gril comme la vive, et le servez avec les mêmes sauces; ayez soin de mettre les foies dans la sauce que vous servirez dessus. On confond à Paris les rougets avec les *grondins*; ceux-ci ont la tête plus grosse et le corps moins en chair, il faut les faire cuire différemment. Après les avoir vidés et lavés sans les écailler, mettez-les cuire au court-bouillon; comme il ne faut qu'un moment pour les cuire, faites bouillir une demi-heure le court-bouillon, pour qu'il ait du goût quand vous les mettrez dedans. Quand ils sont cuits, retirez-les pour enlever doucement l'écaille partout, hors la tête, et servez avec les mêmes sauces que ci-dessus.

Sardines et harengs frais.

On les accommode de même : écaillez, lavez, essuyez, et faites cuire sur le gril. Servez-les avec une sauce maître-d'hôtel (page 25), ou une sauce blanche à laquelle vous pourrez ajouter des câpres, ou encore à la sauce tartare (page 30), à la sauce tomate (page 27), en mayonnaise (page 33), ou enfin au gratin (voy. *sole au gratin*, page 188).

On fait beaucoup d'usage des sardines confites à l'huile. On les reçoit toutes préparées de Bretagne dans des caisses de ferblanc soudées. On les sert en hors-d'œuvre.

Harengs salés ou pecs.

On ne les sert qu'en hors-d'œuvre. Otez la peau, faites dessaler pendant vingt-quatre heures et mangez-les grillés avec une sauce moutarde, une sauce blanche, ou crus comme des anchois. Vous pouvez aussi les servir cuits à l'eau sur une purée d'ognons.

Harengs saurets à la Sainte-Ménehould.

Ayez une douzaine de harengs saurets, coupez-leur le bout de la tête et de la queue, mettez-les tremper quatre heures dans l'eau, et ensuite deux heures dans un bon verre de lait; mettez-les égoutter et essuyer, trempez-les dans du beurre chaud mêlé avec une demi-feuille de laurier, thym, basilic haché comme en poudre, deux jaunes d'œufs et de gros poivre; panez-les à mesure que vous les trempez dans le beurre, et faites-les griller légèrement; mettez dans le fond du plat que vous devez servir deux cuillerées de verjus; dressez dessus les harengs.

Anchois.

Les anchois sont de petits poissons de mer qui sont confits au sel, et que l'on nous apporte dans de petits barils; après les avoir bien lavés, on les ouvre en deux pour en ôter l'arête; ils servent ordinairement à faire des salades et pour mettre dans des sauces: comme sauces au beurre, au maigre, sauce à la rémoulade, sauce au gras, avec du coulis et un peu de beurre.

Rôties d'anchois.

Prenez des tranches de pain coupées proprement

de la largeur et longueur du doigt, faites frire dans l'huile ; arrangez - les dans un plat d'entremets, mettez une sauce pardessus faite avec de l'huile fine, vinaigre, gros poivre, persil, ciboule, échalote, le tout haché, et couvrez à moitié vos rôties avec des filets d'anchois.

Bar.

Il se fait cuire au court-bouillon, pour un plat de rôt. Quand il est cuit et bien égoutté, servez-le sur une serviette, garni de persil vert. Si c'est pour une entrée, mettez-le mariner une demi-heure avec un peu d'huile, sel, poivre ; faites-le cuire sur le gril, arrosez-le de temps en temps avec l'huile qui reste dans le plat. Quand il est cuit, servez-le avec la sauce que vous jugerez à propos, comme aux autres poissons qui sont expliqués ci-dessus. Ayez soin, pour toute sorte de poissons que vous faites cuire sur le gril, de les ciseler légèrement sur le côté.

Moules à la marinière.

Après les avoir bien lavées, ratissez leurs coquilles, égouttez-les et mettez les à sec dans une casserole sur un bon feu de fourneau. La chaleur les fera ouvrir, vous les éplucherez après une à une ; ayez soin d'ôter les crâbes si vous en trouvez. Mettez vos moules, après les avoir ôtées de leurs coquilles, dans une casserole avec un morceau de bon beurre, persil, ciboule hachés ; passez-les sur le feu ; mettez-y une petite pincée de farine, mouillez avec un peu de bouillon ; quand il n'y a plus de sauce, mettez-y une liaison de trois jaunes d'œufs avec de la crème, faites lier votre sauce, et mettez-y après un filet de verjus.

Quelques personnes emploient l'eau de la cuisson pour en faire un potage en la mêlant avec du bouillon et en faisant une liaison avec six jaunes d'œufs.

Moules au gratin.

Mettez vos moules dans une casserole sur le feu, et dès qu'elles seront ouvertes et auront rendu leur eau, enlevez-les de leurs coquilles et mettez-les dans un plat qui aille sur le feu et sur le fond duquel vous aurez étendu un morceau de beurre manié de farine, avec champignons hachés menu, fines herbes, sel et poivre. Recouvrez vos moules de chapelure que vous arroserez de beurre fondu et que vous mouillerez avec l'eau des moules ; vous couvrirez votre plat du four de campagne et vous ferez cuire vos moules feu dessous et dessus.

Moules à la poulette.

Après avoir préparé vos moules comme il est dit plus haut, enlevez à chacune l'écaille de dessus et dressez-les sur un plat ; versez ensuite dessus une sauce dans laquelle vous aurez fait entrer l'eau de vos moules et que vous lierez avec trois jaunes d'œufs.

Huîtres.

Elles se mangent ordinairement crues avec de la mignonnette ou gros poivre, ou bien avec du jus de citron ; l'on en sert aussi dans leurs coquilles, cuites sur le gril, feu dessous et pelle rouge pardessus ; quand elles commencent à s'ouvrir seules, elles sont cuites, elles s'appellent huîtres sautées.

Les huîtres servent aussi à faire des ragoûts pour mettre avec différentes viandes, comme poulets, poulardes, pigeons, sarcelles, etc. Pour lors vous les faites blanchir dans leur eau à très-petit feu ; prenez garde qu'elles ne bouillent, cela les racornirait. Mettez-les après dans l'eau fraîche, retirez-les ensuite pour les bien égoutter sur un tamis ; vous avez ensuite un bon coulis gras sans sel ; mettez deux anchois hachés et les huîtres ; faites-les chauffer sans qu'elles bouillent, et servez avec ce que vous jugerez à propos.

Langoustes, homards et crâbes.

Ils se servent tous de la même façon ; faites-les cuire à bon feu, pendant une demi-heure, avec de l'eau et du sel ; étant refroidis dans leur cuisson, frottez-les d'un peu de beurre pour leur donner belle couleur, cassez-leur les pattes auparavant ; ouvrez l'écrevisse ou le homard par le milieu. Servez-les froids sur une serviette et les grosses pattes autour. On les mange ordinairement à la rémoulade. Voici sa préparation : le homard étant ouvert et les chairs dépouillées de leurs coquilles, ôtez avec une cuiller ce qui se trouve dans le corps, joignez-y les œufs, s'il y en a, délayez le tout avec deux cuillerées de moutarde, du persil, de l'échalote et un œuf dur, hachés très-fin, sel, gros poivre, beaucoup d'huile et peu de vinaigre. La rémoulade battue, servez-la dans une saucière.

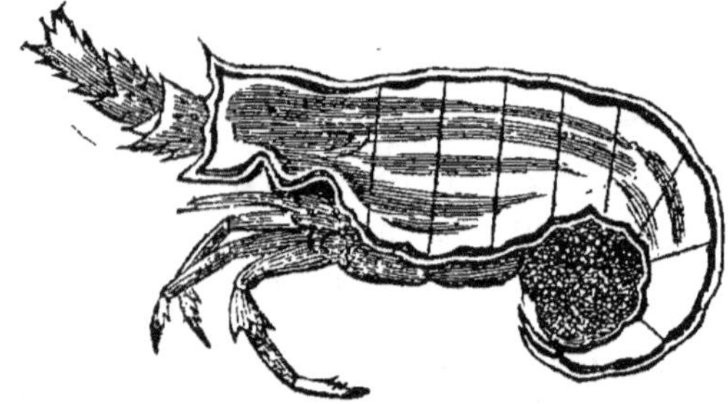

Salade de homard.

Après avoir séparé les chairs de votre homard, coupez-les par morceaux, et mêlez-les à une salade de laitues et œufs durs bien assaisonnée avec câpres, cornichons, anchois, etc.

Crevettes ou chevrettes.

Les rouges, étant cuites, sont les plus estimées ; on les achète ordinairement toutes cuites. On les sert, comme hors-d'œuvre, sur une serviette pliée sur un plat, en les rangeant au tour du persil en branche qui en occupe le milieu.

Macreuse.

La macreuse se fait cuire dans un court-bouillon fait comme celui du saumon frais ; il faut la faire cuire cinq ou six heures, et la servir avec un ragoût de laitances de carpes et de champignons.

DU POISSON D'EAU DOUCE.

Brochet.

Si vous voulez le servir pour rôt, vous ne l'écaillerez point. Otez les ouies avec un torchon pour ne pas vous piquer. Après l'avoir vidé, faites-le cuire dans un court-bouillon. Voyez l'article *Court-bouillon*, page 24.

Pour cuire les poissons d'une forme allongée, il est bon de se servir d'une poissonnière dont voici la forme

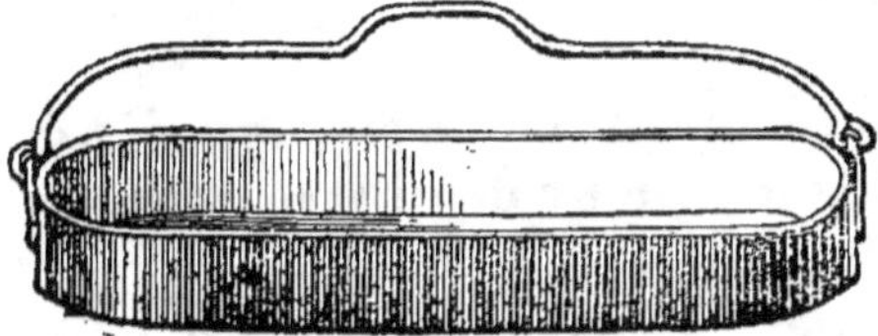

Elle est accompagnée d'un double fond percé de trous, en sorte qu'on ne craint pas de briser le poisson en le retirant de la poissonnière.

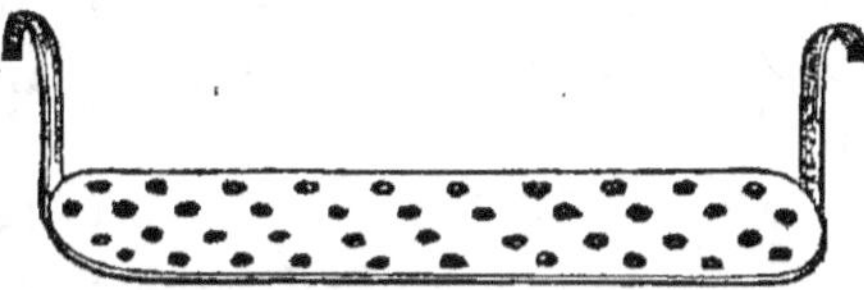

On mange le brochet froid à l'huile et au vinaigre, ou bien chaud avec une sauce blanche aux câpres.

Brochet en fricassée de poulet

Après l'avoir écaillé et coupé par tronçons, mettez-le dans une casserole avec du beurre, un bouquet de persil, champignons, passez-le sur le feu ; mettez-y une pincée de farine et mouillez de bouillon et vin blanc ; faites-le cuire à grand feu ; quand il est cuit et assaisonné de bon goût, mettez une liaison de jaunes d'œufs et de crême. On le sert aussi en matelote, mariné, ou bien frit (voyez *Côtelettes de veau marinées*, page 89), ou seul en étuvée comme la carpe (voyez page 199).

Voici la manière de servir ce poisson.

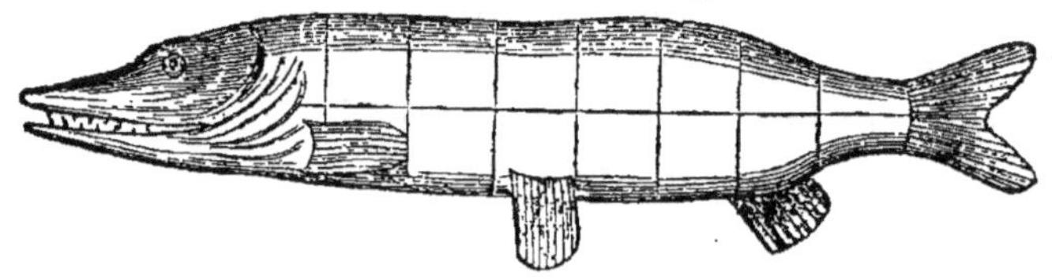

Anguille.

Après lui avoir ôté sa peau, vidée, épluchée et lavée, mettez-la en fricassée de poulets de la même façon que le brochet.

Vous la faites aussi cuire sur le gril, coupée par tronçons de la longueur de quatre travers de doigts, et servez-la avec une sauce blanche, câpres et anchois, ou autre sauce. Vous pouvez aussi la servir avec quelque petit ragoût de champignons, un ragoût de montant de laitue.

Quand elle est grosse, vous pouvez la faire cuire à la broche, enveloppée de papier bien beurré, et la servir dans le même ragoût comme quand elle est cuite sur le gril.

Elle se sert aussi en gras de plusieurs façons, comme en fricandeau, et à garnir des entrées grasses. Elle est aussi excellente dans les matelotes.

Anguille à la tartare.

Coupez-la par tronçons et faites-la cuire dans un

court-bouillon ; laissez-la refroidir et panez-la de mie de pain ; mettez-la sur le gril pour prendre couleur ; faites réduire la cuisson que vous mêlerez à une rémoulade ; dressez l'anguille sur un plat et servez la rémoulade dans une saucière.

Carpe.

Quand elle est grosse, elle se sert au bleu pour un plat de rôt, après l'avoir vidée et ôté les ouïes, en ne l'écaillant point ; mettez-la après sur un grand plat, faites bouillir du vinaigre que vous versez sur la carpe, c'est ce qui la rendra bleue ; faites-la aussi cuire au court-bouillon. Quand elle est cuite, servez-la sur une serviette garnie de persil, pour un plat de rôt maigre, et on la sert comme l'indique cette figure.

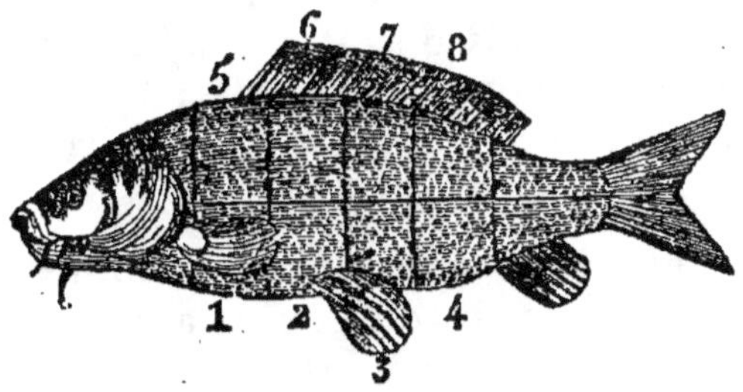

Carpe en matelote.

Après l'avoir écaillée et ôté les ouïes, coupez-la par tronçons, mettez-la dans une casserole avec d'autres poissons, comme brochet, anguille, tanche, barbillon, ou tels poissons de rivière que vous aurez la commodité d'avoir. Vous faites ensuite, dans une autre casserole, un petit roux avec du beurre, une cuillerée à bouche de farine ; quand il est de belle couleur, vous y mettez une vingtaine de petits ognons, que vous laissez cuire à moitié dans ce même roux, en y mettant encore un peu de beurre ; ensuite vous le mouillez moitié vin rouge et moitié bouillon maigre ; vous versez après les ognons avec leur sauce dans la casserole où votre poisson est préparé ; assaisonnez de sel , poivre , un bouquet garni de fines herbes ; vousfaites ensuite cuire votre matelote à grand feu pendant une demi-heure : quand vous êtes prêt à servir , vous mettez quelques croûtons de pain dans la sauce et vous les servez avec la matelote.

Carpe grillée.

Faites-la cuire sur le gril après l'avoir vidée et écaillée , servez dessous un ragoût de farce dont la préparation se trouve au chapitre *Légumes*, ou bien une sauce blanche avec des câpres.

Carpe frite.

Il faut l'ouvrir par le dos après l'avoir écaillée, essuyée et ôté les œufs ou la laite ; farinez-la et faites-la frire à grand feu dans de l'huile ou du sain-doux ; lorsque le poisson est à moitié cuit , mettez dans la friture la laite ou les œufs ; faites cuire de belle couleur et servez garni de persil frit.

Carpe à la Chambord.

Ecaillez et videz votre carpe ; coupez-la par tronçons ; faites roussir du beurre avec une pincée de farine ; mettez-y des petits ognons , ajoutez un bouquet de thym , persil , laurier , ail , champignons , muscade râpée , mouillez avec du bouillon et autant de vin rouge ; mettez votre carpe dans l'assaisonnement et faites-la cuire à grand feu. La cuisson faite , dressez votre carpe sur un plat au fond duquel vous aurez mis des croûtons et versez la sauce dessus.

Truite saumonée et truite commune.

La truite saumonée a la chair rouge , et la commune blanche ; la bonté de la première est supérieure à celle de la dernière ; les apprêts se font de même. Faites-les cuire dans un court-bouillon avec du vin rouge ; servez sur une serviette , garni de persil vert. Vous pouvez aussi les faire cuire sur le gril, comme il est expliqué pour les autres poissons ci-devant, et servez avec un ragoût maigre. Elles s'accommodent en gras comme le saumon frais.

Voici la manière de servir ce poisson.

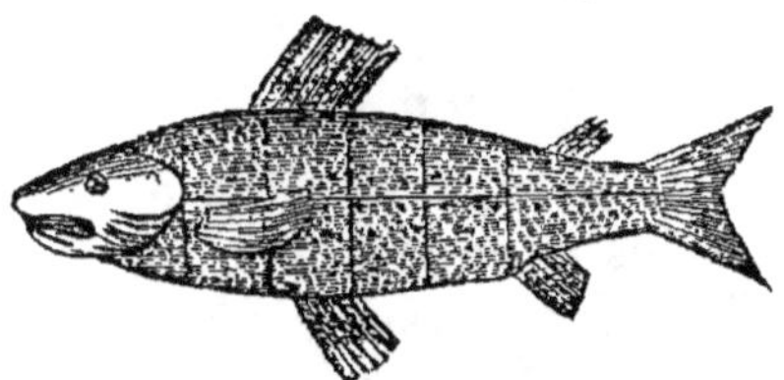

Perche.

Ôtez les ouïes et videz-la ; ne lui ôtez que la moitié de ses œufs, faites-la cuire dans un court-bouillon avec du vin blanc ; quand elle est cuite, épluchez-la de ses écailles, dressez-la sur le plat que vous devez servir pour mettre dessus une sauce aux câpres ou autre, comme vous jugerez à propos, ou un ragoût maigre. En gras, la différence est dans la sauce ou le ragoût. La perche est très-bonne frite.

Tanche.

Pour l'écailler, il faut la limoner : cela se fait en la mettant dans l'eau bouillante ; couvrez-la promptement pour qu'elle ne vous fasse pas brûler en éclaboussant. Vous la retirez après l'avoir laissée un moment ; écaillez-la en commençant par le côté de la tête ; prenez garde d'enlever la peau et de l'écorcher ; quand vous avez fini, vous la videz, lavez et ôtez les nageoires ; elle s'accommode de la même manière que la carpe.

Lotte ou barbotte.

C'est un des excellens poissons d'eau douce : il faut la limoner comme la tanche, excepté qu'il faut la laisser moins dans l'eau bouillante, parce qu'elle s'écorcherait ; faites cuire auparavant le court-bouillon pour qu'il ait plus de goût. La lotte

9.

est excellente frite, vous la marinez auparavant; quand elle est de belle couleur, servez pour un plat de rôt. Elle se met dans les matelotes. On en fait des entrées en gras, comme en fricandeau piqué, ou au naturel, avec des ragoûts de crêtes ou autres.

Lamproie.

Elle ressemble à l'anguille, il y en a de rivière et de mer. Il faut les limoner, comme il est expliqué à l'article de *Tanche*; ensuite vous les coupez par tronçons, faites-les lier après les avoir farinées. Vous la faites aussi cuire sur le gril, comme les autres poissons, et vous la servez avec une sauce aux câpres ou une sauce à la rémoulade bourgeoise. Vous mettez dans une casserole de l'huile, vinaigre, sel, gros poivre, moutarde, le tout délayé ensemble; servez-la à part dans une saucière.

Écrevisses.

Celles de Seine sont estimées les meilleures. Pour les connaître, regardez le dessous des grosses pattes qui doit être rouge. Elles se mangent communément cuites dans un court-bouillon, comme il est expliqué à l'article *Brochet;* n'en retranchez que le beurre. Quand elles sont cuites, dressez-les sur une serviette pour un plat d'entremets.

Coulis d'écrevisses.

Faites bouillir vos écrevisses pendant quelques minutes, retirez-les ensuite dans l'eau fraîche, épluchez-en les queues que vous mettez à part ainsi que les coquilles; pilez les coquilles pendant trois heures, quand elles sont fines, délayez-les avec un peu de bon bouillon bien clair, gras ou maigre, et passez-les dans une étamine; faites cuire les queues dans un peu de bouillon, laissez-les réduire presqu'à sec et mettez le tout dans le coulis; goûtez s'il est assaisonné de bon goût; faites-le chauffer sans qu'il bouille ; servez-vous-en pour ce que vous jugerez à propos, soit viande ou poisson.

Potage au coulis d'écrevisses.

Préparez-le comme le précédent et tenez-le plus clair ; faites mitonner votre potage dans du bouillon, ajoutez-y le bouillon dans lequel auront cuit les queues que vous mettrez en cordon autour du plat que vous devez servir ; mettez le coulis dans le potage ; faites-le chauffer sans qu'il bouille ; goûtez s'il est assaisonné de bon goût et servez.

Barbillon, meûnier et brême.

Le barbillon se sert en étuvée comme la carpe, se met aussi sur le gril, quand il est gros, et se sert avec une sauce blanche. La même façon se pratique pour le meunier ; la brême se sert aussi grillée avec les mêmes sauces. Vous la servez frite pour un plat de rôt.

Goujons frits.

On ne les sert guère qu'en friture. On y joint souvent d'autres petits poissons tels que l'ablette. Mais le goujon est très-préférable. On a soin de les vider et de les accompagner de persil frit.

Escargots de vigne en fricassée de poulets.

Dans le printemps et l'automne, l'on trouve des escargots dans les vignes ; pour les faire sortir de leur coquille et bien les nettoyer, vous mettez une bonne poignée de cendres dans un petit chaudron, avec de l'eau de rivière. Quand elle commence à bouillir, jetez-y les escargots pour les y laisser un quart-d'heure ; quand ils se tirent aisément de leur coquille, vous les retirez dans de l'eau tiède pour les nettoyer ; ensuite vous les remettez encore dans une eau claire, pour les faire bouillir un instant ; retirez-les pour les égoutter ; mettez dans une casserole un morceau de beurre, avec un bouquet de

persil, ciboule, une gousse d'ail, deux clous de girofle, thym, laurier, basilic, des champignons ; et
les escargots bien égouttés, passez le tout sur le feu;
mettez-y une pincée de farine, mouillez avec du
bouillon, un verre de vin blanc, sel, gros poivre ;
laissez cuire jusqu'à ce que les escargots soient moel-
leux, et qu'il reste peu de sauce ; en servant, mettez-y
une liaison de trois jaunes d'œufs avec de la crême ;
faites lier sans bouillir, ajoutez-y un peu de verjus
ou du vinaigre blanc, avec un peu de muscade.

Grenouilles en fricassée de poulets.

On ne mange que les cuisses des grenouilles.

Vous les mettez dans de l'eau bouillante, et vous
leur faites faire un petit bouillon ; retirez-les à l'eau
fraîche et égouttez-les ; mettez-les dans une casserole
avec des champignons, un bouquet de persil, ciboule, une gousse d'ail, deux clous de girofle, un
morceau de beurre ; passez-les sur le feu deux ou
trois tours, et mettez-y une bonne pincée de farine ;
mouillez avec un verre de vin blanc, un peu de
bouillon, sel, gros poivre ; faites cuire un quart-
d'heure, et réduire à courte sauce ; mettez-y une
liaison de trois jaunes d'œufs, un peu de crême, une
pincée de persil haché fin, et faites lier sans bouillir.

Grenouilles frites.

Vous les mettez mariner crues pendant une heure,
avec moitié vinaigre, persil, ciboule entière, tranches d'ognons, deux gousses d'ail, deux échalotes,
trois clous de girofle, une feuille de laurier, thym,
basilic ; ensuite vous les mettez égoutter et les farinez pour les faire frire. Servez garni de persil frit ;
pour le mieux, au lieu de les fariner, vous les trempez
dans une pâte faite avec de la farine délayée avec une
cuillerée d'huile, un bon verre de vin blanc et du
sel ; que la pâte ne soit pas trop claire ; il faut qu'elle
file un peu gros en la versant avec la cuiller.

CHAPITRE XII.

DES LÉGUMES.

Pois verts et pois secs.

Les pois verts se mangent pendant trois mois, qui sont juin, juillet et août ; pour connaître leur bonté, il faut goûter s'ils sont sucrés et tendres, s'ils sont frais cueillis et nouvellement écossés. Les bons pois ont une petite queue après qu'ils sont écossés. Les plus fins sont estimés les meilleurs. Les plus tardifs sont les pois carrés ; quoique plus gros, ils n'en sont pas moins tendres. Les pois verts se servent avec toutes sortes de viandes, et font d'excellens ragoûts ; ils se servent aussi, en gras et en maigre, pour entremets. Les pois secs servent à faire de la purée.

Petits pois à l'anglaise.

Mettez de l'eau dans une casserole avec du sel, faites-la bouillir, jetez-y les pois et laissez-les cuire pendant une demi-heure ; faites-les égoutter dans une passoire ; servez avec des petits morceaux de beurre dessus ou un morceau entier : que le beurre ne soit pas mêlé avec les pois.

Petit poids au lard.

Coupez du petit lard en gros dés et faites-le revenir dans du beurre. Quand il est bien roux, mettez-y vos poids ; sautez plusieurs fois ; ajoutez-y poivre, bouquet garni et très-peu de sel. Laissez mijoter, ôtez le bouquet et servez. Si on le désire, on peut y ajouter un peu de sucre.

Petits pois à la bourgeoise.

Prenez un litre et demi de petits pois, que vous laverez et mettrez dans une casserole, avec un morceau de beurre, un bouquet de persil et ciboule, une laitue pommée coupée en quatre ; faites-les cuire dans leur jus à très-petit feu. Quand ils sont cuits, et qu'il n'y a presque plus de sauce, mettez-y une liaison de deux jaunes d'œufs avec de la crème; faites lier sur le feu, et servez.

Purée de pois.

Servez-vous de pois cassés; ils se mettent d'eux-mêmes en purée et ne contiennent pas de vers. On en fait d'excellens potages et, sous forme de purée, ils servent d'accompagnement à bien des mets.

Haricots verts.

Prenez-les fort tendres et rompez-en les petits bouts, lavez-les à l'eau bouillante et faites-les cuire de même. Quand ils sont cuits, mettez dans une casserole du beurre, persil, ciboule hachés. Quand le beurre est fondu, mettez-y les haricots après qu'ils sont égouttés; faites-leur faire deux ou trois tours sur le feu, mettez-y après une pincée de farine et un peu de bon bouillon et du sel; faites réduire la sauce. Quand vous êtes prêt à servir, mettez-y une liaison de trois jaunes d'œufs délayés avec du lait, et servez-les pour entremets. On peut remplacer la liaison de jaunes d'œufs et de lait par quelques gouttes de jus de citron ou un filet de vinaigre, et on les lie en remuant vivement. On les prépare aussi au gras : à la place de liaison, vous y mettez du coulis et du jus de veau.

Haricots verts; manière de les conserver.

Prenez des haricots verts, la quantité que vous en voudrez confire; choisissez-les tendres et point filandreux, épluchez les bouts et mettez-les dans un pot de grès, avec du sel, de cette manière : Mettez dans le fond du pot un lit de sel, ensuite un lit de haricots, puis un lit de sel, et ainsi de suite jusqu'à ce que le pot soit plein; en finissant, que le dernier lit de sel soit plus épais; couvrez les pots d'une feuille de papier. Pour les faire sécher, vous prenez de pareils haricots, que vous épluchez de même, et que vous faites cuire un quart-d'heure ; quand ils sont égouttés, enfilez-les avec une aiguille et du fil ; pendez-les au plancher dans un endroit sec, ils se conserveront longtemps de cette façon. Quand vous voudrez vous en servir, faites-les tremper dans de l'eau tiède, jusqu'à ce qu'ils aient repris leur première verdure ; ensuite vous les faites cuire dans de l'eau, et vous les accommodez de la même façon que les haricots nouveaux. Observez la même chose pour les haricots confits.

Haricots nouveaux à la maître d'hôtel.

Faites-les cuire à l'eau bouillante avec un peu de sel ; retirez-les et égouttez-les ; mettez dedans un morceau de beurre frais, du persil haché, sel, poivre, un filet de verjus ; mêlez tout et servez.

Haricots à la provençale.

Mettez dans une casserole un litre de haricots de Soissons, deux cuillerées à pot de bouillon, deux ognons coupés en tranches, un bouquet garni, une cuisse d'oie ou du petit salé, quatre cuillerées d'huile, un peu de beurre, du poivre et de la muscade, du sel, s'il en est besoin ; faites-les bouillir jusqu'à parfaite cuisson, ajoutez du bouillon s'il est nécessaire ; mais n'en mettez pas trop, pour que la sauce soit liée à son point. Les pois et les lentilles s'accommodent de la même manière.

Haricots blancs secs.

Mettez-les à l'eau froide et placez-les sur le feu pour les faire cuire ; quand ils sont cuits, vous mettez dans une casserole un morceau de beurre et un peu de farine que vous faites roussir, et mettez-y ensuite de l'ognon haché que vous faites cuire dans ce même roux. Quand il est cuit, mettez-y les haricots avec persil et ciboule hachés, sel, poivre, un filet de vinaigre ; faites bouillir le tout un quart-d'heure, et

servez. Les haricots au gras se font de la même façon:
à la place du beurre, vous vous servez de lard fondu,
et vous les mouillez de bon jus de veau. Ils se servent
aussi en gras, en entremets, sous un gigot de mouton rôti.

Fèves de marais.

Ceux qui les mangent avec la robe doivent les
faire cuire dans de l'eau pendant un demi-quart
d'heure, pour en ôter l'âcreté. Communément elles
se mangent dérobées ; la façon de les accommoder
après est la même : mettez-les dans une casserole
avec du beurre, un bouquet de persil, ciboule, et
un peu de sariette ; passez-les sur le feu, mettez-y
une pincée de farine, un peu de sucre, gros comme
une noix, mouillez-les de bouillon. Quand elles sont
cuites, mettez-y une liaison de trois jaunes d'œufs
et peu de lait : servez pour un plat d'entremets.

Lentilles.

Les lentilles ordinaires, choisissez-les larges et
d'un beau blond ; après les avoir lavées et épluchées,
faites-les cuire dans de l'eau ; quand elles sont cuites,
fricassez-les comme les haricots blancs.

Les lentilles à la reine sont très-petites ; on ne
s'en sert pas beaucoup pour fricasser ; elles sont
meilleures pour faire des coulis, parce que la couleur est plus belle et le goût plus excellent. Pour

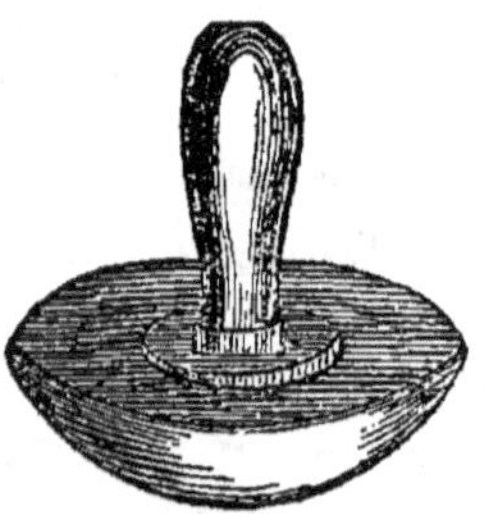

les réduire en purée on se sert du *presse-purée*
qu'on tourne et retourne dans la passoire jusqu'à
ce que la purée soit passée.

Coulis de lentilles.

Vous les lavez après les avoir épluchées ; faites-les cuire avec un bon bouillon gras ou maigre, suivant l'usage que vous voulez en faire : quand elles sont cuites, passez-les à l'étamine en les mouillant de leur bouillon ; assaisonnez ce coulis de bon goût, et vous vous en servirez pour ce que vous jugerez à propos, soit potage ou terrine.

Riz.

Il sert à faire des potages gras et maigres, et des entrées. Il se mange communément au lait. Les différentes sortes de potages qu'on en peut faire sont expliquées au commencement de ce livre. Voici la figure d'une boule en étain très-commode pour faire cuire le riz dans le pot-au-feu sans qu'il se mêle au bouillon.

Choux.

Les choux blancs, les choux verts, et ceux de Milan, s'accommodent tous de même ; l'on s'en sert communément pour mettre dans le pot, après les avoir ficelés pour qu'ils ne se mêlent point avec la viande. Si vous voulez faire des entrées avec, pour lors vous les coupez par quartiers ; après les avoir lavés, faites-les bouillir un quart-d'heure dans de l'eau, mettez-y un morceau de petit lard coupé par morceaux tenant à la couenne, retirez-le après dans de l'eau fraîche, pressez-les bien et ficelez-les, met-tez-les cuire dans une braise avec le morceau de lard, les saucisses ou la viande que vous destinez pour servir avec. Cette braise n'est que du bouillon, sel, poivre, un bouquet de persil, ciboule, clous de girofle, un peu de muscade, deux ou trois racines. Quand la viande et les choux sont cuits, retirez-les pour bien les essuyer de leur graisse; dressez-les dans le plat que vous devez servir, le petit lard par dessus. Vous mettez ensuite une sauce faite d'un bon coulis et assaisonnée de bon goût. Les viandes qui conviennent le mieux : tendons de veaux, poi-trine de bœuf, morceau de culotte de bœuf, an-douille de porc, épaule de mouton désossée et arron-die en la ficelant bien fort, le chapon, les pattes troussées en dedans. De quelle viande que vous vous serviez, faites-la bouillir deux minutes dans l'eau pour lui faire jeter son écume, et mettez-la après cuire avec les choux.

Les choux se mangent aussi à la bourgeoise : étant cuits dans le pot et bien égouttés, mettez dessus une sauce blanche.

Choux à la bourgeoise.

Prenez un chou entier; après l'avoir lavé, faites-le bouillir un quart-d'heure dans de l'eau, retirez-le après dans de l'eau fraîche, laissez-le refroidir et pressez-le fort sans en rompre les feuilles; ôtez-les après une à une, et mettez à chaque un peu de farce, que vous faites comme celle du canard, page 149. Remettez après les feuilles l'une sur l'autre, comme si le chou était entier; ficelez-le partout, et faites-le cuire dans une braise que vous faites comme celle de la langue de bœuf, page 58 : assai-sonnez de bon goût. Quand il est cuit et retiré de sa braise, pressez-le légèrement dans un linge blanc pour en faire sortir la graisse; coupez-le en deux et dressez-le sur le plat que vous devez servir; mettez pardessus un bon coulis.

Choux de Bruxelles.

Jetez-les dans l'eau bouillante, avec du sel ; retirez-les au bout d'un quart-d'heure de cuisson ; mettez-les dans une casserole avec un bon morceau de beurre, poivre et muscade ; mouillez avec du bouillon, et veillez à ce qu'ils ne se mettent pas en bouillie.

Choux-fleurs.

Ils servent à faire des entremets et à garnir des entrées de viande. Pour vous en servir, vous les épluchez et lavez ; faites-les cuire un moment dans l'eau et retirez-les pour achever de les cuire dans une autre eau blanche faite avec une cuillerée de farine délayée avec de l'eau, un peu de beurre et du sel. Quand ils sont cuits, dressez-les dans le plat que vous devez servir, et mettez dessus, en gras, une sauce ou coulis où il y a un peu de beurre dedans ; et en maigre, une sauce blanche. Si c'est pour entrée, vous les faites cuire de la même façon ; dressez-les autour de la viande que vous leur destinez, et mettez pardessus la sauce qui est pour la viande, où il doit toujours y avoir un peu de beurre refroidi ; on peut les manger en salade.

Choux-fleurs frits.

Faites-les cuire aux trois quarts dans de l'eau où vous aurez mis du sel, égouttez-les ; puis vous les tremperez dans une sauce blanche froide et vous les jeterez dans une friture bien chaude.

Vous pourrez encore les faire mariner dans du vinaigre convenablement épicé ; passez-les dans une pâte à frire et jetez-les dans la poêle.

Choux-fleurs au fromage.

Vos choux-fleurs étant aux trois quarts cuits dans l'eau de sel, préparez une sauce avec un bon morceau de beurre, fromage de Parmesan ou de Gruyère râpé, coulis et gros poivre ; trempez-y, un à un, vos morceaux de choux-fleurs, dressez-les dans un plat en forme de boule que vous recouvrirez de la même sauce, puis d'une couche de beurre fondu. Saupoudrez de chapelure et faites prendre couleur sous le four de campagne.

Les *choux-fleurs au gratin* se préparent à peu près de la même manière, mais on n'y met pas de fromage.

Choucroûte.

Mettez dans un baquet de gros choux blancs coupés en tranches fort minces, laissez-les de douze à vingt-quatre heures tout au plus et pressez-les fortement pour en faire sortir l'eau par une ouverture pratiquée au baquet; ayez un tonneau défoncé d'un côté, garnissez le fond d'une couche de sel, mettez pardessus une couche de choux, puis une couche légère de sel, un peu de poivre et quelques grains de genièvre, puis des choux et ainsi de suite, couvrez-le tout d'un couvercle de bois qui puisse entrer dans le tonneau; chargez-le d'une centaine de livres au moins; lorsque les choux auront rendu beaucoup d'eau et qu'il se sera formé une croûte dessus, vous pourrez vous servir de la choucroûte; ayez soin de charger le couvercle chaque fois que vous en retirerez, et nettoyez les tours du tonneau; couvrez-le exactement d'un linge mouillé pour que l'air n'y pénètre pas : ne laissez de saumure que ce qu'il en faut pour couvrir les choux.

Faites dessaler la choucroûte pendant quelques heures avant de vous en servir, et faites-la cuire au beurre ou à la graisse; servez avec du petit salé, des saucissons ou du jambon.

Pommes de terre.

Mettez dans le fond d'un chaudron ou d'un pot très-peu d'eau et de sel, lavez les pommes de terre et mettez-les dedans, couvrez-les d'un linge plié en quatre, et enfoncez-le tout autour entre le vase et les pommes de terre pour qu'il n'y ait pas de vide ; mettez sur le feu ; les pommes de terre seront promptement cuites, elles ne crèveront pas et conserveront leur goût ; vous pouvez les peler toutes chaudes, les ouvrir et y mettre du beurre frais coupé par tranches et des fines herbes, ou une sauce blanche dessus ; on les sert en salade.

Pommes de terre en matelote.

Ayez des pommes de terres cuites, pelées et toutes chaudes, coupez-les en deux ou trois, mettez-les dans une casserole avec un morceau de beurre, un bouquet de persil et ciboule, du sel et du poivre ; mouillez avec du bouillon ou de l'eau, ou du bouillon maigre, et un verre de vin, faites bouillir, liez la sauce et servez.

Pommes de terre au lard.

Faites un petit roux avec du beurre et de la farine, passez-y du petit lard coupé par morceaux, mettez-y des pommes de terre longues pelées sans être cuites, du poivre, peu de sel, un bouquet de persil et ciboule ; mouillez avec du bouillon.

Pommes de terre à la Barigoule.

Pelez des pommes de terre crues, mettez-les cuire avec un peu de bouillon gras ou maigre, deux cuillerées d'huile, sel, poivre, un bouquet garni, un ognon et des racines ; faites-les cuire jusqu'à ce qu'il n'y ait plus de sauce ; faites-les rissoler et servez avec une sauce à l'huile, vinaigre, sel et poivre.

Pommes de terre en boulettes.

Mettez dans une casserole des pommes de terre cuites, écrasez-les avec un pilon, mettez-y un petit morceau de beurre, du sel, du poivre, des fines herbes hachées, quelques œufs crus, que la pâte soit épaisse ; faites-en des boulettes que vous roulerez dans de la farine, faites-les frire de belle couleur ; si vous avez un hachis de quelques viandes desservies, vous pouvez le mettre dedans. Quelques personnes n'emploient que du persil haché très-fin ; ce mets est excellent.

Pommes de terre frites.

Il suffit de les peler crues et de les couper par tranches, faites-les cuire dans du beurre ou du saindoux ; servez-les saupoudrées de sel fin.

Soufflé de pommes de terre.

Prenez un demi-litre de crême, six grandes cuillerées de fécule de pommes de terre, six jaunes d'œufs et 200 grammes de sucre. Délayez ensemble les œufs, la fécule et la crême dans laquelle vous aurez préalablement fait fondre le sucre. Ajoutez gros comme un œuf de beurre fin et un peu d'écorce de citron. Mettez cet appareil sur le feu ; faites-lui faire quelques bouillons ; laissez refroidir ; battez ensuite quatre œufs, jaunes et blancs, et mêlez-les promptement au reste ; placez-le sur un feu doux et le four de campagne dessus.

Gâteau de pommes de terre.

Ayez des pommes de terre blanches cuites sous la cendre, pelez-les et écrasez-les du mieux qu'il vous sera possible ; prenez-en un demi-kilogr. que vous pétrissez avec six jaunes d'œufs et 125 grammes de sucre en poudre ; ajoutez un jus de citron, le zeste râpé et les six blancs d'œufs ; pétrissez de nouveau, faites-le cuire dans une tourtière beurrée sous un four de campagne.

Les pommes de terre peuvent servir à garnir toute sorte de ragoûts de viande, pourvu qu'ils soient un peu gras et qu'ils aient du goût ; il faut les faire cuire auparavant. On peut aussi les servir au beurre noir avec de la morue et des œufs durs, on en met dans les matelotes et étuvées de poisson, on les sert encore à la maître-d'hôtel, et en purée avec de la crême ou du bouillon.

La galette de pommes de terre se fait en les écrasant toutes chaudes, en y mêlant du beurre frais, un peu de thym haché fin; puis on forme une galette qu'on laisse dorer à la poêle. Quelques personnes ajoutent du persil haché très-fin; d'autres, au lieu de persil, un peu d'arome.

Des carottes et panais que l'on comprend sous le nom de racines.

L'on s'en sert ordinairement pour mettre dans toutes sortes de potages, pour des braises, pour les coulis ; vous servez aussi des entrées de viande en terrine, que l'on appelle hochepot. On garnit de petites entrées avec les ragoûts de racines ; vous les coupez de la longueur de deux doigts, et vous les tournez en rond ; faites-les cuire un quart-d'heure dans de l'eau, et mettez-les après dans une casserole avec de bon bouillon, un verre de vin blanc, un bouquet de fines herbes, un peu de sel ; quand elles sont cuites, vous y ajoutez un peu de coulis pour lier la sauce, et servez avec ce que vous jugez à propos.

Carottes à la crême.

Prenez de grosses carottes bien tendres, ratissez et lavez-les, mettez-les blanchir une demi-heure à l'eau bouillante ; ensuite vous les coupez en gros filets, et les mettez dans une casserole avec un morceau de bon beurre, un bouquet de persil, ciboule, une gousse d'ail, deux échalotes, deux clous de girofle, du basilic, passez-les sur le feu, mettez-y une pincée de farine, sel, gros poivre, bon bouillon ; laissez cuire et réduire à courte sauce ; ôtez le bouquet ; mettez-y une liaison de trois jaunes d'œufs, avec de la crême ; faites lier sans bouillir ; en servant, mettez un grand filet de vinaigre blanc.

Cerfeuil, oseille, poirée, bonne-dame.

Prenez oseille, cerfeuil, poirée, bonne-dame, pourpier. Après avoir épluché et lavé plusieurs fois ces herbes, mettez-les égoutter ; après, vous les ha-

chez et les pressez dans vos mains pour qu'il ne reste
pas d'eau. Vous prenez un chaudron convenable
pour la quantité d'herbes à cuire; mettez dedanf
un bon morceau de beurre et vos herbes dessus,
du sel autant qu'il est besoin pour bien les saler;
faites-les cuire à petit feu jusqu'à ce qu'elles soient
bien cuites, et qu'il n'y reste point d'eau; après
qu'elles sont un peu refroidies, mettez-les dans les
pots qui leur sont destinés et qui doivent être bien
propres. Moins l'on en fait de consommation, plus
les pots doivent être petits, parce que, quand ils sont
une fois entamés, les herbes ne se gardent au plus
que trois semaines. Lorsque les herbes sont entièrement refroidies dans les pots, prenez du beurre,
faites-le fondre, et quand il sera tiède, versez-le
sur les herbes. Après que le beurre est bien pris,
couvrez de papier les pots, et mettez-les dans un
endroit ni trop chaud, ni trop frais; ces sortes
d'herbes se conservent jusqu'à Pâques, et sont
d'une grande utilité dans l'hiver. Quand vous voulez vous en servir, vous en mettez dans du bouillon qui ne doit pas être salé, et vous avez de la
soupe faite dans un moment. Si vous voulez faire
de la farce avec, vous les mettez dans une casserole avec un morceau de beurre; faites-les bouillir
un instant, et mettez-y une liaison de quelques
jaunes d'œufs avec du lait, et servez-vous-en soit
pour mettre sous des œufs durs, ou quelques plats
de poissons cuits sur le gril. Le temps le plus
convenable pour confire des herbes est sur la fin de
septembre.

Ognon et poireau.

L'ognon est d'une grande utilité en cuisine, quand
on s'en sert avec modération; il entre dans beaucoup
de potages, dans le jus et coulis; le petit ognon
blanc est le plus estimé pour faire des ragoûts. Pour
cet effet, ne l'épluchez point, n'en coupez que le

bout de la tête et de la queue ; faites-le cuire dans l'eau un quart-d'heure , retirez-le après dans l'eau fraîche , et ôtez-lui la première peau ; faites-le lier dans du bouillon. Quand ils sont cuits, mettez-y deux cuillerées de coulis pour lier la sauce, assaisonnez-les de bon goût, et servez-les avec ce que vous jugerez à propos. Quand ils sont cuits dans du bouillon, et bien égouttés et refroidis, ils se mangent en salade, avec sel, gros poivre, huile et vinaigre.

Purée brune d'ognons.

Mettez dans une casserole, sur un feu vif, une douzaine d'ognons émincés, avec un morceau de beurre ; faites-les roussir de belle couleur et mouillez-les de deux cuillerées d'espagnole ; remuez-les avec une cuiller de bois et faites-les cuire sur un petit feu ; passez-les à l'étamine, remettez-les ensuite dans la casserole avec de l'espagnole , faites réduire jusqu'à consistance d'une bouillie, et servez assaisonné de bon goût.

Purée blanche d'ognons.

Passez vos ognons émincés sur un feu doux, pour qu'ils ne se colorent pas ; étant bien fondus, ajoutez-y quatre cuillerées de velouté, une pinte de crême et très-peu de sucre ; faites-la réduire sur un grand feu, et passez à l'étamine. Si vous n'avez pas de velouté mettez-y une cuillerée de farine, moitié moins de crême, du sel, du poivre, et faites-la lier au bain-marie, ou sur un feu très-doux, pour qu'elle ne bouille pas.

Céleri.

Quand il est bien blanc et tendre, il se mange en salade avec une rémoulade de sel, poivre, huile, vinaigre et moutarde; l'on s'en sert aussi pour mettre dans le pot ; il en faut très-peu, parce que le goût en est fort et domine sur tous les légumes. Si vous

10

voulez le servir en ragoût avec quelque viande,
faites-le tremper dans de l'eau pour bien-le laver,
faites-le cuire une demi-heure dans de l'eau bouillante, retirez-le dans l'eau fraîche, passez-le bien
et faites-le cuire avec bon bouillon et du coulis ;
assaisonnez-le de bon goût, ayez soin de le dégraisser. Quand il est cuit, servez-le avec la viande que
vous jugerez à propos.

Céleri-rave.

La racine de cet excellent légume est souvent
plus grosse que le poing. On la fait cuire à l'eau
après l'avoir ratissée et on la mange à la sauce
blanche, au jus ou avec toute autre sauce.

Coupée par tranches passées dans une pâte légère et frites, elle forme un mets fort délicat.

Navets.

Ils se mettent dans le pot et servent aussi à faire
de bon potage. Si vous voulez garnir avec le plat à
soupe, coupez-les proprement, faites-leur faire un
bouillon dans l'eau pour leur ôter le goût fort ;
faites-les cuire après avec du bouillon et du jus,
pour leur donner couleur. Ils servent aussi à des ragoûts pour mettre avec la viande : coupez-les proprement, faites-leur faire un bon bouillon dans
l'eau, et mettez-les après cuire avec du bouillon,
du coulis, et un bouquet de fines herbes. Quand ils
sont cuits et assaisonnés de bon goût, dégraissez le
ragoût, servez sous la viande que vous jugerez à
propos, qui doit être cuite dans une braise. Si vous
voulez une façon plus simple, c'est de cuire les navets avec la viande ; quand elle est à moitié cuite,
dégraissez le ragoût et assaisonnez-le de bon goût.

Laitues pommées et romaines.

Elles se mangent principalement en salade. On
s'en sert aussi en ragoût et à garnir des potages.

Voici un panier à salade aussi solide que commode. Il est en fil de fer galvanisé, c'est-à-dire recouvert d'une couche de zinc, ce qui l'empêche de se rouiller.

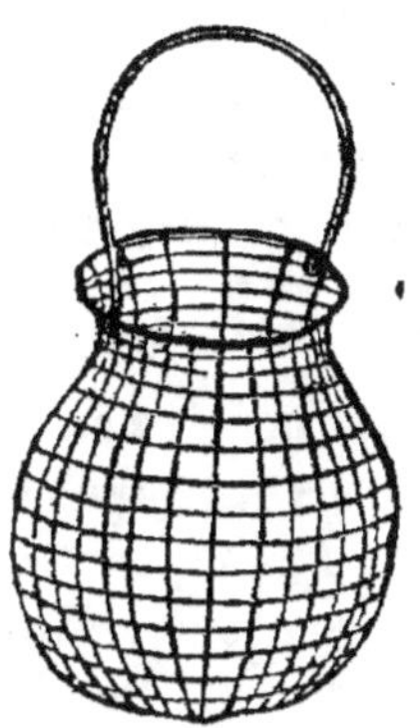

Les montans de laitues sont bons pour faire des entremets et à garnir quelques entrées de viande : après les avoir épluchés, mettez-les cuire avec de l'eau où vous délaierez une cuillerée de farine ; mettez-y un bouquet de fines herbes, deux ognons, racine, un peu de beurre et du sel. Quand ils sont cuits, vous pouvez les servir en maigre avec une sauce blanche, ou avec une liaison de jaunes d'œufs et de lait, comme une fricassée de poulets. En gras, mettez-les prendre goût dans un bon coulis, et servez-les avec telle viande que vous jugerez à propos, ou seuls pour entremets.

Laitues pommées farcies.

Ayez des laitues pommées environ huit ou douze, suivant qu'elles sont grosses ; faites-les bouillir une demi-heure dans de l'eau, et retirez-les à l'eau fraîche, pour les bien presser avec les mains ; écartez sur une table les feuilles de chaque laitue sans les séparer, mettez-y dans le milieu une farce de viande assaisonnée de bon goût, comme celle que vous trouverez ci-après, pour les *petits pâtés* ; enveloppez la farce avec les feuilles de laitues ; ficelez-les et faites-les cuire dans une petite braise. Quand elles sont cuites, vous les égouttez et pressez dans un linge ; trempez-les dans une pâte à frire, faite avec farine, vin blanc et une cuillerée d'huile, un peu de sel ; faites-les frire de belle couleur ; vous pouvez encore les tremper dans de l'œuf battu, les paner de mie de pain ; étant farcies de cette façon, et cuites à la braise, elles servent à garnir des entrées de viandes.

Chicorée blanche ordinaire.

Elle se mange en salade et sert à faire des ragoûts. Après l'avoir épluchée et lavée, faites-la bouillir une demi-heure dans de l'eau, retirez-la dans de l'eau fraîche pour la bien presser ; mettez-la ensuite cuire avec un peu de beurre, du bouillon et du coulis, si vous en avez ; sinon, faites un petit roux de farine pour lier la sauce. Quand elle est cuite, assaisonnée de bon goût et dégraissée, mettez-y un peu d'échalote pour ceux qui l'aiment, et servez sous du mouton rôti, soit épaule, carré ou gigot. Si vous voulez la servir au blanc, en maigre, à la place de roux de farine, mettez-y une liaison de jaunes d'œufs et de crême, servez-la sous des œufs mollets.

Manière de conserver la chicorée.

Epluchez et lavez des chicorées que vous laisserez entières ; faites-les blanchir et retirez à l'eau fraîche ; faites-les infuser vingt-quatre heures dans une eau salée, jetez cette eau et remettez-en encore une plus salée ; couvrez les pots avec du beurre fondu ; avant de la faire cuire lavez-la à grande eau et faites-la cuire de même.

Cardes-poirées.

Après les avoir épluchées et lavées, faites-les cuire dans de l'eau, et remuez-les de temps en temps pour que le dessus ne noircisse pas. Quand elles sont cuites, mettez-les égoutter ; vous faites une sauce blanche avec une pincée de farine, de l'eau, du beurre, sel, poivre, un filet de vinaigre ; faites-la lier sur le feu, et mettez-y les cardes bouillir un petit moment à petit feu pour qu'elles prennent du goût. Si le beurre était tourné en huile, ce serait une marque que la sauce serait épaisse ; vous y mettrez une cuillerée d'eau, et les remuerez jusqu'à ce que la sauce soit revenue comme auparavant.

Cardons d'Espagne.

Coupez-les de la longueur de huit ou neuf centimètres, ne mettez point ceux qui sont creux et verts ; faites-les cuire une demi-heure dans de l'eau, et retirez-les dans de l'eau tiède pour les éplucher ; vous les faites cuire avec du bouillon où vous avez délayé une cuillerée de farine, mettez-y du sel, ognons, racines, un bouquet de fines herbes, un filet de verjus, ou verjus en grains, un peu de beurre ; quand elles sont cuites, retirez-les pour les mettre dans un bon coulis avec un peu de bouillon ; faites-les bouillir une demi-heure dans cette sauce pour qu'ils prennent goût, et servez-les ; que la sauce ne soit ni trop claire ni trop liée, et d'un beau blond. Si vous voulez les servir en maigre, vous les mettrez dans une sauce, comme il est dit aux *Cardes poirées*, ci-dessus.

Artichauts.

Ils sont très-utiles en cuisine, ils servent à faire des entremets, et les fonds à garnir toute sorte de ragoûts.

Les artichauts se mangent communément après avoir coupé le dessous et coupé à moitié les feuilles de dessus. Faites-les cuire dans l'eau avec un peu de sel et un bouquet de fines herbes ; quand ils sont cuits, mettez-les égoutter et enlevez le foin. Si c'est en gras, vous prendrez de bon coulis, et y mettrez un morceau de beurre, un petit filet de vinaigre, sel, gros poivre ; faites lier la sauce sur le feu et mettez-la dans les artichauts. Si c'est en maigre, vous mettrez à la place une sauce blanche ; ces mêmes artichauts étant cuits à l'eau et refroidis, se mangent à l'huile avec sel, poivre, vinaigre.

Artichauts frits.

Coupez-les par morceaux, ôtez-en le foin, lavez-les et égouttez-les. Quand vous êtes prêt à les faire frire, il faut les mariner dans une casserole avec une petite poignée de farine, deux œufs, blancs et jaunes, un filet de vinaigre, sel, poivre ; faites-les frire jusqu'à ce qu'ils soient jaunes, servez-les avec du persil frit.

Artichauts à la Barigoule.

Prenez trois ou quatre artichauts, suivant leur grosseur ou la grandeur de votre plat d'entremets, coupez le vert du dessous et la moitié des feuilles, mettez-les dans une casserole avec du bouillon ou de l'eau, deux cuillerées de bonne huile, un peu de sel et de poivre, un ognon, deux racines, un bouquet garni, faites-les cuire et réduire entièrement la sauce. Quand ils sont cuits, et qu'il n'y a plus de sauce, laissez-les frire un moment dans l'huile pour faire rissoler, mettez-les après sur une tourtière avec l'huile qui reste dans la casserole, videz-les de leur foin et mettez dessus un couvercle de tourtière bien chaud, du feu sur le couvercle pour faire griller les feuilles. Si vous avez un four chaud, ils n'en seront que plus beaux ; quand ils seront grillés d'une belle couleur, servez avec une sauce à l'huile, vinaigre, sel et gros poivre.

Manière de conserver les artichauts.

Préparez des artichauts comme si vous vouliez les faire cuire, mettez-les à l'eau bouillante assez longtemps pour pouvoir en ôter le foin ; mettez à la place un peu de sel fin, et replacez la calotte ; placez-les dans des pots de grès que vous remplirez d'eau salée, remettez le lendemain une autre eau salée après avoir jeté la première ; ajoutez un bon verre de vinaigre et couvrez vos pots avec du beurre fondu. Pour vous en servir, faites-les tremper à l'eau tiède et cuire à grande eau.

Asperges.

Après leur avoir coupé une partie du blanc et bien lavé, vous les faites cuire avec de l'eau et du sel, un demi-quart d'heure suffit pour être cuites comme il faut ; elles doivent être un peu croquantes. Vous les dressez après sur le plat que vous devez servir, et mettez dessus une sauce. Si c'est en gras, vous prenez de bon coulis, mettez-y un peu de bon beurre, sel, gros poivre ; faites lier la sauce sur le feu et mettez-la sur les asperges. Si c'est en maigre, mettez dessus une sauce blanche ; ces mêmes asperges étant cuites à l'eau et refroidies, se mangent à l'huile, vinaigre, sel et poivre.

Si vous voulez faire un ragoût, n'en prenez que le plus tendre que vous coupez de la longueur de deux doigts. Quand elles sont cuites à l'eau et bien égouttées, mettez-les dans une bonne sauce et servez avec ce que vous jugerez à propos.

Asperges en petits pois.

Après les avoir coupées de la grosseur des petits pois et bien lavées, faites-les cuire un moment dans l'eau, mettez-les égoutter et les accommodez comme les petits pois à la bourgeoise : n'en retranchez que les laitues (voy. page 205).

Potiron et citrouille.

Ils ne sont d'autre usage en cuisine que pour fairn de la soupe avec du lait (voy. *Potage au potiroe* page 48). Si vous voulez fricasser du potiron, quand il est cuit dans l'eau, vous le mettez dans une casserole avec un morceau de beurre, persil, ciboule, sel, poivre ; quand il a bouilli un quart-d'heure, et qu'il ne reste point de sauce , mettez-y une liaison de jaunes d'œufs avec de la crême ou du lait.

Jets de houblon.

Il ne se mangent ordinairement que dans le carême pour une salade cuite. Vous les faites cuire dans de l'eau avec un peu de sel. Quand ils sont cuits, refroidis et bien égouttés, dressez-les dans le plat que vous devez servir; mettez dessus sel , poivre, huile et vinaigre.

Concombre.

Il faut le peler , ôter le dedans ; vous le coupez par morceaux. Si c'est pour un ragoût, faites-le tremper avec une demi-cuillerée de vinaigre, un peu de sel, pendant deux heures, en le retournant de temps en temps. Par ce moyen, il rendra son eau froide à l'estomac , et vous le presserez encore avant que de le mettre dans la casserole; faites-le cuire avec un morceau de beurre et du bouillon , un bouquet garni ; quand il est cuit, mettez-y un peu de coulis, dégraissez le ragoût avant que de servir. Si c'est en maigre, après l'avoir pressé, comme il est dit plus haut, vous le mettez dans la casserole avec du beurre. Quand il sera passé sur le feu, vous y mettrez une pincée de farine et mouillerez avec du bouillon; étant cuits sans sauce, vous y mettez une liaison de jaunes d'œufs et du lait; servez pour entremets ou pour hors-d'œuvre avec des œufs dessus ou sans œufs.

Salsifis et scorsonères.

Les salsifis et scorsonères s'accommodent de la même façon , vous les ratissez et les lavez; faites-les cuire comme les choux-fleurs, et servez-les avec une sauce blanche.

Épinards.

Après les avoir épluchés et lavés; faites-les cuire dans de l'eau; vous les retirerez après dans l'eau fraîche pour bien les presser ; mettez-les après dans une casserole avec un morceau de bon beurre, et faites-les bouillir à petit feu sur un fourneau pendant un quart-d'heure, et mettez-y après un peu de sel, une pincée de farine, et mouillez-les avec du lait ou de la crème.

En gras, à la place de crème, vous y mettrez un bon coulis de jus de veau. Quand ils seront accommodés de cette façon, vous pouvez-les servir avec de la viande cuite à la broche.

Melons.

Ils se servent pour hors-d'œuvre au commencement d'un repas. Pour les choisir bons, quand vous les portez à votre nez, ils doivent sentir comme un goût de goudron, avoir la queue courte et grosse ; en le pressant sous la main, qu'il soit ferme et non mollasse, qu'il ne soit pas trop vert ni trop mûr.

Topinambours.

Ces racines, peu recherchées malgré leur ressemblance pour le goût avec le fond d'artichaut, se cuisent à l'eau après les avoir pelées. On les mange à la sauce blanche.

Betteraves.

Elles se font cuire dans de l'eau ou au four ; elles se mangent en salade et en fricassée. Pour les fricasser, mettez-les dans une casserole avec du beurre, persil, ciboule hachés, un peu d'ail, une pincée de farine, du vinaigre suffisamment, sel, poivre : faites-les bouillir un quart-d'heure.

Champignons, morilles et mousserons.

Des champignons, les meilleurs sont ceux qui viennent sur couche. On peut en avoir de frais toute l'année.

Il n'en est pas de même des morilles et mousserons, qui croissent dans les bois et se trouvent aux pieds des arbres aux mois de mars et d'avril. Pour en avoir toute l'année, il faut les faire sécher; après avoir ôté le bout de la queue et lavé, faites-les bouillir un instant dans l'eau; quand ils sont égouttés, mettez-les sécher dans le four, que la chaleur en soit très-douce; étant secs, mettez-les dans un endroit qui ne soit point humide. Pour les employer, faites-les tremper dans l'eau tiède.

Les morilles, mousserons et champignons se servent de même et entrent dans une infinité de sauces et ragoûts. Si vous voulez en servir pour entremets à la crême, vous les mettez dans une casserole avec un morceau de beurre, un bouquet de persil et ciboule; quand ils sont passés sur le feu, mettez-y une pincée de farine, et mouillez avec de l'eau chaude, un peu de sel et un peu de sucre; quand ils sont cuits et qu'il n'y a plus de sauce, mettez-y une liaison de jaunes d'œufs et de la crême : faites frire une croûte de pain dans du beurre, mettez-la dans le fond du plat, votre ragoût pardessus.

Câpres grosses et fines.

Les fines servent à garnir des salades cuites et à mettre entières dans les sauces; les grosses servent pour les sauces où il faut des câpres hachées.

Truffes.

Elles se mangent ordinairement cuites dans du vin et du bouillon, assaisonnées de sel, poivre, un bouquet de fines herbes, racines et ognons; vous ne les mettez cuire dans ce court-bouillon qu'après les avoir fait tremper dans l'eau tiède et bien frottées avec une brosse, afin qu'il ne reste point de terre autour. Quand elles sont cuites, vous les servez pour entremets dans une serviette. Elles sont excellentes dans toutes sortes de ragoûts, soit hachées ou coupées en tranches, après les avoir pelées : c'est un des meilleurs assaisonnemens que vous pouvez servir en cuisine. L'on se sert aussi de truffes sèches, mais leur bonté est beaucoup diminuée.

CHAPITRE XIII.

DES ŒUFS.

Après la viande, rien ne fournit une plus grande diversité en cuisine que les œufs ; c'est un aliment excellent et nourrissant, que l'homme sain, malade, pauvre et riche, partagent ensemble ; les œufs frais adoucissent les âcretés de la poitrine ; les vieux sont sujets à incommoder ceux qui sont d'un tempérament chaud et bilieux. Pour connaître si les œufs sont frais, présentez-les à la lumière ; s'ils sont clairs et transparens, c'est une bonne marque ; quand ils sont piqués, mettez-les au rang des vieux, et s'ils ont une tache tenant à la coquille, c'est une preuve qu'ils ne valent rien.

Comme la provision des œufs dans une maison est d'une grande ressource, et qu'en hiver ils sont chers, les personnes ménagères qui ont des poules doivent en amasser l'été pour l'hiver. Le meilleur moyen de conserver les œufs est de les mettre dans un tonneau défoncé que l'on remplit d'eau de chaux. On peut par ce moyen les garder frais pendant plusieurs années.

OEufs mollets de toutes façons.

Mettez de l'eau dans un poêlon, faites-la bouillir, mettez dedans la quantité d'œufs que vous jugerez à propos, faites-les bouillir cinq minutes bien juste, et retirez-les promptement dans de l'eau fraîche. Il faut les peler tout doucement pour ne pas les rompre ; par ce moyen le blanc sera cuit et le jaune tout mollet, vous sentirez sous vos doigts qu'ils seront flexibles ; vous les servez entiers.

Ces sortes d'œufs se servent de toutes façons, avec une sauce blanche, sauce verte, sauce au coulis, sauce aux câpres et anchois, sauce au verjus de grains, sauce Robert, sauce ravigote, avec ragoût de champignons, ragoût de truffes, ragoût de ris de veau, ragoût d'asperges, ragoût de cardes poirées, ragoût de céleri, ragoût de laitue, de chicorée, en gras ou en maigre, de telle façon que vous jugerez à propos.

Œufs à la coque.

Tout le monde sait faire cuire des œufs à la coque, et plusieurs les font cuire trop ou pas assez. Pour ne point les manquer, quand l'eau bout, mettez-les bouillir deux minutes, retirez-les, et couvrez-les une minute pour les laisser faire leur lait, et servez-les dans une serviette ; de cette façon ils sont immanquables. Voici un appareil en fil de fer, très-commode pour cuire à la fois un certain nombre d'œufs.

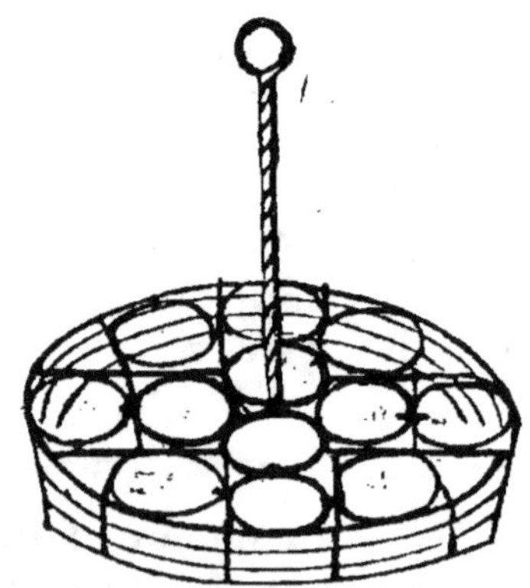

Œufs brouillés de plusieurs façons.

Si vous voulez les faire au naturel, mettez simplement les œufs dans une casserole avec un peu de beurre, deux cuillerées à ragoût de coulis, et assaisonnez, faites-les cuire sur un fourneau, en les remuant toujours avec un petit bâton à deux ou trois branches. Quand ils sont cuits, servez-les promptement. En maigre, à la place de coulis, mettez-y une cuillerée de crême, et faites-les de la même façon. Si vous voulez les faire avec quelque ragoût de légumes, soit céleri, laitue, chicorée, il faut que votre ragoût soit fini, comme si vous étiez prêt à le servir ; hachez-les fort menu, et mettez-en deux cuillerées à ragoût dans vos œufs, et brouillez-les comme les autres. Si c'est au verjus, après les avoir fait cuire dans l'eau un moment, vous les garderez pour en faire un cordon autour des œufs, quand ils seront dressés dans le plat que vous devez servir.

Œufs frits de toutes façons.

En gras, vous les faites frire avec du saindoux, et en maigre, vous prenez du beurre fondu. Mettez-les dans une poêle ; et quand votre friture est bien chaude, mettez les œufs un à un pour les faire frire ; faites en sorte qu'ils soient bien ronds en les retournant dans la poêle, et ne laissez point durcir le jaune. Vous servirez ces œufs de la même façon qu'il est dit pour les œufs mollets, même sauce et ragoût, page 228.

Les œufs au beurre noir se font en mettant dans une poêle un morceau de beurre que vous faites fondre sur le feu. Quand il ne crie plus, vous avez les œufs cassés dans le plat, et assaisonnés de sel et poivre, mettez-les dans la poêle, et faites-les cuire ; passez une pelle rouge par dessus pour faire cuire le jaune, et servez avec filet de vinaigre dessus.

Œufs à la Bagnolet.

Prenez huit œufs mollets, mettez dans une casserole du jambon cuit haché, avec un peu de coulis et du bouillon, un filet de vinaigre, poivre, peu de sel, faites chauffer la sauce, et servez-la sur les œufs.

Œufs sur le plat, dits au miroir.

Prenez un plat qui aille au feu ; vous mettez dans le fond un peu de beurre étendu partout ; mettez des œufs dessus, assaisonnés de sel, poivre, deux cuillerées de lait ; faites-les cuire à petit feu sur un fourneau, passez la pelle rouge, et servez.

Œufs à la neige.

Faites bouillir trois bons verres de crême avec du sucre, fleur d'oranger, pralines, citron confit, massepain, le tout haché très-fin. Ayez huit œufs, fouettez-en les blancs et mettez les jaunes à part, prenez les blancs fouettés avec une cuiller, pochez-en deux ou trois cuillerées à la fois dans la crême, ce qui vous formera des œufs pochés sans jaunes ; mettez-les égoutter et dressez-les les uns sur les autres, jusqu'à ce que cela vous forme huit œufs pochés que vous dressez sur le plat que vous devez servir, mettez la crême sur le feu pour la faire réduire au point d'une sauce. Quand vous êtes prêt à servir, mettez-y les huit jaunes, faites lier sur le feu sans bouillir, crainte qu'ils ne tournent, dressez la sauce sur les blancs d'œufs.

Omelettes de toutes façons.

Prenez des œufs la quantité que vous voulez mettre, mettez-les dans une casserole avec du sel fin, battez bien les œufs, vous faites fondre du beurre dans une poêle, mettez dedans les œufs, faites cuire l'omelette, ayez soin qu'elle soit d'une belle couleur en dessous, et renversez-la dans le plat que vous devez servir. Ceux qui aiment persil et ciboule en mettent dedans quand ils sont hachés très-fin. Si vous voulez faire des omelettes plus recherchées, comme omelette au lard, omelette au rognon de veau, aux pointes d'asperges, aux truffes, aux champignons, morilles et mousserons, de telle espèce que vous voulez les faire, il faut toujours que votre ragoût soit cuit et assaisonné, comme si vous vouliez le servir. Quand il est froid, vous le hachez pour qu'il se mêle bien dans les œufs, vous battez tout ensemble, et ferez cette omelette dans une poêle comme les autres. Vous vous réglerez sur l'assaisonnement qu'il y a dans le ragoût pour saler l'omelette, pour ne la point faire de trop haut goût. Celles que l'on fait pour la farce, laitue et chicorée, se font différemment. Vous ferez ces ragoûts en maigre, comme il est dit à chaque article de ces herbes ; vous les dresserez dans le plat que vous devez servir, et mettrez dessus une omelette où il n'y aura que des œufs et du sel. Vous les servirez pour hors-d'œuvre, et les précédentes pour entremets.

Omelettes de harengs saurets. Ouvrez-les par le dos, faites-les griller, hachez-les et mettez-les dans l'omelette, comme si vous mettiez du jambon ; il ne faut point de sel dans les œufs, et finissez cette omelette comme les autres : celle au jambon se fait de la même façon.

Œufs à la tripe.

Prenez du beurre, une cuillerée de farine que vous faites roussir sur le feu, mettez après une poignée d'ognons coupés en petits carrés, faites-les cuire dans ce roux, en y mettant encore un peu de beurre, et mouillez-les avec du bouillon. Quand l'ognon est cuit, vous y mettrez des œufs durs coupés en tranches, faites-leur faire un bouillon et mettez-y un filet de vinaigre, sel et poivre ; servez à courte sauce.

Œufs au gratin.

Prenez un plat qui aille au feu, mettez dessus un petit gratin que vous faites avec de la mie de pain, un bon morceau de beurre, un anchois, persil, ciboule, une échalote, le tout haché, trois jaunes d'œufs ; mêlez le tout, et mettez-en dans le fond du plat une couche de l'épaisseur d'une pièce de cinq francs, faites-les attacher sur un petit feu; ensuite vous casserez dessus sept ou huit œufs assaisonnés de sel, gros poivre; faites cuire doucement, passez la pelle rouge dessus; quand ils seront cuits, le jaune mollet, servez.

Œufs en timbales.

Faites fondre un peu de beurre pour beurrer en dedans six gobelets ou petites timbales de cuivre; vous prenez six œufs, blancs et jaunes, que vous délayez avec trois ou quatre cuillerées de coulis, assaisonnez de sel, poivre, passez-les dans un tamis pour les mettre dans les gobelets (il ne faut pas les remplir); mettez-les cuire au bain-marie; que l'eau bouille doucement; quand ils sont fermes, il faut passer légèrement autour un couteau pour les détacher du gobelet et les renverser dans le plat. Servez avec un jus clair.

Œufs en salade.

Hachez un peu de laitue que vous mettez dans le fond d'un plat, arrangez dessus en symétrie des œufs durs coupés en deux, et autour de la fourniture de salade; assaisonnez d'huile, vinaigre, sel et poivre.

Œufs au petit lard.

Prenez un bon quart de petit lard bien entrelardé, coupez-le en petites tranches minces, mettez-le dans une casserole sur un petit feu jusqu'à ce qu'il soit cuit, ayez soin de le retourner; ensuite vous versez le lard fondu dans le plat que vous devez servir, avec deux cuillerées de jus; cassez dessus sept ou huit œufs; mettez-y aussi les tranches de petit lard, gros poivre, peu de sel; faites cuire sur un petit feu; passez la pelle rouge dessus. Servez à demi-mollets.

Œufs en peau d'Espagne.

Délayez trois cuillerées de coulis, autant de jus, avec six œufs, blancs et jaunes, sel, gros poivre;

passez-les au tamis et mettez-les sur le plat que vous devez servir; faites-les cuire au bain-marie. Quand ils seront pris, en servant, coupez-les avec quelques coups de couteau; mettez dessus un jus clair.

Œufs en filets.

Passez sur le feu, avec un morceau de beurre, de l'ognon, des champignons coupés en filets, avec une petite pointe d'ail; quand l'ognon commence à se colorer, mettez-y une bonne pincée de farine; mouillez avec du bouillon et un verre de vin blanc, sel, gros poivre; faites bouillir une demi-heure et réduire au point d'une sauce; ensuite vous y mettez des œufs durs, les blancs coupés en filets et les jaunes entiers; faites bouillir un moment et servez.

Œufs à la crème.

Mettez dans le plat que vous devez servir un bon verre de crème; faites bouillir et réduire à moitié, mettez-y huit œufs, sel, gros poivre, faites-les cuire, passez la pelle rouge dessus. Servez à demi-mollets.

Œufs au fromage.

Mettez dans une casserole 125 grammes de fromage de Gruyère râpé, gros comme la moitié d'un œuf de beurre, persil, ciboule hachés, un peu de muscade, un demi-verre de vin blanc; faites bouillir à petit feu, en remuant jusqu'à ce que le fromage soit fondu, ensuite vous y mettrez six œufs pour les brouiller et cuire à petit feu. Servez garni de mie de pain sur les bords du plat.

Œufs à la bourgeoise.

Etendez du beurre de l'épaisseur d'une lame de couteau dans le fond du plat que vous devez servir; mettez-y partout des tranches de mie de pain coupées très-minces, et aussi de petites tranches de fromage de Gruyère, ensuite huit ou dix œufs; assaisonnez de peu de sel , muscade , gros poivre ; faites cuire à petit feu sur un fourneau.

Œufs à l'ail.

Ayez dix gousses d'ail cuites un demi-quart-d'heure dans de l'eau ; pilez-les avec deux anchois , une bonne pincée de câpres ; ensuite vous les délaierez avec de l'huile , un filet de vinaigre , un peu de sel , gros poivre ; mettez cette sauce dans le fond du plat que vous devez servir , et des œufs durs arrangés dessus proprement.

Œufs farcis au persil.

Faites durcir une douzaine d'œufs ; coupez-les par moitié, dans le sens de leur longueur ; retirez-en les jaunes que vous mettrez dans une casserole avec beurre , poivre , sel et une quantité suffisante de persil haché très-fin. Vous mettrez votre casserole sur le feu, et, en écrasant les jaunes d'œufs, vous les mêlerez au beurre fondu et au persil. Dès que le mélange sera complet, garnissez de cette farce des moitiés de blancs d'œufs que vous aurez rangés sur un plat et tenu à la chaleur.

Si vous remplacez le persil par des anchois pilés , vous aurez des *Œufs farcis aux anchois*. Ces deux excellentes préparations sont nouvelles.

Œufs à la jardinière.

Mettez dans une casserole quatre ou cinq gros ognons coupés en filets avec un morceau de beurre ; passez-les sur le feu jusqu'à ce qu'ils soient presque cuits ; ensuite vous mettez une bonne pincée de farine ; mouillez avec une demi-litre de lait ; assaisonnez de sel , gros poivre ; faites bouillir jusqu'à ce que la sauce soit épaisse ; ôtez-les du feu pour y mettre dix œufs que vous battez ensemble ; mettez le tout dans le plat que vous devez servir, pour le mettre cuire sur un petit feu couvert d'un couvercle de tourtière.

Œufs au lait.

Prenez une casserole, mettez dedans une demi-litre de lait, du sucre, de l'eau de fleur d'oranger, de l'écorce de citron vert; faites bouillir à petit feu pendant un quart-d'heure; mettez-la ensuite refroidir et cassez dans une autre casserole huit œufs dont vous ôterez la moitié des blancs, délayez-les avec ce que vous avez à refroidir; passez au tamis, et faites cuire au bain-marie dans le plat que vous devez servir; pour être bien faits, ils doivent être tremblans, sans avoir de l'eau dans le fond : cela dépend du plus ou du moins que vous mettrez de jaunes d'œufs.

En maigre, toutes sortes d'œufs, dans le besoin, peuvent se servir indifféremment pour hors-d'œuvre ou entremets.

Omelette soufflée.

Prenez huit œufs dont vous séparez les blancs des jaunes; mêlez avec les jaunes cinq cuillerées à bouche, de sucre en poudre, et moitié d'un zeste de citron haché bien fin. Battez les blancs jusqu'à ce qu'ils soient en neige, et mêlez-les avec les jaunes. Faites fondre dans une poêle, 125 grammes de beurre; lorsqu'il sera un peu plus que tiède, mettez-y les œufs et remuez-les jusqu'à ce qu'ils aient bu le beurre, ensuite versez-les sur un plat beurré. Vous poserez ce plat sur de la cendre chaude; râpez du sucre sur l'omelette et couvrez-la du four de campagne, très-chaud. Servez bien chaud lorsqu'elle est cuite.

Omelette au rhum et au kirch-waser.

Votre omelette étant préparée comme celle ci-dessus, dressez-la sur un plat creux qui puisse supporter le feu et arrosez-la de rhum ou, si vous le préférez, de kirch-waser, auquel vous ne mettrez le feu qu'au moment de servir.

Plum-pudding.

Prenez 125 grammes de moelle de bœuf ou, à défaut, la même quantité de graisse de rognon; 400 grammes de farine et 300 grammes de beau raisin sec dont vous ôterez les pépins. Ajoutez-y 125 grammes de raisin de Corynthe et la moitié d'un zeste de citron, haché très-fin. Votre préparation étant mise dans un grand vase, joignez-y six jaunes d'œuf, blancs et jaunes, un peu de sucre, un demi-litre de crème et une cuillerée à bouche d'eau de fleurs d'oranger. Vous prendrez ensuite de la mie de pain mollet que vous y émietterez jusqu'à ce que votre plum-pudding ait pris une consistance convenable. Le tout exactement mélangé, enveloppez-le bien serré dans une serviette, et faites-le bouillir, durant trois heures au moins, dans un chaudron où vous aurez mis une quantité d'eau suffisante pour qu'il y baigne complétement. Au bout de ce temps, retirez-le du chaudron, ôtez la serviette et servez chaud ou froid. Le plum-pudding se coupe par tranches, que l'on arrose de rhum auquel on met le feu.

CHAPITRE XIV.

DU BEURRE.

La meilleure qualité du beurre est celle qui est jaune naturellement, le blanc n'est pas à beaucoup près d'un goût si agréable. Il y a des beurres d'un jaune falsifié qui se fait avec le suc d'une plante appelée *barbotte*; ce jaune est plus foncé que celui qui est naturel au beurre, et se distingue aisément quand on veut s'y appliquer. Pour cet effet, il faut le porter au nez et sentir s'il n'a point un goût de rance; les beurres de mai et de septembre sont les plus estimés par la bonté des herbes que les vaches broutent dans ce temps-là, et donnent à leur lait un très-bon goût. C'est dans ces deux saisons que les personnes prévoyantes et ménagères doivent faire leurs provisions, soit pour en fondre ou pour le saler. Voici la façon de le faire fondre.

Beurre fondu.

Sur trente livres de beurre que vous mettez dans un chaudron bien propre, mettez-y quatre clous de girofle, deux feuilles de laurier, deux ognons ; faites cuire ce beurre à petit feu pendant trois heures sans l'écumer, jusqu'à ce qu'il soit clair-fin ; vous le retirerez après du feu pour le laisser reposer une heure ; vous l'écumez ensuite et le versez doucement dans des pots de grès. Passez le fond du beurre au travers d'un tamis. Quand vos pots sont pleins, portez-les à la cave ; étant froids, couvrez-les de papier et d'une ardoise.

Beurre salé.

Après l'avoir lavé plusieurs fois pour lui faire sortir son lait, prenez-en un kilogramme à la fois, que vous mettez sur une table bien nette ; étendez-le avec un rouleau comme un morceau de pâte, de l'épaisseur d'un doigt ; répandez du sel dessus en raisonnable quantité ; pliez le beurre en trois ou quatre, et repétrissez-le de cette façon jusqu'à ce que le beurre soit bien mêlé avec le sel. Vous continuerez cette façon, de kilogramme en kilogramme, jusqu'au bout ; vous le mettez à mesure dans des pots de grès bien propres, et pressurez-le bien avec la main pour qu'il ne reste point de vide. Quand les pots seront pleins, vous prendrez du sel que vous ferez fondre avec un peu d'eau que vous mettrez sur la superficie des pots ; portez-les à la cave pour les conserver, et couvrez-les de la même manière que ceux de beurre fondu.

Quant au beurre fin que l'on met sur table, comme hors-d'œuvre, voici la figure d'un cylindre à presser le beurre au moyen duquel on obtient un joli beurre frisé.

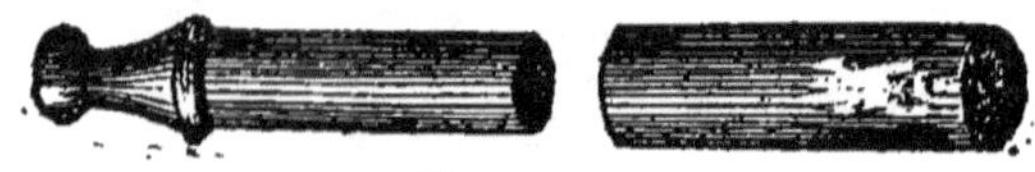

Fromage.

Toutes sortes de fromage sert sur la table au dessert ; il n'y a que le Parmesan et le Brie dont on se serve en cuisine.

Le fromage de Brie étant bien affiné, vous vous en servez pour faire des ramequins. Pour cet effet, vous en mettez un bon morceau que vous écrasez dans une casserole avec un morceau de beurre d'environ 125 grammes, un bon verre d'eau froide ou chaude, très-peu de sel, un anchois haché ; faites bouillir le tout ensemble, et mettez autant de farine que la sauce pourra en boire ; faites-la dessécher sur le feu jusqu'à ce que votre pâte soit bien épaisse, mettez-la ensuite dans une autre casserole, pour y délayer autant d'œufs que la pâte en peut boire sans être liquide ; il faut que cette pâte se soutienne sans couler. Vous dressez cette pâte en petits morceaux de la grosseur d'un œuf de pigeon, sur un plafond, et faites-les cuire au four. Pour être bien faits, il faut que vos ramequins soient légers et d'une belle couleur.

Le Parmesan sert à faire des entrées au gras et en maigre. Pour vous en servir, vous le râpez. La viande ou le poisson que vous destinez pour servir avec doit être cuit à la braise ou en ragoût, la sauce et la viande doivent avoir moins de sel qu'à l'ordinaire, parce que le Parmesan les salera encore. Vous prenez le plat que vous devez servir, mettez dans le fond un peu de sauce, du Parmesan dessus, dressez ensuite la viande, puis versez le restant de la sauce que vous couvrez également de Parmesan, et mettez ensuite le tout dans le four ou sous un couvercle de tourtière pour lui faire prendre couleur, et servez à courte sauce, les bords du plat bien essuyés. Vous pouvez aussi mettre de la même manière des choux-fleurs et cardons d'Espagne, que vous servez pour entremets.

DES CRÊMES.

Crême au café

Mettez un demi-litre d'eau dans une cafetière; quand elle bouillira, vous y mettrez 60 grammes de café; remuez-le avec une cuiller et remettez-le au feu pour le faire bouillir jusqu'à ce qu'il ait monté quatre ou cinq fois; laissez-le reposer pour le tirer au clair et mettez-le ensuite dans une casserole avec un demi-litre de lait et un morceau de sucre; faites-le bouillir jusqu'à ce qu'il ne reste que ce qu'il vous faut pour la grandeur de votre plat; délayez cinq jaunes d'œufs avec une pincée de farine, et ensuite la crême; passez-la au tamis pour la mettre dans le plat que vous devez servir, qui doit être placé sur une casserole où il y a de l'eau prête à bouillir; couvrez d'un couvercle de casserole avec un peu de feu dessus; faites bouillir jusqu'à ce que la crême soit prise. Servez bien chaud.

Crême au chocolat.

Râpez deux tablettes de chocolat et mettez-les dans une casserole avec 65 grammes de sucre, un demi-litre de lait, un grand verre de crême; faites bouillir jusqu'à ce qu'elle soit diminuée d'un tiers; quand elle sera à demi-froide, délayez-y cinq jaunes d'œufs; passez-la au tamis et faites-la prendre au bain-marie comme la précédente.

Crême au caramel.

Mettez dans une casserole un demi-litre de lait, un grand verre de crême, avec un petit morceau de cannelle, une bonne pincée de coriandre, de l'écorce de citron vert, faites bouillir un quart-d'heure; ôtez-la du feu, et mettez dans une poêle d'office 125 grammes de sucre avec un demi-verre d'eau, faites-le bouillir sur un fourneau jusqu'à ce qu'il soit au caramel, c'est-à-dire de couleur de cannelle foncée; ôtez-le du feu et mettez-y la crême; remettez sur le feu jusqu'à ce que le sucre soit délayé avec la crême; ensuite vous délayez cinq jaunes d'œufs avec une pincée de farine, mettez-y la crême, passez-la au tamis pour la faire cuire au bain-marie comme les précédentes.

Crême à la frangipane.

Mettez dans une casserole deux cuillerées de farine avec du citron vert râpé, de la fleur-d'oranger grillée, hachée, une petite pincée de sel, délayez avec cinq œufs, blancs et jaunes, un demi-litre de bon lait, un morceau de sucre, faites cuire en la tournant toujours sur le feu pendant une demi-heure; quand elle sera froide, elle vous sert pour faire une tourte de frangipane ou de tartelettes; vous n'avez plus qu'à la mettre sur une pâte de feuilletage; quand elle sera cuite, vous glacerez avec du sucre. Les tourtes à la moelle se font de la même façon, à cette différence que vous mettez de la moelle de bœuf fondue et passée au tamis dans la crême avant que de la retirer du feu; laissez-la cuire un petit moment dans la crême.

Crême de riz pour les convalescens.

Ayez 125 grammes de riz épluché et lavé dans trois ou quatre eaux tièdes, mettez-le cuire avec un bon bouillon gras; lorsqu'il est cuit et épais, écrasez-le avec une cuiller et mettez-le ensuite dans une étamine pour le passer, en le bourrant fort avec une cuiller de bois; mettez-y de temps en temps un peu de bouillon chaud pour aider à le passer. Servez-le de l'épaisseur d'une crème double.

Crème de thé, d'estragon, de céleri, de persil.

Mettez dans une casserole un grand verre de crème et un demi-litre de bon lait, près de 125 grammes de sucre, faites bouillir et diminuer d'un tiers ; ensuite, si c'est une crème de thé, vous y mettrez ce qu'il faut de thé pour en faire cinq tasses ; laissez-le bouillir un moment et passez au tamis ; si vous voulez faire une crème d'estragon, vous prendrez deux branches d'estragon que vous ferez bouillir un demi-quart-d'heure dans de l'eau, et le mettrez ensuite bouillir dans la crème ; il ne faut le laisser que le temps nécessaire pour donner le goût, et le retirer promptement, de crainte que le goût ne domine ; vous ferez la même chose pour celle de céléri et de persil. La crème étant passée au tamis, vous y délayez cinq jaunes d'œufs avec une pincée de farine, et faites-la cuire au bain-marie comme celle de café. Si vous voulez les servir froides, n'y mettez point d'œuf ni de farine ; après qu'elles sont passées au tamis et que la crème est tiède, délayez-y de la présure ou des peaux de gésiers de volailles hachées, passez ensuite au tamis et mettez-la dans le plat que vous devez servir, que vous poserez sur un peu de cendres chaudes ; couvrez avec un couvercle et un peu de cendres chaudes dessus, laissez jusqu'à ce que vous serviez.

Crème de neige.

Faites bouillir un demi-litre de lait et un demi-litre de crème avec 125 grammes de sucre et réduire à moitié ; quand elle sera tiède, faites-la prendre avec la présure ou gésier, comme les précédentes ; quand elle sera froide, vous prendrez un demi-litre de crème double que vous fouetterez ; enlevez au fur et à mesure, avec une écumoire, la mousse qui se forme, et mettez-la sur un tamis, un plat dessous ; con-

tinuez à fouetter la crème jusqu'à ce que vous en ayez
assez pour couvrir en dôme la crème veloutée. Servez
tout de suite.

Crème brûlée.

Mettez dans une casserole deux cuillerées à bouche
de farine que vous délayez peu à peu avec quatre
œufs, blancs et jaunes, une demi-cuillerée d'eau de
fleur-d'orange et une pincée de citron vert haché
très-fin ; mouillez avec un demi-litre de crème et
même quantité de lait ; mettez-y gros, comme un
pois, de sel et 64 grammes de sucre ; faites cuire à
petit feu pendant une demi-heure, en tournant toujours ; ensuite vous mettez un morceau de sucre avec
un demi-verre d'eau dans le plat que vous devez
servir ; faites-les bouillir sur un bon fourneau jusqu'à ce qu'ils soient d'une belle couleur cannelle, et
versez promptement la crème dedans. Vous avez un
grand couteau tout prêt pour étendre le sucre qui est
sur le bord du plat, en l'amenant sur la crème, et
cela doit se faire promptement.

Crème blanche au naturel.

Prenez un litre de lait, un demi-litre de crème,
un morceau de sucre que vous faites bouillir ensemble et réduire à un tiers, et mettez-le refroidir
jusqu'à ce que vous puissiez y souffrir le doigt sans
vous brûler. Vous prenez ensuite un peu de présure
que vous délayez avec de l'eau dans une cuiller à
bouche, mettez-la bien dans la crème, et passez ensuite le tout dans un tamis. Vous prenez le plat que
vous devez servir, et mettez-le sur de la cendre
chaude ; versez ensuite votre crème dedans et couvrez-la d'un couvercle où vous mettez aussi de la
cendre chaude, et laissez-le jusqu'à ce que la crème
soit prise, que vous porterez au frais pour la servir
froide.

Crème glacée.

Prenez une casserole où vous mettez une petite

poignée de farine, du citron vert haché très-fin, une pincée de fleurs-d'oranger pralinées et pilées, un morceau de sucre, délayez le tout avec huit jaunes d'œufs, dont vous mettez les blancs à part dans une terrine bien propre, et délayez les jaunes avec un demi-litre de crême, un bon verre de lait; faites cuire cette crême sur le feu pendant une demi-heure. Quand elle est épaisse, vous la retirez du feu et fouettez les blancs avec un fouet. Lorsqu'ils sont bien montés, vous les mêlez dans la crême et mettez cette crême dans le plat que vous devez servir; vous mettez par dessus du sucre, afin que la crême en soit bien couverte; faites-la cuire au four, qu'il ne soit pas trop chaud, ou sous un couvercle de tourtière. Quand elle est bien montée et glacée, servez.

Crême légère.

Mettez dans une casserole un demi-litre de lait avec du sucre, de l'écorce de citron vert, de l'eau de fleur-d'oranger, faites bouillir le tout ensemble et réduire à moitié, retirez du feu pour mettre refroidir. Vous délaierez dans une casserole plein une cuiller à café de farine avec six jaunes d'œufs, dont vous mettrez les blancs à part dans une terrine bien propre; mettez ensuite votre crême avec les jaunes d'œufs, en délayant petit à petit; passez ensuite votre crême dans un tamis, et faites-la cuire au bain-marie; quand elle est cuite et prise comme il faut, ôtez-la du bain-marie, fouettez les blancs d'œufs que vous avez mis à part, jusqu'à ce qu'ils soient bien montés, mettez-y du sucre fin, couvrez votre crême avec les blancs d'œufs en façon de dôme, mettez du sucre fin par dessus, faites cuire dessous un couvercle de tourtière, que la chaleur en soit douce; servez d'une belle couleur.

DES BEIGNETS.

Beignets à la crème.

Prenez une poignée de farine que vous délaierez avec trois œufs entiers et six jaunes, quatre macarons écrasés, de la fleur d'oranger pralinée et grillée, un peu de citron confit haché, un grand verre de crème de lait, un bon morceau de sucre.

Faites cuire le tout sur le feu un quart-d'heure, que votre crème devienne bien épaisse, et mettez-la refroidir sur un plat fariné, et mettez encore dessus de la farine, après l'avoir étendue de l'épaisseur de trois centimètres.

Quand elle est froide, vous la coupez par petits morceaux, pour les arrondir dans vos mains avec de la farine ; faites-les frire à friture chaude, et saupoudrez de sucre fin par dessus en les servant.

Beignets soufflés ou petits choux.

Mettez dans une casserole gros comme un œuf de beurre, deux citrons verts râpés, une pleine cuiller à café d'eau de fleur d'oranger, 125 grammes de sucre, un peu de sel, un quart de litre d'eau, faites bouillir le tout ensemble un moment, et mettez dedans autant de farine qu'il peut en entrer pour faire une pâte bien liée et bien épaisse ; remuez-la bien sur le feu avec une cuiller de bois, jusqu'à ce qu'elle s'attache à la casserole ; pour lors, vous la mettrez promptement dans une autre casserole, et y délaierez deux œufs à la fois, en remuant bien avec votre cuiller de bois ; vous continuerez à mettre deux œufs à la fois jusqu'à ce que votre pâte devienne molle sans être claire ; vous la mettez ensuite sur un plat et l'étendez, avec un couteau, de l'épaisseur d'un doigt ; vous ferez chauffer de la friture, qu'elle ne soit pas trop chaude ; prenez de la pâte, environ la grosseur d'une noix, avec le manche d'une cuiller à ragoût d'abord trempé dans la friture, et faites-la tomber dans la poêle en cognant sur le bord ; faites-les frire à petit feu en les remuant sans cesse ; quand ils sont bien montés et de belle couleur, servez-les chauds après les avoir saupoudrés de sucre fin. Si vos beignets sont bien faits, ils doivent être légers et creux en dedans. Vous pouvez encore les dresser autrement ; pour les frire, faites de petits tas de pâte de la grosseur d'une noix, proche les uns des autres, sur une feuille de papier blanc, renversez-les dans la friture plus que moitié chaude ; quand vos beignets seront détachés, vous ôterez le papier et ferez frire de même. C'est avec cette même pâte que l'on fait de petits choux ; il n'y a point d'autres changemens que de mettre plus de beurre dans la pâte, et de les faire cuire au four.

Beignets de brioche.

Prenez de petites brioches, que vous couperez par la moitié, ôtez-en la mie et mettez à la place une crème cuite ou des confitures, recollez ensemble les deux moitiés de façon qu'elles paraissent entières, trempez-les dans une pâte faite avec de la farine, un peu d'huile, de sel, et délayez avec du vin blanc ; faites-les frire de belle couleur, et glacez-les avec du sucre et la pelle rouge.

Beignets de pommes et de pêches.

Prenez des pommes de reinette que vous coupez en quatre quartiers, ôtez la peau et les pépins, parez-les proprement, faites-les mariner deux ou trois heures avec de l'eau-de-vie, du sucre, de l'écorce de citron vert, de l'eau de fleur d'oranger ; quand elles ont bien pris goût, faites-les égoutter et ensuite mettez-les dans un torchon blanc, remuez-

les dedans avec de la farine jusqu'à ce qu'elles en
soient bien couvertes ; faites-les frire de belle couleur et glacez-les avec du sucre et la pelle rouge :
les beignets de pêches se font de la même façon.

Vous faites aussi des beignets de pommes en les
creusant par le milieu sans les rompre pour en ôter
les pépins ; vous les pelez et coupez en tranches de
l'épaisseur d'une pièce de cinq francs ; faites-les
mariner comme les précédentes ; trempez-les ensuite dans une pâte faite comme celle des beignets
de brioches ; faites-les frire et servez-les glacés avec
du sucre.

Beignets d'oranges.

Prenez quatre ou cinq oranges de Portugal, et
avec un petit couteau, enlevez à mesure, en les
tournant, la superficie de l'écorce, environ l'épaisseur d'une pièce d'un franc ; coupez les oranges par
quartiers pour en ôter les pépins, et mettez-les cuire
avec un peu de sucre ; faites une pâte avec du vin
blanc, de la farine, une cuillerée de bonne huile,
un peu de sel ; délayez cette pâte, qu'elle ne soit ni
trop claire ni trop épaisse, qu'elle file en la versant
avec la cuiller ; trempez vos quartiers d'orange dedans pour les faire cuire dans une friture jusqu'à ce
qu'ils soient de belle couleur ; servez glacés de sucre
fin avec la pelle rouge.

Beignets de blanc-manger.

Mettez dans une casserole 125 grammes de riz que
vous délayez avec deux œufs, un demi-litre de lait et
60 grammes de sucre ; faites cuire sur le feu comme
une bouillie, en tournant toujours pendant deux
heures ; quand elle sera bien épaisse, ôtez-la du feu,
et mettrez-y une pincée de citron vert râpé, de
la fleur d'oranger pralinée, hachée, et un peu de
sel ; le tout étant mêlé, vous étendez la crème sur
un plat fariné ; jetez de la farine dessus ; quand elle

sera froide, vous la couperez par petits morceaux, de la grosseur d'une balle moyenne, que vous roulerez dans vos mains, mettez-les dans une friture bien chaude; lorsqu'ils seront bruns, vous les retirerez promptement pour les rouler dans du sucre fin.

Beignets de pâte.

Mettez sur une table un demi-litre de farine, gros comme un œuf de beurre, une bonne pincée de sel, environ un demi-verre d'eau, pétrissez la pâte, ensuite abattez-la fort mince et coupez-la avec un coupe-pâte à petits pâtés; mettez sur chaque morceau un peu de crême de frangipane, couvrez avec le dessus comme le dessous, mouillez les bords et collez ensemble en les pinçant tout autour, faites frire d'une couleur dorée, glacez le dessus avec du sucre et la pelle rouge.

Beignets à la crême.

Mettez dans une casserole deux verres de crême, un verre de lait, un peu de sel, une pincée de citron vert haché très-fin, faites bouillir et réduire à moitié, ensuite mettez-y trois grandes cuillerées de farine que vous délaierez sur le feu avec la crême, et tournez-la jusqu'à ce qu'elle soit bien épaisse; ôtez-la du feu pour la mettre sur la table, abattez-la avec le rouleau jusqu'à ce qu'elle soit mince comme une pièce de cinq francs, coupez-la en losange, faites-la frire et glacez avec du sucre et la pelle rouge.

DES ROTIES.

Rôties au jambon.

Coupez six ou sept tranches de pain de la largeur de deux doigts, passez-les dans du beurre jusqu'à ce qu'elles soient de belle couleur dorée; coupez autant de tranches de jambon de même grandeur, que vous faites dessaler une heure dans de l'eau, s'il n'est pas nouveau; ensuite vous les mettez dans une casserole sur un petit feu pendant une heure; quand elles sont cuites, vous les retirez, mettez dans la même casserole une pincée de farine pour faire un petit roux, que vous mouillez avec du bouillon sans sel et un bon filet de vinaigre; faites bouillir un bon quart-d'heure; après l'avoir dégraissée, vous passez cette sauce au tamis; dressez le jambon sur les rôties de pain avec la sauce par dessus, et quelques grains de gros poivre.

Rôties au lard.

Coupez des tranches de pain de la largeur de deux doigts et d'égale grandeur; mettez dessus suffisamment de petit lard coupé en petits dés et manié avec un œuf cru, persil, ciboule, une échalote, le tout haché, de gros poivre; faites-les frire à petit feu. Servez avec sauce claire et filet de vinaigre.

Rôties aux anchois.

Elles se font avec des mies de pain passées au beurre. Vous arrangez dessus une demi-douzaine d'anchois bien lavés et coupés en filets minces dans leur longueur; assaisonnez les rôties avec huile, vinaigre et gros poivre.

Rôties de rognons de veau.

Elles se font en coupant des mies de pain de même grandeur que les précédentes, et en mettant dessus une farce d'un rognon de veau cuit à la broche, que vous hachez avec autant de sa graisse, persil, ciboule, une échalote hachée, sel, poivre; liez de quatre jaunes d'œufs et les blancs fouettés; mettez cette farce sur les rôties, unissez le dessus avec un couteau trempé dans de l'œuf battu; panez avec mie de pain ; faites cuire sur une tourtière avec feu dessus et dessous. Servez avec petite sauce claire un peu relevée.

Rôties de toutes sortes de viandes.

Prenez telle viande que vous jugerez à propos, de celle qui a été desservie de la table, coupez-la en petits dés pour en faire un ragoût bien lié ; quand il est froid, vous y mettez deux jaunes d'œufs crus ; dressez votre viande sur des mies de pain, unissez le dessus avec un couteau trempé dans de l'œuf, panez de mie de pain, faites frire de belle couleur. Servez avec une sauce claire.

DE LA PATISSERIE.

Plusieurs ustensiles sont nécessaires pour faire de la pâtisserie. Outre le rouleau que tout le monde connaît, il faut des coupes-pâte de différentes sortes : ce sont des emportes-pièce de différentes grandeurs destinés à couper les fonds circulaires des pâtés froids, tourtes, etc.

Ensuite la roulette dentelée pour tailler la pâte.

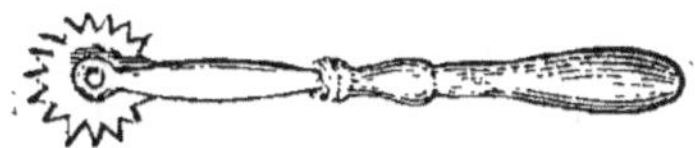

Pâte brisée pour les tourtes.

Pour un litre de farine, mettez environ 600 grammes de bon beurre, 25 grammes de sel fin ; vous vous réglerez sur cette dose pour le plus ou le

11.

moins que vous ferez de pâte. Mettez votre farine sur une table bien propre, faites un trou dans le milieu pour y mettre le sel, le beurre en petits morceaux, mettez-y de l'eau avec prudence, parce que, si vous en mettiez trop, votre pâte serait trop claire et n'aurait point de soutien; vous maniez bien le beurre avec l'eau, et petit à petit avec la farine. Quand la farine a bu toute l'eau, vous pétrissez ensuite fortement. Votre pâte ne saurait être trop épaisse, pourvu qu'elle soit bien liée et qu'il n'y ait point de grumelots dedans; vous aurez soin de faire cette pâte au moins deux heures avant de vous en servir, pour qu'elle ait le temps de revenir. C'est avec cette pâte que vous ferez toute sorte de tourtes pour entrées, comme viande de boucherie, gibier, volaille, poissons. Les tourtes que vous pouvez faire de différentes façons en volaille sont d'une poularde coupée en quatre, de petits pigeons entiers ou coupés en deux, quand ils sont gros, des ailerons de dindons. Vous prendrez ce que vous jugerez à propos, vous l'échauderez et ferez bouillir un instant pour le retirer tout de suite à l'eau fraîche. Il faudra bien l'éplucher. Vous prendrez votre tourtière et vous mettrez dans le fond un morceau de pâte de l'épaisseur d'une pièce de dix centimes, que vous aurez abattue avec un rouleau; mettez sur cette pâte la viande que vous avez préparée, avec sel, poivre, et dans tous les vides du bon beurre; couvrez la viande avec des bardes de lard et mettez sur le tout une abaisse pareille à celle que vous avez mise dessous; mouillez avec de l'eau et un doroir les deux endroits qui doivent se toucher, et pincez-les tout autour pour qu'ils se collent ensemble; faites ensuite un bord en tournant autour avec le pouce; prenez un œuf que vous battez, blanc et jaune, et avec le doroir ou une plume, frottez-en tout le dessus de la tourte et faites-la cuire au four trois heures. Un quart-d'heure après qu'une tourte est au four, il faut la sortir pour faire un trou au milieu pour laisser sortir la vapeur qui la ferait crever, et la remettre tout de suite au four. Quand elle est cuite, vous ôtez le dessus, en le coupant tout autour près du bord, ôtez la graisse et les bardes de lard qui sont dans la tourte, et avec une cuiller à bouche enlevez ce qui n'est pas cuit dans l'intérieur du bord. Vous avez tout de suite dans une casserole une bonne sauce toute prête et d'un bon goût que vous mettez dans la tourte. Si vous avez de quoi faire un bon ragoût de ris de veau ou champignons, fini de bon goût, que vous mettrez dedans, elle n'en sera que meilleure ; recouvrez-la avec son dessus, et servez. Voilà la façon que vous observerez pour toutes sortes de tourtes. Pour entrée, soit en gras, soit en maigre, il n'y aura que les viandes qui seront dedans, leur assaisonnement, le temps de leur cuisson et les sauces différentes qui en feront le changement ; pour ce qui regarde la pâte, c'est toujours la même répétition.

Tourtes de gibier.

Le lapin : il faut le couper par membres, lui casser un peu les os avec le dos du couperet. Si vous voulez faire une tourte de lièvre, ôtez-en tous les os, et n'y mettez que la chair.

La bécasse : vous en prenez deux que vous coupez chacune en quatre, vous hachez le dedans avec du lard, vous les mettez au fond de la tourte.

Les alouettes : il faut leur ôter les pattes, le cou, et les vider du dedans ; faites-en une farce comme de la bécasse.

Vous mettrez ensuite votre préparation de gibier dans la tourtière avec un bouquet de fines herbes, sel, fines épices, bardes de lard et beurre, recouvrez le tout de votre abaisse de pâte pour finir votre tourte comme les autres. Quand elle sera cuite et dégraissée, mettez dedans une bonne sauce faite avec un bon coulis ; en servant, pressez dans la sauce le jus de deux oranges. Si vous avez à la place de la sauce un bon ragoût, soit de ris de veau et champignons, ou ragoût de truffes coupées par tranches, votre tourte n'en sera que meilleure et plus estimée. Vous y mettrez toujours en servant le jus d'une orange, par rapport au gibier qui veut avoir un peu de piquant.

Tourte de godiveau.

Préparez des godiveaux (*voy*. page 39) que vous mettrez dans la tourte avec riz de veau, champignons, foies gras; couvrez de bardes de lard et de petits morceaux de beurre; vous ôterez les bardes avant de servir et vous y mettrez une bonne sauce. Faites-la cuire deux heures; si c'était du bœuf ou du mouton, vous la laisserez plus longtemps. Quand elle est cuite et bien dégraissée, passez votre couteau sur la farce pour la couper en petits carreaux, et mettez dessus un bon coulis clair, et servez.

Tourte maigre en poissons.

Prenez tel poisson que vous jugerez à propos, soit anguille, brochet, saumon, tanche, etc. Après l'avoir écaillé et coupé par tronçons, foncez une tourtière avec la même pâte, comme il est dit aux autres; mettez dessus le poisson avec un bouquet de fines herbes, sel fin, fines épices, et couvrez le tout avec du bon beurre; mettez après votre abaisse de pâte, finissez la tourte comme il est expliqué pour les précédentes. Une heure et demie suffit pour la cuisson d'une tourte de poisson. Quand elle est cuite et dégraissée comme les autres, vous mettez un bon ragoût maigre fait de cette façon : prenez une pincée de farine que vous faites roussir avec un peu de beurre; quand le roux est fait, mouillez avec un bon verre de vin blanc, du bouillon maigre ou de l'eau tiède, mettez-y des champignons, un bouquet de fines herbes, un peu de sel, faites bouillir ce ragoût une demi-heure, et dégraissez-le ; vous avez des laitances de carpes que vous faites bouillir un moment dans l'eau et retirez à l'eau fraîche, mettez-les après dans ce ragoût bouillir un demi-quart-d'heure. Quand il est fini et d'un bon goût, vous le mettez dans la tourte. Vous pouvez vous servir de ragoûts maigres pour mettre dans ces tourtes, comme truffes, mousserons, morilles, pointes d'asperges, suivant la saison.

Pâte à dresser pour pâtés froids.

Prenez deux litres de farine, 400 grammes de beurre, 15 grammes de sel, mettez cette farine sur la table, faites un trou dans le milieu pour y mettre le sel fin et le beurre ; vous prenez ensuite un verre d'eau presque bouillante que vous mettez sur le beurre, et maniez-le avec les mains dans cette eau jusqu'à ce qu'il soit tout-à-fait fondu ; vous mêlez ensuite à la farine six jaunes d'œufs et la pétrissez fortement et le plus promptement possible jusqu'à ce qu'elle soit bien liée ; plus la pâte est ferme, mieux elle est faite, pourvu qu'elle soit bien liée ; vous laissez reposer cette pâte pendant trois heures avant que de vous en servir, et dressez avec tel pâté de viande que vous jugerez à propos.

Pâtés de viande.

Prenez rouelle de veau, gigot de mouton, perdrix, bécasses, filet de lièvres, poulardes, chapons, n'importe, l'assaisonnement et la façon en sont tous de même, à peu de choses près.

Dans tous les pâtés marqués ci-dessus, si vous voulez y mettre de la rouelle de veau pour garnir, elle sera bien où elle se trouvera. Les dindons désossés garnis de veau, font encore d'excellens pâtés.

Les perdrix, bécasses, chapons, poulardes, dès qu'ils sont vidés, troussez-leur les pattes dans le corps, et cassez-leur un peu les os avec le dos du couperet ; faites-les revenir sur la braise ; après les avoir essuyés et épluchés, lardez-les partout avec du gros lard manié dans le sel fin, fines épices mêlées, persil et ciboule hachés. Vous faites la même chose pour le veau et le mouton, à la réserve que vous ne les faites point revenir sur de la braise. Quand votre viande est bien préparée, vous coupez des bardes de lard suffisamment pour couvrir toute votre viande. Prenez moitié de la pâte, que vous arrondissez avec les mains en la roulant sur la table ; vous l'abattez ensuite avec le rouleau, jusqu'à ce qu'elle soit de l'épaisseur d'un centimètre, mettez cette pâte sur une feuille de papier beurré, et dessus, votre viande bien serrée, en l'assaisonnant de sel fin et fines épices ; couvrez de bardes de lard et beaucoup de beurre par dessus ; mettez ensuite une abaisse de pâte aussi épaisse que celle de dessous ; mouillez, avec un doroir, les deux endroits qui doivent se toucher, pour qu'ils se collent ensemble ; appuyez partout les doigts pour les unir ; vous reprenez après le doroir, que vous trempez dans l'eau pour mouiller tout le dessus du pâté ; relevez ensuite la pâte qui déborde pour la faire monter le long du pâté, unissez-la sans trop appuyer, crainte de percer la peau.

Quand il est bien façonné, vous faites sur le milieu du dessus un trou de la largeur du pouce ; formez une cheminée que vous garnirez intérieuremeut d'une carte roulée, de crainte que le trou ne se referme en cuisant ; vous dorez ensuite partout la pâte avec un œuf battu, blanc et jaune ; pour enjoliver le pâté, redorez une seconde fois ; un moment avant que de le mettre au four, vous mettrez par la cheminée du pâté deux cuillerées d'eau-de-vie.

Faites-le cuire au four au moins quatre heures ; vous en jugerez suivant sa grosseur. Quand il sera cuit, mettez-le dans un endroit frais pour le faire refroidir, et bouchez sa cheminée avec un morceau de pâte crue, jusqu'à ce que vous le serviez.

Vous aurez beaucoup moins de difficultés à dresser votre pâté si vous vous servez d'un moule. Il y en a de ronds et d'ovales; les premiers n'ont qu'une charnière, les autres en ont deux. Voici la figure d'un de ces moules qui se font en ferblanc.

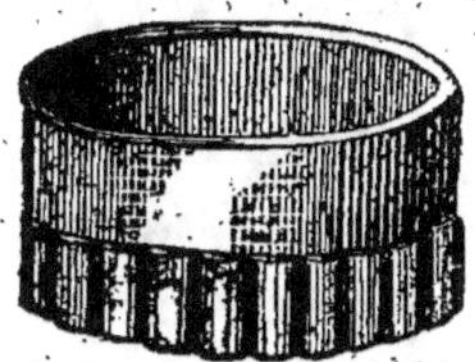

Pâte appelée feuilletage.

Prenez un litre de farine (c'est plus qu'il n'en faut pour faire une tourte d'entremets), mettez la farine sur la table avec un peu de sel et d'eau ce qu'elle peut en boire, pétrissez un moment la farine avec de l'eau, que cette pâte ne soit ni trop molle ni trop épaisse, laissez-la reposer deux heures avant que de vous en servir; vous prenez ensuite presque autant de beurre que de pâte, avec le rouleau; mettez le beurre dans le milieu, et donnez cinq tours en été, six en hiver. Ce que l'on appelle tour, c'est d'abattre la pâte avec le rouleau, jusqu'à ce qu'elle soit de l'épaisseur d'un centimètre, et jetant de temps en temps et légèrement peu de farine. Quand chaque tour est fini, vous repliez la pâte en trois, et recommencez chaque tour jusqu'à la fin. Vous vous servez de cette pâte pour faire toutes sortes de tourtes pour entremets, pour faire des petits pâtés et des gâteaux feuilletés.

Petits pâtés friands.

Vous faites d'abord de petits pâtés ordinaires qui se font avec du feuilletage, vous prenez un peu de rouelle de veau et autant de moelle de bœuf que vous hachez bien ensemble, mettez-y persil, ciboule et champignons, le tout haché, deux œufs entiers, sel, poivre, délayez cette farce avec un bon verre de crême, goûtez si elle est de bon goût; vous prenez ensuite des moules à petits pâtés (voyez la figure ci-dessous), pour y mettre de petites abaisses de pâte de

l'épaisseur d'une pièce de cinq francs mettez de cette farce sur la pâte et couvrez d'une abaisse, dorez-les et les faites cuire au four. Pendant qu'ils cuisent, vous prenez du blanc de volaille cuite à la broche que vous hachez très-fin; mettez dans une casserole environ un demi-litre de bon bouillon, un petit bouquet de fines herbes, un peu de beurre, faites réduire le bouillon au quart. Vous ôtez le bouquet, et mettez le blanc de volaille haché et un peu de sel, faites chauffer sans bouillir et mettez-y une liaison de trois jaunes d'œufs avec de la crême; faites lier sur le feu et ajoutez-y après un jus de citron. Vos petits pâtés étant retirés du four, ôtez le dessus de chacun pour en retirer la viande, et à la place mettez une cuillerée de votre ragoût de blanc de poulets, remettez sur chaque petit pâté son couvercle, et servez-les le plus chaud que vous pourrez.

Gâteau d'amandes.

Mettez sur une table un litre de farine, faites un trou dans le milieu pour y mettre gros comme la moitié d'un œuf, de bon beurre, quatre œufs, blancs et jaunes, une pincée de sel, 125 grammes de sucre fin, 200 grammes d'amandes douces pilées très-fin; pétrissez le tout ensemble et formez-en un gâteau à l'ordinaire, faites-le cuire et glacez-le avec du sucre et la pelle rouge.

Macaroni.

Ayez 250 grammes de macaroni, un ognon piqué de deux clous de girofle et du sel ; faites bouillir de l'eau et jetez-y le tout ; faites bouillir une demi-heure ; quand le macaroni est devenu flexible, retirez-le du feu et faites-le égoutter dans une passoire. Mettez dans une casserole 60 grammes de beurre, 125 grammes de fromage de Gruyère râpé, 100 grammes de Parmésan, du gros poivre, de la muscade ; mettez-y le macaroni et deux ou trois cuillerées de crême. Quand le macaroni file il est cuit ; dressez-le sur le plat que vous devez servir, et mettez dessus un four de campagne bien chaud pour lui faire prendre une belle couleur jaune ; égouttez le beurre et servez un jus clair sous le macaroni.

Gâteau de Savoie.

Mettez quatorze œufs dans une balance, et de l'autre côté autant pesant de sucre fin, ôtez le sucre, et mettez à la place de la farine, la pesanteur de sept œufs ; mettez la farine à part, cassez les œufs, mettez les jaunes dans une terrine et les blancs dans une autre, mettez avec les jaunes le sucre que vous avez pesé et un peu de citron vert râpé, de la fleur d'oranger grillée et hachée, battez le tout ensemble pendant une demi-heure, ensuite vous y mettez les blancs d'œufs fouettés et la farine pesée, que vous mettez en douceur en remuant à mesure le biscuit avec le fouet ; il faut le mettre dans une casserole de moyenne grandeur et profonde, ou une poupetonnière, que vous frottez d'abord avec du beurre affiné, essuyez-la bien avec un torchon et mettez-y ensuite du même beurre pour qu'il s'étende partout ; faites cuire au four, d'une chaleur modérée, pendant une bonne heure et demie ; quand il sera cuit, vous le renverserez doucement sur un plat, et le servirez dans son naturel ; s'il avait trop de couleur, il faudrait le glacer avec une glace blanche, qui se fait avec du sucre très-fin, un blanc d'œuf et le jus de la moitié d'un citron ; battez le tout dans une assiette de faïence avec une cuiller de bois, jusqu'à ce que la glace soit bien blanche, et vous vous en servez pour couvrir tout le gâteau. Ne servez que quand la glace sera sèche.

Gâteau à la crême.

Mettez sur une table un litre de farine, faites un trou dans le milieu pour y mettre un verre de crême double, une bonne pincée de sel ; pétrissez légèrement la pâte, laissez-la reposer une demi-heure, ensuite vous mettez 250 grammes de beurre dans la pâte, battez-la cinq fois comme une pâte au feuilletage, ensuite vous en formerez un gâteau ou plusieurs petits ; dorez-les avec de l'œuf battu, faites cuire au four.

Gâteau à la royale.

Mettez dans une casserole une pincée de citron vert haché, 60 grammes de sucre, un peu de sel, gros comme la moitié d'un œuf de beurre, un bon verre d'eau ; faites bouillir un moment et mettez-y quatre ou cinq cuillerées de farine ; faites dessécher sur le feu, en remuant toujours jusqu'à ce que la pâte soit bien épaisse et qu'elle commence à s'attacher à la casserole, ôtez-la du feu et mettez-y un œuf à la fois, en remuant fort avec la cuiller jusqu'à ce qu'il soit bien mêlé avec de la pâte. Vous continuerez d'y mettre des œufs un à un de cette façon, jusqu'à ce que la pâte soit molle sans être liquide, ensuite vous y mettrez un peu de fleur d'oranger pralinée, et deux biscuits d'amandes amères, le tout bien fin ; dressez les petits gâteaux de la grosseur de la moitié d'un œuf sur du papier beurré ; dorez-le dessus avec de l'œuf battu ; faites cuire une demi-heure au four à une chaleur douce.

Brioches.

Pétrissez un litre de farine avec un peu d'eau chaude et 20 grammes de levûre de bière, ou un petit morceau de levûre de pain; enveloppez cette pâte dans un linge et mettez-la revenir dans un endroit chaud pendant un quart-d'heure l'été, et une heure en hiver; ensuite vous mettrez deux litres de farine sur une table avec la pâte que vous avez faite en levain, les trois quarts d'un kilogramme de beurre, dix œufs, un demi-verre d'eau, 25 grammes de sel fin; pétrissez le tout ensemble avec le plat des mains jusqu'à trois fois, saupoudrez-la de farine et enveloppez-la d'une nappe pour la laisser revenir neuf ou dix heures; coupez cette pâte suivant la grosseur des gâteaux de brioche que vous voulez faire, mouillez-les en arrondissant avec les mains, aplatissez un peu le dessus, dorez avec de l'œuf battu, faites-les cuire au four, pour les petits une demi-heure, et les gros une heure et demie.

Gaufres.

Délayez 125 grammes de farine avec de la crême et 16 grammes d'eau de fleur d'oranger, un demi-kilogramme de sucre râpé; ajoutez de la crême assez pour que le tout soit très-clair; faites chauffer le gaufrier et graissez-le avec du beurre frais; mettez dedans une cuillerée et demie de mélange et posez le fer sur le feu; quand elle est cuite d'un côté retournez-la de l'autre. Pour juger de la cuisson, entr'ouvrez le gaufrier et voyez si elle est de belle couleur; passez un couteau dessous pour la retirer et lui donner la forme que vous souhaitez; mettez-la à l'étuve pour la servir sèche et croquante.

Gâteau de riz.

Mettez dans une petite marmite 150 grammes de riz bien lavé, faites-le crever sur le feu avec un verre d'eau, et ensuite de bon lait jusqu'à ce qu'il soit bien cuit et épais, laissez-le refroidir, faites une pâte avec un litre de farine, du sel, quatre œufs, 250 grammes de beurre et le riz ; pétrissez le tout ensemble et formez-en un gâteau, dorez-le avec de l'œuf battu et faites-le cuire au four pendant une heure, ou sous un couvercle de tourtière ; ayez soin de beurrer le papier que vous mettez dessous.

Tartelettes.

Faites une pâte à feuilletage, comme il est marqué ci-devant, abattez-la de l'épaisseur d'un pièce de dix centimes, et en coupez de petites abaisses avec un couperet, mettez-les sur des moules à petits pâtés, et sur la pâte une petite cuillerée de crême de frangipane, ou des confitures telles que vous voudrez, pourvu que ce ne soit pas de la gelée, couvrez avec quelques bandes de pâte, faites cuire une demi-heure au four, glacez-les avec du sucre et la pelle rouge.

Ramequins (voyez l'article *Fromage*, page 238.)

Tourte de confitures pour l'hiver.

Vous prenez de telle confiture que vous jugerez à propos (ce sera la confiture que vous emploierez qui donnera le nom à la tourte), soit de marmelade d'abricots, confiture de cerises, confiture de verjus, marmelade de pommes, etc. Vous prendrez de la pâte feuilletée, comme il est dit ci-dessus, vous en mettrez dans le fond d'une tourtière ; mettez sur la pâte la confiture que vous destinez pour la tourte en y laissant un bord de trois centimètres que vous mouillerez avec une plume trempée dans de l'eau ; vous mettrez par dessus de petites bandes de pâte arrangées par dessin qui couvriront toute la confiture, et ferez un bord de pâte à votre tourte ; faites la cuisson. Quand elle sera cuite, vous mettrez du sucre fin et passerez la pelle rouge par dessus pour la glacer. L'on en fait aussi des tourtes de la même façon avec plusieurs restes de compotes qui ne sont point en état de resservir, pourvu qu'elles ne soient pas aigres ; vous mêlez tous ces restes de compotes ensemble comme une marmelade, et servez-vous-en de la même façon que des confitures.

Gâteaux fourrés.

Prenez de la pâte à feuilletage, formez deux abaisses égales de la grandeur de votre plat d'entremets et de l'épaisseur de deux pièces de cinq francs chacune ; vous mettez sur le premier des confitures, en laissant un doigt de bord que vous mouillerez avec un doroir trempé dans l'eau ; mettez la seconde abaisse sur la première, et collez-les bien ensemble avec les doigts en les maniant tout autour ; après les avoir un peu façonnés, dorez-les avec de l'œuf battu, et faites-les cuire au four. Au sortir du four, passez dessus un doroir trempé dans du beurre ; mettez dessus du sucre fin et passez la pelle rouge pour les glacer.

Tourtes de confitures pour l'été.

Elles se font avec des fruits nouveaux ; la façon de les travailler se trouvera ci-après ; ce sera l'article *Compotes* qu'il faudra suivre, la seule différence est que vous ferez le sirop plus court et plus fort.

Si ce sont des fruits à noyaux ou à pelures, vous aurez soin de les ôter.

Vos compotes étant froides, vous les façonnerez et servirez dans le même goût que celles d'hiver.

CHAPITRE XV.

COMPOTES, MARMELADES ET CONFITURES.

Clarification du sucre.

Il faut prendre le blanc d'un œuf, le battre avec la main dans l'eau, suivant ce que vous voulez mettre de sucre ; faites-le bouillir en mettant de temps en temps de l'eau froide jusqu'à ce que le sucre soit clair et qu'on l'ait bien écumé ; tirez-le du feu et passez-le à l'étamine ou au tamis.

Charlotte de pommes.

Faites une bonne marmelade de pommes, que vous laissez réduire pour qu'il n'y ait pas d'eau dedans ; beurrez le fond et les tours d'une casserole et couvrez-les de tranches de mie de pain très-minces et d'égale grosseur ; versez-y votre marmelade froide et couvrez de mie de pain beurrée ; mettez-la un quart-d'heure au four ou sur de la cendre chaude avec du feu dessus et autour ; renversez-la sur un plat, elle doit avoir une belle couleur dorée ; essuyez-la avec un linge blanc et servez.

Compote blanche de pommes.

Coupez par la moitié six grosses pommes de reinette, ôtez-en la peau et les pépins, et jetez-les à mesure dans de l'eau fraîche ; faites-les cuire avec un grand verre d'eau, le jus de la moitié d'un citron, un morceau de sucre ; lorsque les pommes sont cuites, dressez-les dans un compotier ; le sirop étant réduit, dressez-le sur les pommes.

Compote de pommes.

Toutes les pommes qui ne sont point de reinette n'ont pas tant de consistance pour la cuisson, c'est ce qui fait qu'il ne faut point les peler ; coupez-les par la moitié, ôtez-en les pépins, piquez le dessus de la peau en plusieurs endroits, faites-les cuire avec un verre d'eau et 150 grammes de sucre ; quand elles commencent à se mettre en marmelade, dressez-les dans le compotier, faites réduire le sirop et versez-le dessus.

Pommes au beurre.

Prenez des pommes de reinette et retirez-en le cœur avec un videlle ; remplissez le trou que

vous avez fait avec du beurre très-frais et de sucre. Placez vos pommes sur des ronds de pain beurrés dessous et dessus dans une tourtière, et faites cuire sur un feu doux sous le four de campagne.

Compote de poires de Martin sec et messire Jean.

Prenez des poires que vous pelez si vous voulez ; ôtez-en les culs et rognez les bouts des queues, mettez-les dans un petit pot de terre, de l'eau, 125 grammes de sucre ou davantage ; si le pot est grand et qu'il y ait beaucoup de poires, un petit morceau de cannelle ; faites-les cuire devant le feu ; quand elles sont cuites, et que le sirop n'est point trop clair, servez-les chaudes.

Compote de poires de bon chrétien, de doyenné, de virgouleuse, de Saint-Germain et autres.

Faites blanchir vos poires tout entières, avec leur peau, dans l'eau bouillante ; quand elles sont au tiers cuites, vous les retirez dans l'eau fraîche ; vous les pèlerez ensuite entières ou par moitié, et les mettrez à mesure dans l'eau fraîche ; faites bouillir votre sucre dans une poêle avec un bon verre d'eau, alors vous mettrez vos poires dedans avec une tranche de citron pour qu'elles se conservent blanches; quand elles seront cuites et d'un bon sirop, servez.

Compotes de poires de rousselet et de blanquettes.

Elles se font de la même façon que les précédentes, à la réserve qu'il faut les servir entières.

Compote de poires grillées.

Prenez des poires à cuire, qui ne soient pas bien mûres, mettez-les sur un bon fourneau bien allumé, jusqu'à ce que toute la peau soit bien brûlée; ayez soin de les retourner à mesure pour qu'elles grillent également jusqu'à ce que la peau s'enlève en les frottant dans l'eau; lorsque vous aurez enlevé la peau, vous les couperez par la moitié et en retirerez les pépins; relavez-les encore dans plusieurs eaux, et les mettez ensuite cuire dans un pot avec un demi-litre d'eau, un petit morceau de cannelle; 125 grammes de sucre; couvrez le pot et faites cuire jusqu'à ce qu'elles fléchissent sous les doigts; faites réduire le sirop, et servez.

Compote de poires à la bonne femme.

Prenez des poires à cuire que vous mettez entières dans un pot avec un verre d'eau, un petit morceau de cannelle, deux clous de girofle, 30 grammes de sucre; faites-les cuire bien couvertes sur un peu de cendre chaude; à moitié de la cuisson, vous y mettrez un verre de vin rouge; quand elles seront cuites, faites bien réduire le sirop. Servez chaud sur les poires.

Compote de verjus.

Otez les pépins de votre verjus, et mettez-le dans une poêle avec 125 grammes de sucre et un verre d'eau; faites-le bouillir à petit feu; quand il sera bien vert et le sirop réduit, dressez-le dans le compotier.

Compote de cerises.

Coupez le bout des queues de vos cerises et mettez-les dans une poêle avec un demi-verre d'eau et 125 grammes de sucre ; mettez-les sur le feu et faites leur faire deux ou trois bouillons couverts ; arrangez-les ensuite dans un compotier, mettez proprement votre sirop par dessus et servez-les froides.

Compote de fraises.

Faites cuire 125 grammes de sucre avec un verre d'eau jusqu'à ce que le sirop soit bien fort ; il faut avoir soin de bien l'écumer ; ensuite vous avez de belles fraises, point trop mûres, épluchées, lavées et bien égouttées ; mettez-les dans le sirop et ôtez-les de dessus le feu pour les laisser reposer un moment dans le sirop. Faites-leur faire un bouillon et retirez-les promptement, afin qu'elles restent entières.

Compote de groseilles.

Faites un sirop bien fort, comme le précédent ; ensuite prenez un demi-kilogramme de belles groseilles lavées et égouttées, vous y laisserez la grappe si vous voulez ; mettez-les dans le sirop pour leur faire faire trois bons bouillons couverts, retirez-les du feu et écumez-les avant que de les dresser.

Compote de framboises.

Vous faites cette compote de la même façon que celle de fraises ; vous ne lavez point les framboises.

Compote d'abricots verts ou d'amandes vertes.

Faites faire deux bouillons dans une poêle, avec poignées de soude, jetez-y vos abricots ou amandes ; quand ils auront fait un bouillon, vous les retirerez avec une écumoire, vous les frotterez bien dans vos mains pour en ôter le duvet, et au fur et à mesure vous les jeterez dans l'eau fraîche ; ensuite vous aurez de l'eau propre bouillante dans une autre poêle pour faire cuire vos abricots. Vous verrez quand ils seront assez cuits en les piquant avec une épingle; si elle entre facilement, et que l'abricot tombe lui-même, c'est une marque qu'ils sont assez cuits; vous les retirerez dans l'eau fraîche; vous ferez ensuite bouillir du sucre dans votre poêle, et y mettrez vos abricots ou amandes. Faites-les bouillir doucement à petit feu jusqu'à ce qu'ils soient bien verts, et servez. Il y a des personnes qui ne font point de lessive à leurs abricots ou amandes; elles se contentent de les frotter avec du sel pour enlever le duvet.

Compote d'abricots mûrs, entiers ou par moitié.

Faites blanchir vos abricots dans l'eau bouillante; quand ils seront bien mollets, retirez-les avec une écumoire et mettez-les dans l'eau fraîche; faites bouillir dans une poêle 125 grammes de sucre avec un verre d'eau, mettez-y vos abricots, faites deux ou trois bouillons, écumez-les bien et retirez-les après pour les arranger dans un compotier; versez votre sirop par dessus pour les servir froids ou chauds.

Compote de pêches.

Les compotes de pêches entières ou par moitié se font de la même façon que celles d'abricots.

Autre compote de pêches.

Prenez sept ou huit pêches presque mûres, fendez-les par la moitié; après avoir ôté le noyau, vous les mettrez un moment à l'eau bouillante et les retirerez aussitôt que vous pourrez enlever la peau, faites bouillir 125 grammes de sucre avec un verre d'eau, ayez soin de l'écumer; mettez-y les pêches pour les faire cuire, et faites réduire le sirop avant que de le dresser sur les pêches.

Compote de pêches à la portugaise.

Mettez sept ou huit pêches sur un plat avec du sucre

fin dessus et dessous, couvrez-les avec un couvercle de tourtière et faites-les cuire à petit feu dessus et dessous. Quand elles sont glacées, servez chaud.

Compote de tranches de pêches.

Prenez cinq ou six belles pêches mûres, pelez-les proprement, ôtez-en les noyaux et coupez-les en tranches pour les arranger dans le compotier que vous devez servir, en mettant du sucre fin dessus et dessous les pêches.

Compote de prunes de reine Claude, de mirabelles, de perdrigon et autres.

Faites bouillir de l'eau et jetez-y vos prunes pour les faire blanchir; quand elles seront bien mollettes sous les doigts, vous les retirerez avec une écumoire et les mettrez dans l'eau fraîche; mettez-les ensuite dans une poêle avec un peu de sucre, sur un petit feu, pour qu'elles puissent frissonner et devenir bien vertes; servez froides.

Compote de prunes à la bonne femme.

Faites bouillir un quart-d'heure 125 grammes de sucre avec un verre d'eau, ayez soin de l'écumer; quand il sera en sirop, mettez-y un demi-kilogramme de prunes presque mûres. Quand elles sont cuites, ôtez-les et dressez dans le compotier; faites réduire le sirop avant de le verser sur les prunes,

Compote de toute sorte de fruits grillés.

Il faut laisser réduire votre sirop jusqu'à ce que le fruit commence à s'attacher à la poêle. Alors il ne faut pas la quitter; il faut remuer dedans votre compote jusqu'à ce qu'elle ait une belle couleur; mettez une assiette sur votre compote, que vous tenez de votre main gauche, et renversez-la en dessus en la glissant promptement dans votre compotier; vous les servez chaudes ou froides; elles sont meilleures chaudes. Vous pouvez faire des compotes avec celles qui ont déjà servi.

Compote de citrons, oranges, bergamotes, etc.

Il faut les couper par petits morceaux, et les faire bien cuire dans l'eau jusqu'à ce qu'ils soient bien mollets sous le doigt; retirez-les avec une écumoire, et les mettez dans l'eau fraîche; vous faites ensuite un petit sirop avec un verre d'eau, 125 grammes de sucre; vous mettez vos écorces dedans pour les faire mijoter doucement sur le feu pendant une demi-heure; servez froid.

Compote de coings.

Prenez trois gros coings; mettez-les dans l'eau bouillante pour les faire cuire jusqu'à ce qu'ils soient tendres sous les doigts; vous les mettrez après dans de l'eau froide, coupez-les en quatre; lorsque vous aurez ôté les cœurs et pelés proprement, vous mettrez 125 grammes de sucre dans une poêle et un demi-verre d'eau; faites bouillir et écumer, mettez-y les coings pour finir de les cuire, et servez à court sirop.

Compote de raisins.

Mettez dans une poêle 125 grammes de sucre avec un demi-verre d'eau; faites bouillir, écumer et réduire en sirop fort; mettez dans ce sirop un demi-kilogramme de raisin muscat égrainé dont vous aurez fait sortir les pépins, faites-lui faire deux ou trois bouillons et dressez. S'il y a de l'écume, enlevez-la.

Compote d'oranges crues.

Coupez le dessus à six oranges de Portugal, de façon que vous puissiez le remettre comme si elles étaient entières; enfoncez un petit couteau en plusieurs endroits de la chair, faites-y entrer du sucre fin, remettez les couvercles et servez-les. Vous pouvez encore les servir après les avoir pelées coupez-les par tranches et arrangez-les dans un compotier avec du sucre fin dessus et dessous.

Compote de groseilles vertes.

Prenez un demi-kilogramme de groseilles vertes, fendez-les par les côtés avec un cure-dent pour en faire sortir les pépins, mettez-les dans de l'eau chaude sur le feu et laissez-les jusqu'à ce qu'elles montent dessus ; ensuite vous les retirerez du feu et y mettrez un verre d'eau froide, un filet de vinaigre et un peu de sel ; laissez-les dans cette eau jusqu'à ce qu'elles soient froides ; retirez-les après pour les mettre dans de l'eau fraîche ; pendant qu'elles rafraîchissent, vous mettrez 250 grammes de sucre dans une poêle avec un verre d'eau ; faites-le bouillir et écumer jusqu'à ce qu'il soit clair ; mettez-y les groseilles égouttées et faites-les bouillir doucement, ensuite vous les retirerez avec une écumoire pour les mettre dans le compotier ; faites cuire le sucre à consistance de sirop, et mettez-le sur les groseilles.

Marmelade d'amandes vertes et d'abricots verts.

Prenez des amandes ou des abricots verts, il faut ôter le duvet comme il est dit ci-devant ; faites-les cuire dans de l'eau jusqu'à ce qu'ils soient bien tendres ; retirez-les dans de l'eau fraîche et mettez-les égoutter ; ensuite vous les écraserez pour les passer dans un tamis ; passez cette marmelade sur le feu pour la faire dessécher, en la tournant toujours jusqu'à ce qu'elle soit prête à s'attacher à la poêle ; après, vous la pesez pour mettre autant de sucre sur le feu avec un bon verre d'eau ; faites bouillir et écumer, continuez de le faire bouillir jusqu'au *cassé* (voyez *Gelée de groseilles*, p. 274) ; mettez-y de suite la marmelade pour la délayer avec le sucre sans qu'elle bouille, et mettez-la après dans les pots.

Marmelade de fraises.

Epluchez et lavez 250 grammes de fraises, faites-les égoutter et passez-les dans un tamis pour les mettre en marmelade ; mettez sur le feu un demi-kilogramme de sucre et un verre d'eau, faites-le bouillir et bien écumer, continuez de le faire bouillir jusqu'à ce que, trempant l'écumoire dedans et la secouant, il en sorte de longues étincelles ; mettez-y votre marmelade pour la délayer avec le sucre, remuez-la toujours sur un feu doux sans qu'elle bouille, et mettez-la dans les pots. Vous vous réglerez sur cette dose pour la quantité.

Marmelade de framboises.

Faites cuire 500 grammes de sucre de la même façon que pour les fraises ; quand il est à son point de cuisson, mettez-y un kilogramme de framboises bien épluchées et passées au tamis ; posez cette marmelade sur le feu pour la faire dessécher et près de s'attacher à la poêle ; ensuite mettez-la dans le sucre et faites-lui faire quelques bouillons en la remuant toujours ; mettez-la après dans vos pots.

Marmelade de cerises.

Faites cuire un kilogramme de sucre de la même façon que pour la marmelade de fraises, ensuite vous y mettrez deux kilogrammes de cerises, après leur avoir ôté les noyaux et les queues ; remuez-les avec le sucre et faites bouillir jusqu'à ce que le sirop se colle aux doigts ; retirez-la du feu et mettez en pots.

Marmelade d'abricots sans façon.

Coupez, le plus mince que vous pourrez, trois kilogrammes d'abricots pas trop mûrs, et mettez-les à mesure dans un chaudron bien propre ; cassez les noyaux, retirez la peau des amandes et coupez-les

très-fines pour les mettre avec les abricots, ajoutez-
y deux kilogrammes de sucre pilé; mettez votre
chaudron sur un feu clair et remuez toujours avec
une écumoire, de crainte que la marmelade ne
s'attache au fond. Lorsque les abricots sont presque
cuits, vous descendez de temps en temps le chaudron pour écraser les morceaux qui ne ne le sont
point; faites cuire votre marmelade jusqu'à ce
qu'elle se colle aux doigts sans trop de résistance :
vous la mettrez ensuite en pots. Cette façon est très-
bonne.

Marmelade de prunes.

Otez les noyaux, faites bouillir les prunes sur le
feu avec un peu d'eau jusqu'à ce qu'elles se mettent en marmelade; passez-les dans un tamis; remettez-les sur le feu, faites bouillir jusqu'à ce que
cette marmelade soit près de s'attacher à la poêle,
ensuite pesez-la et mettez autant de sucre que
vous avez de marmelade; mettez le sucre sur le
feu avec un bon verre d'eau, faites-le cuire,
comme il est dit pour la marmelade d'amandes
vertes; alors vous y mettrez la marmelade pour
la délayer avec le sucre en les remuant ensemble
sur le feu, seulement qu'elle frémisse; mettez-la en
pots quand elle est froide, avec sucre fin dessus.

Marmelade de poires.

Faites cuire dans l'eau, jusqu'à ce qu'elles soient
tendres sous les doigts, la quantité de poires de rousselet que vous jugerez à propos, ôtez-en la peau et
n'en prenez que la chair que vous passez dans un
tamis; mettez-la sur le feu et remuez-la toujours
jusqu'à ce qu'elle soit près de s'attacher à la poêle;
ensuite vous la pesez et mettez autant de sucre dans
une poêle avec un verre d'eau; faites-le cuire
comme il est dit pour la marmelade de fraises;
mettez-y la marmelade pour la délayer avec le

sucre sur le feu. Quand elle commencera à frémir, vous la mettrez en pots, comme ci-dessus.

Marmelade de pêches.

Pelez des pêches qui ne soient pas trop mûres; après avoir ôté les noyaux, vous les coupez en petits morceaux; ensuite vous ferez cette marmelade de la même manière que les *abricots sans façon*, p. 270.

Marmelade d'épine-vinette.

Faites cuire 750 grammes de sucre de la même façon que pour la marmelade de poires; ensuite ayez 500 grammes d'épine-vinette tout égrainée que vous mettez dans une casserole avec un verre d'eau, et faites-la bouillir jusqu'à ce qu'elle soit en marmelade; passez-la au tamis et pressez-la fort jusqu'à ce qu'il ne reste que les peaux dans le tamis; remettez sur le feu ce qui a passé au travers du tamis pour le faire bouillir en tournant toujours jusqu'à ce que la marmelade soit près de s'attacher à la poêle; ensuite vous la mêlez avec le sucre et remuez-les ensemble jusqu'à ce qu'elle soit près de bouillir.

Marmelade de coings.

Prenez la quantité de coings que vous jugerez à propos; faites-les cuire dans l'eau jusqu'à ce qu'ils soient tendres; mettez-les à l'eau fraîche, et quand vous les jugerez tout-à-fait froids, coupez-les en quatre pour en ôter les cœurs et les peaux, écrasez-les et passez-les dans un tamis, mettez ce que vous avez passé sur le feu et tournez-le toujours jusqu'à ce que la marmelade soit épaisse, pesez-la et mettez un poids égal de sucre; faites ensuite comme pour celle de poires; ensuite mettez-la avec le sucre pour les délayer sur le feu, et retirez-la pour la mettre en pots.

Marmelade de pommes.

Faites bouillir des pommes de reinette entières dans de l'eau jusqu'à ce qu'elles commencent à fléchir sous les doigts ; retirez-les à l'eau fraîche pour leur ôter la peau ; prenez-en la chair que vous passez au tamis, en la pressant fort ; mettez ce que vous avez passé dans une poêle pour le faire dessécher sur le feu jusqu'à ce que se soit épais ; faites cuire à la grande plume un poids égal de sucre que de marmelade ; mêlez-les ensemble en les remuant avec une spatule ou une cuiller de bois ; remettez sur le feu seulement pour faire chauffer en remuant toujours ; lorsque la marmelade commence à bouillir, retirez-la et mettez-la dans les pots quand elle est un peu refroidie. Ne les couvrez que lorsqu'ils seront tout-à-fait froids (*voy*. l'article suivant).

Marmelade de verjus.

Mettez dans une eau prête à bouillir deux kilogr. de verjus presque mûr dont vous aurez ôté la grappe ; lorsqu'il est près de bouillir, ôtez-le du feu et couvrez-le pour le faire reverdir ; laissez dans la même eau jusqu'à ce qu'il soit froid, retirez-le pour le passer au tamis et en tirer le plus de marmelade que vous pourrez, en le pressant fort avec une cuiller ; mettez cette marmelade dans une poêle pour la faire dessécher sur le feu jusqu'à ce qu'elle soit bien épaisse ; pour 500 grammes vous ferez cuire autant de sucre à la grande plume ; mettez-y la marmelade pour la bien délayer avec le sucre ; remettez sur le feu seulement pour faire chauffer en remuant toujours jusqu'à ce qu'elle soit prête à bouillir, et mettez la en pots.

Le sucre à la grande plume se fait après l'avoir fait clarifier, comme il est dit ci-devant, vous le faites bouillir jusqu'à ce que, trempant l'écumoire dans le sucre et la secouant d'un revers de main, il s'élève en l'air de grosses boules et de lon.

gues étincelles qui se tiennent ensemble. Vous ôtez aussitôt le sucre du feu.

Confiture de marmelade d'abricots.

Pelez les abricots, si vous voulez, ôtez les noyaux; par demi-kilogramme de fruit mettez 400 grammes de sucre clarifié ainsi qu'il est dit ci-devant, faites-les cuire au gros boulet, ce que vous connaîtrez en mettant votre écumoire dans le sucre, et, en la retirant, soufflez dessus, vous verrez voler votre sucre, cela indique qu'il est à son point de cuisson; alors vous y mettrez vos abricots et vous les ferez bouillir en remuant toujours avec une spatule de bois jusqu'à ce que la marmelade soit collante dans vos doigts: c'est une marque que vous pouvez la mettre de suite en pots.

Confiture de cerises.

Prenez la quantité de cerises que vous voulez, ôtez-en les queues et les noyaux; réglez-vous sur la façon des abricots, pour la cuisson et le sucre.

Confiture de gelée de groseilles.

Vous clarifiez votre sucre, comme il est expliqué ci-devant, et mettez poids égal de sucre et de fruit; vous faites cuire votre sucre au *cassé*, ce que vous connaissez en mettant votre doigt mouillé dans un gobelet plein d'eau que vous aurez soin de tenir de la main gauche; vous trempez le doigt dans votre sucre et le portez sur-le-champ dans le gobelet. Si votre sucre sèche dans l'eau et qu'il casse dans vos doigts en le pressant, c'est une marque qu'il est temps de mettre le fruit dans votre poêle; faites-lui faire deux bouillons couverts; retirez ensuite votre confiture de dessus le feu; passez-la dans un tamis et mettez-la tout de suite dans les pots. Quand elle sera froide, vous couvrirez vos pots, vous tremperez votre premier papier dans de l'eau-de-vie pour que la confiture se conserve mieux.

Vous observerez, à toutes sortes de confitures, de ne jamais couvrir les pots que quand elles sont froides.

Confiture de gelée de pommes.

Elle se fait de même que celle de groseilles, à cette différence près qu'il faut tirer le jus de la pomme en la faisant bouillir dans un peu d'eau et la passer après dans un linge ; pressez-la légèrement, vous vous servirez de ce jus pour mettre dans votre sucre ; la cuisson est la même que celle des groseilles ; vous connaîtrez quand elle sera faite en mettant votre écumoire dans la poêle. Si, en la tirant et la tenant un peu penchée, votre gelée tombe en perles, cela marque que vous pouvez la mettre en pots.

Confiture de verjus.

Vous ôterez tous les pépins de votre verjus et vous emploierez un poids égal de sucre ; prenez une partie de verjus que vous mettrez dans la poêle, et une partie de sucre en poudre par dessus ; vous mettrez ainsi votre verjus et votre sucre lit par lit jusqu'à définition : alors vous ferez bouillir doucement sur un petit feu jusqu'à ce qu'il devienne bien vert : c'est à quoi on connaît sa cuisson.

Confiture de verjus entier.

Prenez 500 grammes de fruit et le même poids de sucre en poudre, mettez le tout dans une poêle et faites-le cuire sur un bon feu ; faites-lui faire trois ou quatre bouillons couverts ; laissez-le cuire à petit feu s'il n'est pas encore bien vert, et mettez-le dans les pots.

Confiture de groseilles à la bourgeoise.

Faites clarifier votre sucre, comme il est expliqué ci-devant, pag. 262 : vous mettrez les groseilles dans la poêle, et les ferez crever sur le feu en leur faisant faire un bouillon ou deux ; vous les laisserez ensuite égoutter sur un tamis, vous mesurerez votre jus et vous mettrez autant de litres de sucre clarifié dans une autre poêle. Faites-le cuire au *cassé* ; mettez-y votre jus de groseilles et faites faire deux bouillons couverts : écumez bien.

Confitures de gelée de muscat et de verjus (voy. *Groseilles à la bourgeoise* ci-dessus).

Confitures d'abricots verts et amandes vertes.

Après que vous aurez ôté le duvet des abricots et des amandes, comme il est marqué ci-devant, faites-les cuire dans de l'eau de la même façon jusqu'à ce qu'en les piquant avec une épingle, elle entre facilement, et que le fruit tombe de lui-même. Vous faites ensuite clarifier du sucre et mettez quantités égales de sucre et de fruit ; vous faites bouillir votre sucre pendant quatre ou cinq jours de suite, soir et matin, sans votre fruit, que vous laissez égoutter sur un tamis ; vous le remettez dans une terrine et vous jetez votre sucre dessus ; il faut qu'il ne soit qu'un peu plus que tiède.

Confiture de prunes.

Prenez telles prunes que vous voudrez, comme reine Claude, perdrigon, mirabelle ou autres, faites-les blanchir ; quand elles seront bien mollettes sous les doigts, vous les retirerez avec une écumoire et les mettrez à l'eau fraîche. Vous clarifierez deux kilogrammes et demi de sucre pour un cent de prunes, vous les mettez dans un vase bien propre, une à une, pour qu'elles ne s'écrasent pas, et vous y mettrez votre sucre un peu plus que tiède, soir et matin, pendant quatre ou cinq jours ; vous laisserez égoutter vos prunes sur un tamis, vous ferez bouillir votre sucre et l'écumerez chaque fois ; vous mettrez vos prunes dans votre vase et votre sucre par dessus, toujours un peu plus que tiède. Il faut que votre reine Claude soit verte et les autres prunes de leur couleur naturelle. Si vous voyez que votre sucre ne soit pas assez en sirop à la dernière cuisson, vous le finirez de cuire en y mettant deux verres d'eau pour le dégraisser : alors vous le jeterez tout bouillant sur vos prunes.

Les confitures d'abricots entiers ou par moitié, et celles de poire de rousselet se font de la même façon.

FRUITS A L'EAU-DE-VIE, LIQUEURS, SIROPS.

Cerises à l'eau-de-vie.

Prenez des cerises qui ne soient pas trop mûres; coupez le bout des queues et jetez de l'eau bouillante dessus; faites-les égoutter jusqu'à ce qu'elles soient sèches, mettez-les dans un bocal avec de bonne eau-de-vie, de la cannelle et un peu de girofle; ajoutez 500 grammes de sucre clarifié, pour quatre litres d'eau-de-vie.

Mettez-les à l'abri du soleil et dans un endroit sec.

Abricots, poires de rousselet et prunes à l'eau-de-vie.

Vous commencerez par confire vos fruits de la même façon qu'il est expliqué pour les confitures de prunes; vous les mettrez ensuite sur le feu avec le sirop; quand ils bouilliront, vous y verserez un litre d'eau-de-vie pour en faire un bouillon, vous les retirerez et les mettrez dans des pots. Il faut observer de n'en mettre qu'un litre par cent d'abricots : au moment de la verser, retirez votre poêle du dessus le feu, car elle s'enflammerait; pour l'éteindre, si cela arrivait, vous couvririez la poêle avec un torchon blanc mouillé : il faut tâcher de l'éviter.

Ratafiat de raisin muscat.

Prenez du raisin muscat très-mûr, mettez-le dans une terrine pour l'écraser et en tirer le plus de jus que vous pourrez, passez-le au tamis, retirez-le ajoutez-y autant d'eau-de-vie et 125 grammes de sucre par litre; vous y mettrez à proportion un peu de macis, cannelle, girofle; versez le tout ensemble dans une cruche bien bouchée; faites infuser cinq ou six jours, remuez tous les jours; il faut le passer à la chausse; lorsqu'il est clair on le met dans des bouteilles bien bouchées.

Ratafiat d'abricots.

Coupez par petits morceaux 125 grammes d'abricots, cassez les noyaux pour en tirer les amandes, que vous pelez et concassez; mettez-les dans une cruche avec les abricots et deux litres d'eau-de-vie, 250 grammes de sucre, un peu de cannelle, huit clous de girofle, très-peu de macis; bouchez bien la cruche, laissez infuser quinze jours ou trois semaines, ayez soin de remuer souvent la cruche; après, vous le passerez à la chausse pour le mettre dans des bouteilles que vous porterez à la cave.

Ratafiat de cerises.

Prenez de bonnes cerises bien mûres, ôtez-en les queues et les noyaux; mettez avec un peu de framboises, écrasez le tout ensemble et mettez-le ensuite dans une cruche bien propre, laissez-le quatre ou cinq jours; vous aurez soin de remuer le marc tous les jours deux ou trois fois, pour lui faire prendre du goût et une belle couleur; alors, vous passerez bien le marc pour en tirer tout le jus; il faut ensuite mesurer le jus, et sur trois litres y mettre deux litres d'eau-de-vie. Pour les cinq litres de ratafia, il faut concasser trois poignées de noyaux des mêmes cerises, 125 grammes de sucre par pinte. Mettez le tout infuser dans la même cruche, avec une poignée de coriandre, un peu de cannelle; il faut le remuer pendant huit jours, ensuite vous le passerez bien clair à la chausse ; vous le verserez dans des bouteilles bien bouchées et le descendrez à la cave.

Ratafiat de fruits rouges.

Prenez un kilogramme de cerises dont vous ôterez les queues et les noyaux, 500 grammes de groseilles, autant de guignes noires, de framboises et de mûres, en tout trois kilogrammes de fruits ; écrasez tous ces fruits ensemble pour les mettre dans une cruche avec leur jus et les noyaux pilés de la moitié des cerises ; laissez cuver le tout pendant trois jours ; ensuite vous passerez le jus dans un tamis pour le remettre dans la cruche avec autant d'eau-de-vie, 125 grammes de de sucre par litre de ratafia, un bâton de cannelle ; laissez infuser pendant deux mois, après quoi vous tirerez le ratafia au clair, pour le mettre dans des bouteilles.

Vin de cerises.

Pour faire cinq litres de vin de cerises, prenez huit kilogrammes de cerises et un kilogramme de groseilles, que vous écrasez bien ensemble : pilez les deux tiers des noyaux que vous y mêlez ; mettez le tout dans un baril avec 125 grammes de sucre par litre de jus ; il faut que le baril soit plein ; vous ne le couvrez qu'avec une feuille de vigne et du sable autour, jusqu'à ce qu'il ne bouille plus, et cela pendant près de trois semaines qu'il sera à bouillir ; il faut avoir soin de tenir toujours le baril plein, en y mettant à mesure du jus de cerises ; ensuite, quand il ne bouillira plus, vous le boucherez avec un bondon, et deux mois après, vous le retirerez au clair pour le mettre dans des bouteilles.

Vespétro.

Prenez une bouteille de gros verre ou de grès, qui tienne un peu plus de deux litres, mettez deux litres de bonne eau-de-vie, ajoutez-y les graines qui suivent, après que vous les aurez concassées grossièrement dans un mortier, savoir : 8 grammes de graine d'angélique , 30 grammes de graine de coriandre, une bonne pincée de fenouil , autant d'anis , ajoutez le jus de deux citrons avec les zestes des écorces, 500 grammes de sucre , laissez infuser le tout dans la bouteille pendant quatre ou cinq jours ; ayez soin de remuer de temps en temps la bouteille pour faire fondre le sucre ; ensuite vous passez la liqueur, pour la rendre plus claire, par le coton ou par le papier gris, et mettez-la dans des bouteilles que vous aurez soin de bien boucher.

Ratafla de noyaux et de graines.

Pour faire le ratafia de noyaux, il faut prendre 5oo grammes d'amandes d'abricots, en choisir les plus beaux et les meilleurs ; vous les mettrez infuser pendant huit jours dans deux litres d'eau-de-vie, un litre d'eau avec 500 grammes de sucre, une poignée de coriandre, un peu de cannelle ; passez-le ensuite à la chausse afin qu'il soit bien clair, et le mettrez après en bouteilles.

Tous les ratafias de graines et autres noyaux se font de même.

Ratafla de coings.

Pelez vos coings, après en avoir ôté les pépins et la pelure, pressez-les bien dans un torchon neuf ; mesurez le jus que vous en retirerez, mettez deux litres d'eau-de-vie sur trois de jus et 125 grammes de sucre par litre, cannelle, coriandre, gingembre et macis, le tout modérément ; vous les ferez infuser ensemble pendant dix ou douze jours ; bouchez bien la cruche où vous avez mis votre ratafia, pour qu'il ne prenne point l'é-vent ; il faut ensuite le passer bien clair à la chausse, et le mettre dans des bouteilles bien propres. Quand il sera bien bouché, vous le mettrez à la cave : plus il sera vieux, meilleur il sera.

Ratafla de fleurs d'orangers.

Mettez 500 grammes de sucre dans une poêle , avec un verre d'eau ; faites bouillir et écumer, continuez de faire bouillir jusqu'à ce que, trempant l'écumoire dedans et soufflant au travers des trous, il en sorte de grosses étincelles de sucre; ôtez-le du feu, mettez-y 250 grammes de feuilles de fleurs d'oranger, faites-leur faire deux ou trois bouillons avec le sucre, ôtez-les du feu et les-couvrez bien, laissez-les dans le sucre cinq ou six heures, ensuite vous les remettrez sur un petit feu avec un litre d'eau-de-vie, laissez-les sur le feu sans trop chauffer, seulement le temps qu'il faut pour que le sucre soit bien mêlé avec l'eau-de-vie ; après, vous passez votre ratafia dans une serviette, et mettez-le dans des bouteilles ; vous vous réglerez sur cette dose pour la quantité que vous voulez faire. Pour garder les fleurs d'oranger qui vous ont servi à faire le ratafia, après qu'elles sont bien pressées, vous prenez 250 grammes de sucre que vous mettez dans une poêle avec un peu d'eau ; faites bouillir et écumer, continuez de faire bouillir jusqu'à ce qu'il soit cuit au *cassé* (voyez *Gelée de groseilles*, page 274), alors vous y mettrez les fleurs d'oranger, et leur ferez faire un petit bouillon; ôtez-les du feu et remuez-les toujours jusqu'à ce que le sucre devienne en poudre, et mettez-les après sur un tamis ; ayez soin de mettre quelque chose dessous pour ne pas perdre le sucre qui passe au travers; ces fleurs d'oranger se conservent dans un endroit sec, elles vous servent pour mettre dans des crêmes et tout ce qui a besoin de fleurs d'oranger hachées.

Ratafia d'anis.

Pour faire deux litres de ratafia d'anis, mettez 500 grammes de sucre dans une poêle avec un verre d'eau, faites-les bouillir ensemble jusqu'à ce que le sucre soit bien écumé et clair; ensuite vous faites bouillir un verre d'eau : mettez-y 100 grammes d'anis; ôtez-le du feu sans qu'il bouille, laissez-le infuser un quart-d'heure, et mettez-le dans le sucre avec un litre et demi d'eau-de-vie, remuez le tout ensemble avant que de le mettre dans une cruche, bouchez-la bien et mettez-la au soleil; laissez infuser le ratafia pendant trois semaines : avant que de le mettre dans des bouteilles, vous le passerez dans une chausse.

Ratafia de genièvre.

Mettez dans une cruche deux litres d'eau-de-vie avec une bonne poignée de genièvre, 750 grammes de sucre que vous faites bouillir auparavant avec un demi-litre d'eau, jusqu'à ce qu'il soit bien écumé et clair ; bouchez bien la cruche et tenez-la dans un endroit chaud environ cinq semaines avant que de le passer à la chausse ; vous le mettez dans les bouteilles que vous avez soin de bien boucher.

Ratafia de bigarades et de citrons

Prenez huit bigarades ou huit citrons, pelez-les légèrement sans les anticiper sur le fruit, coupez cette pelure en petits zestes, et mettez-les dans une cruche avec un litre et demi d'eau-de-vie ; faites-les infuser ensemble trois semaines ; ensuite vous mettez 500 grammes de sucre dans une poêle, avec un verre d'eau ; faites-les bouillir et bien écumer ; mettez-les dans la cruche avec de l'eau-de-vie, et laissez-les encore infuser douze ou quinze jours ; après, vous le passez pour le mettre dans des bouteilles : la bonté de ce ratafia augmente en le gardant plusieurs années.

Ratafia de noix.

Lorsque les noix sont formées, vous en prenez une douzaine entières, fendez-les par la moitié et mettez-les dans une cruche avec un litre et demi d'eau-de-vie ; bouchez bien la cruche et tenez-la dans un endroit frais pendant six semaines ; il faut avoir attention de remuer de temps en temps la cruche ; ensuite vous mettez 500 grammes de sucre dans une poêle, avec un verre d'eau, faites bouillir et écumer ; après que vous aurez passé l'eau-de-vie à la chausse, vous y mettrez le sucre, avec un petit morceau de cannelle et une pincée de coriandre ; laissez encore infuser environ un mois, et vous le tirez au clair pour le mettre dans des bouteilles.

Sirops de fraises, groseilles, framboises et mûres.

Prenez un kilogramme de sucre pour 500 grammes

de fruit ; vous ferez d'abord cuire votre sucre au *cassé*, comme il est expliqué pour la gelée de groseilles, ci-dessus ; et ensuite vous y mettrez les 500 grammes de fruits ; d'abord qu'il aura fait un bouillon court, vous le tirerez du feu et le mettrez égoutter sur un tamis ; quand il sera froid, mettez-le dans des bouteilles, bouchez-les seulement avec du papier.

Sirop violat.

Sur 125 grammes de violettes épluchées que vous mettez dans une terrine, versez dessus un verre d'eau bouillante ; mettez quelque chose de propre sur les violettes pour les tenir enfoncées dans l'eau, couvrez-les et mettez-les sur de la cendre chaude pendant deux heures ; ensuite vous passez les violettes au travers d'un linge, que vous pressez fort pour faire sortir l'eau ; cette quantité de violettes doit vous rendre près d'un litre ; si vous l'avez, vous mettrez un kilogramme et quart de sucre dans une poêle, avec un verre d'eau ; faites-le bouillir et écumer, continuez de le faire bouillir jusqu'à ce qu'il soit au *cassé*, alors, vous y versez votre eau de violettes. Ayez soin que votre sirop ne bouille pas : quand ils seront bien incorporés ensemble, mettez le sirop dans une terrine, couvrez-la et mettez-la sur une cendre chaude pendant trois jours ; entretenez la chaleur la plus égale que vous pourrez, sans qu'elle soit trop forte ; vous connaîtrez que le sirop sera fait en mettant deux doigts dedans, et les retirant écartés, s'il se forme un fil qui ne se rompe pas, vous le mettrez dans les bouteilles.

Sirop de cerises

Prenez un kilogramme de belles cerises bien mûres et bien saines, ôtez les queues et les noyaux, et mettez-les sur le feu avec un grand verre d'eau, faites-les bouillir huit ou dix bouillons et passez-les au tamis ; mettez un kilogramme de sucre sur le feu avec un verre d'eau, faites-le bouillir et bien écumer, continuez de le faire bouillir jusqu'à ce que, trempant l'écumoire dedans et la secouant sur le sucre, et soufflant après au travers des trous, il en sorte des étincelles de sucre ; vous

y mettrez tout de suite le jus de cerises, faites-les bouillir ensemble, jusqu'à ce qu'elles aient pris la consistance
d'un sirop fort.

Sirop d'abricots.

Suivant le temps que vous voulez garder les sirops,
il faut mettre plus ou moins de sucre. Pour un sirop
d'abricots que vous voulez garder d'une saison à l'autre,
il faut un kilogramme de sucre pour 500 grammes
de fruits ; prenez cette quantité d'abricots bien mûrs,
ôtez-en les noyaux ; après avoir pelé l'amande, vous
la coupez par morceaux ; coupez aussi les abricots en
petits morceaux, mettez un kilogramme de sucre dans
une poêle avec un verre d'eau, et faites-le cuire comme
le précédent sirop de cerises, mettez-y les abricots avec
les noyaux, faites-les cuire ensemble à feu doux, jusqu'à ce que, prenant le sirop avec un doigt que vous
touchez contre un autre, il se forme un fil en les ouvrant, qui se soutienne un peu sans se rompre, alors
vous les passez dans un tamis. Vous pouvez encore
faire votre sirop de cette façon : après avoir coupé les
abricots et les noyaux comme il a été dit, mettez-les
sur le feu avec un verre d'eau, faites-les bouillir jusqu'à ce qu'ils soient en marmelade, passez-les dans un
tamis pour en tirer tout le jus, en l'exprimant fort,
laissez-les reposer et passez-les dans une serviette ;
vous mettrez ensuite ce jus dans le sucre, pour le faire
bouillir jusqu'à la consistance d'un sirop fort, en faisant le même essai qu'à la façon précédente.

Sirop de mûres.

Prenez deux cents belles mûres bien noires, mettez-les sur le feu avec un grand verre d'eau ; faites-leur
faire cinq ou six bouillons jusqu'à ce qu'elles aient rendu tout le jus, et passez-les dans un tamis, laissez-le reposer et repassez-le une seconde fois dans un tamis plus
serré ; prenez un kilogramme de sucre que vous mettez
sur le feu avec un verre d'eau, faites-le bouillir et
écumer ; continuez de le faire bouillir jusqu'à ce qu'il
soit au *cassé* (voy. *Sirop violat*, pag. 283) ; mettez votre eau de mûres, faites chauffer jusqu'à ce qu'elle soit

incorporée avec le sucre, ayez attention qu'elle ne bouille point; vous les mettrez après dans une terrine bien couverte pour la mettre sur la cendre chaude pendant trois jours; entretenez une chaleur égale le plus que vous pourrez sans qu'elle soit brûlante; vous connaîtrez qu'il est à son point, en faisant l'essai indiqué au *Sirop violat;* vous le mettrez dans des bouteilles et ne le boucherez que quand il sera tout-à-fait froid.

Sirop de verjus.

Prenez un kilogramme de sucre que vous mettrez sur le feu avec un verre d'eau; faites bouillir et écumer; continuez de le faire bouillir jusqu'à ce qu'il soit à la plume; mettez-y du verjus préparé de cette façon : prenez un kilogramme de verjus bien vert et gros; ôtez-en les grappes et pilez-les, exprimez-en le jus en le passant dans un tamis serré; laissez-le reposer et retirez-le au clair, mettez-le dans le sucre pour les faire bouillir ensemble jusqu'à ce qu'il soit réduit en sirop fort, ce que vous connaîtrez quand il se formera un fil dans vos doigts comme le précédent.

Sirop de coings.

Prenez une douzaine de coings très-murs; ôtez-en les cœurs et les peaux; pilez la chair et mettez-la dans une grosse toile pour la tordre à force de bras; par ce procédé, vous en tirerez tout le jus. Laissez reposer ce jus et tirez-le au clair; pour un quart de litre, vous prendrez 500 grammes de sucre que vous ferez cuire comme pour le sirop de verjus; vous y mettrez le jus de coings et vous ferez bouillir jusqu'à ce que le sirop ait la même consistance que le précédent.

Sirop de guimauve.

Faites cuire 500 grammes de sucre de la même façon que pour le sirop de verjus, ensuite vous y mettrez une eau de guimauve faite de cette façon : faites cuire dans un demi-litre d'eau, 375 grammes de racine de guimauve hachée, après l'avoir ratissée et lavée, laissez-la bouillir jusqu'à ce que l'eau se colle après les doigts, ensuite vous la mettrez dans une toile forte pour le tordre à force de bras; laissez-la reposer et retirez-la au clair; prenez-en le plus clair pour le mettre dans votre sucre, et faites-les bouillir ensemble jusqu'à ce qu'ils aient la consistance d'un sirop fort.

Sirop de pommes.

Prenez 125 grammes de pommes de reinette bien saines, coupez-les en tranches aussi minces que vous pourrez, et faites-les cuire avec un verre d'eau; quand elles sont en marmelade, vous les mettez dans une toile forte pour en exprimer tout le jus; laissez reposer ce jus et tirez-le au clair; sur un quart de litre, vous ferez cuire 500 grammes de sucre de la même façon que pour le sirop de cerises; quand il sera à son point de cuisson, mettez-y votre jus de pommes et faites-les bouillir ensemble jusqu'à consistance de sirop fort.

Sirop de citron.

Le sirop de citron ne se fait ordinairement que lorsqu'on veut servir; pour cet effet, vous mettez 250 grammes de sucre dans une poêle avec un petit verre d'eau; faites-le bouillir et écumer; continuez de les faire bouillir jusqu'à ce que, prenant du sucre avec un doigt et l'appuyant contre l'autre, les ouvrant tous les deux, il se forme un fil qui se rompe et forme une goutte sur le doigt; alors vous y mettez le jus d'un petit citron; faites faire encore quelques bouillons et vous en servez.

Sirop de capillaire.

Prenez 30 grammes de feuilles de capillaire, mettez-les dans un demi-litre d'eau bouillante, retirez-les dans le moment pour les mettre infuser au moins douze heures sur de la cendre chaude, et passez-les dans un tamis; ensuite vous les mettez dans un sucre préparé de cette façon: mettez une livre de sucre dans une poêle avec un bon verre d'eau; faites-le bouillir et écumer; continuez de le faire bouillir jusqu'au point indiqué pour le *Sirop violat*, pag. 283; mettez-y votre eau de capillaire sans les faire bouillir, vous les ôterez aussitôt qu'ils seront mêlés ensemble, pour les mettre dans une

terrine que vous couvrez et mettez sur la cendre chaude, entretenez une chaleur égale sans être brûlante pendant trois jours ; vous connaîtrez que le sirop sera fait,
lorsqu'en prenant de ce sirop avec un doigt, l'appuyant
contre l'autre et les ouvrant tous les deux, il se forme
un fil qui ne se rompe pas aisément. Vous le mettrez dans
les bouteilles, et ne les bouchez que lorsqu'elles sont bien
froides.

Sirop d'orgeat.

Prenez 250 grammes d'amandes douces ; joignez-y
6o grammes de graines des quatre semences froides
et 15 grammes d'amandes amères ; mettez les amandes
dans de l'eau bouillante et retirez-les du feu ; vous les
ôterez quand la peau s'ôtera facilement, jetez-les à
mesure dans l'eau fraîche ; faites-les égoutter pour les
mettre dans un mortier avec les semences froides ;
pilez le tout ensemble jusqu'à ce qu'elles soient très-
fines ; pour empêcher qu'elles ne tournent en huile,
vous y mettrez de temps en temps une demi-cuillerée
d'eau, ensuite vous les délayez dans un bon quart
d'eau tiède, mettez-les sur la cendre chaude pour les
faire infuser pendant trois heures ; passez-les dans une
forte toile, en les bourrant avec une cuiller de bois
pour faire sortir toute l'expression des amandes ; ensuite vous prenez 500 grammes de sucre que vous
ferez cuire comme celui du sirop de capillaire.

Sirop de coquelicot.

Le coquelicot est une fleur qui vient dans les blés ;
on en fait un sirop qui est bon pour le rhume ; prenez-
en 500 grammes que vous mettrez dans une terrine,
et versez dessus un demi-litre d'eau bouillante, laissez-
le infuser pendant vingt-quatre heures sur de la cendre
chaude ; ensuite vous lui ferez faire deux bouillons et le
passerez dans un tamis en le pressant pour en faire sortir
tout le suc ; mettez 500 grammes de sucre dans une
poêle avec un verre d'eau ; faites-le bouillir et bien
écumer ; mettez-y après votre eau de coquelicot et
faites-les bouillir ensemble jusqu'à la consistance d'un
sirop ; vous le connaîtrez en en prenant avec le doigt,

en l'appuyant contre l'autre, s'il se forme un fil qui ne se rompe pas aisément : le sirop de fleurs de pêcher se fait de la même façon.

Café.

Le meilleur café est celui de Moka; cependant, comme il n'est pas toujours facile de s'en procurer de véritable, on obtiendra de très-bon café en mélant moitié Bourbon et moitié Martinique.

Si vous le brûlez vous-même, servez-vous d'un brûloir en tôle. Gardez-vous de le brûler trop, dans ce cas il perd son parfum et n'a plus qu'une saveur âcre et amère. Trop peu brûlé, il manque de couleur et son goût est peu agréable.

Cinquante grammes de café suffisent pour six demi-tasses. Lorsque le café est passé, si vous le remettez sur le feu ne le laissez point bouillir, il perdrait tout son arôme.

De toutes les cafetière, celle qui nous a paru une des meilleures est la **cafetière de Sarreguemine**, en terre à filtre d'étain, dont voici le modèle.

Beaucoup de personnes font rebouillir les marcs et en versent la décoction sur de nouveau café, croyant l'obtenir plus fort; mais il n'est que plus amer et plus coloré. Si on tient à cette pratique, on ne doit l'employer que pour le café au lait auquel il donne du corps, mais autant vaut y mettre de la chicorée.

Thé.

Les deux principales espèces de thé sont le thé vert et le thé noir, ou thé Bohéa. Le thé vert a une saveur astringente et agit sur les nerfs des personnes irritables.

Le thé noir est infiniment plus doux, mais sa saveur est fade comparée à celle du thé vert. Un mélange, par parties égales de ces deux thés, est ce qu'il y a de mieux.

Après avoir attendu quelques minutes afin que l'infusion soit faite, on remplit à moitié les tasses des personnes de la société, puis on achève de les remplir à la ronde afin que la force de l'infusion soit mieux partagée.

Chocolat.

Ne râpez jamais le chocolat trop fin, vous lui feriez perdre une portion de sa qualité sucrée, mais cassez vos tablettes en morceaux, jetez-les dans l'eau bouillante de la chocolatière et faites-les fondre en la remuant avec le moussoir.

Si vous voulez du chocolat au lait ou à la crême, employez moins d'eau pour le faire fondre et remplacez l'eau supprimée par le lait ou la crême lorsque le chocolat sera complètement dissous.

Cacao.

Cent vingt-cinq grammes de coques ou follicules de cacao tenues en ébullition, pendant deux heures, dans un litre d'eau qu'on laissera réduire de moitié, donneront une décoction qui, mêlée à du lait produiront une boisson aussi agréable qu'économique, après y avoir fait fondre environ cent grammes de sucre.

Les personnes qui trouvent le chocolat trop lourd pour leur estomac feront bien d'user du cacao, plus léger et presque aussi parfumé.

Si on l'emploie pour le déjeûner, il faudra le faire bouillir le soir et de lui laisser passer la nuit sur des cendres chaudes. On le passe avec expression dans une grosse toile, puis on y mêle le lait et l'on donne un bouillon au tout.

13

Lorsque la décoction se trouve trop réduite, on remet de l'eau bouillante sur les follicules qui restent dans la toile et l'on passe.

On peut préparer plusieurs déjeuner en augmentant la dose de coques, la décoction se conserve plusieurs jours sans rien perdre de son arome.

Les coques de cacao se trouvent chez les fabricans de chocolat et ne coûtent que 50 à 60 centimes le kilogramme.

Punch.

Pressez plus ou moins de citrons suivant le nombre de personnes que vous avez à servir, et employez pour mieux en exprimer le jus le presse-citron dont voici la figure ci-dessous. Passez le jus au tamis de soie

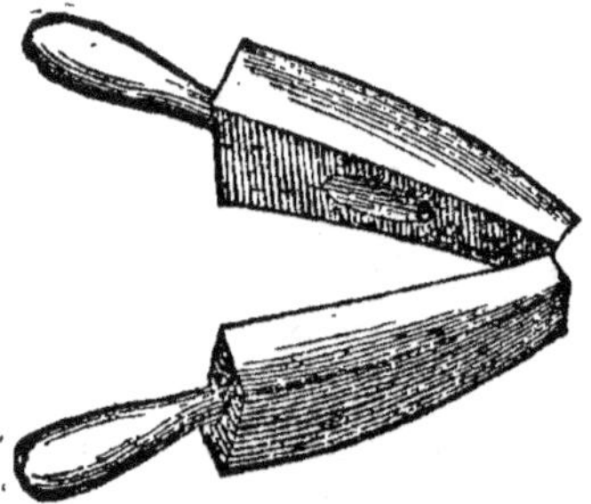

pour en séparer les pépins et joignez-y quelques zestes coupés bien minces afin d'aromatiser le punch avec l'huile essentielle du citron. Mêlez votre jus à une quantité suffisante d'eau-de-vie ou de rhum et de sucre, puis mouillez avec de l'eau bouillante ou du thé.

Vous pouvez vous passer de citron en employant de l'acide citrique que l'on trouve chez tous les dróguistes ou fabricans de produits chimiques. Il ne coûte que 1 franc 25 centimes les 100 grammes, et un ou deux grammes suffisent pour acidifier une théière de punch. L'effet sera le même qu'avec le citron, surtout vous jetez dans votre punch un petit morceau de sucre sur lequel vous aurez fait tomber deux ou trois gouttes d'huile essentielle de citron.

Eaux de cerises, groseilles, fraises, framboises et mûres pour boisson d'été.

Prenez tel fruit que vous voudrez pour faire votre eau rafraîchissante : pour 500 grammes de fruit, vous mettrez un litre d'eau, vous écraserez votre fruit et le délaierez avec de l'eau, passez-le dans un linge blanc et y mettez ensuite un peu de sucre ; vous le passerez après à la chausse, pour que votre eau soit bien claire, vous la tiendrez au frais jusqu'au moment de la servir.

Si vous voulez en faire des glaces, vous y mettrez un peu plus de sucre, et mettrez l'eau dans des moules de fer blanc ; vous la faites prendre avec de la glace et du salpêtre. Quand elles commenceront à se glacer, vous aurez soin de les remuer de temps en temps avec une cuiller, jusqu'à ce qu'elles soient prises, parce que les bords seraient trop glacés et que le milieu ne le serait pas ; quand elles sont prises comme il faut, vous les dressez dans de petits gobelets : on les boit aussitôt.

DES CONSERVES.

Conserve de violettes.

Prenez une feuille de papier blanc que vous laissez en double, vous la pliez tout autour pour lui faire un bord de la hauteur de 3 centimètres, comme si vous vouliez faire une caisse ; ayez 500 grammes de sucre que vous mettez dans une poêle avec un verre d'eau ; faites-le cuire à *la plume*, c'est-à-dire jusqu'à ce que, trempant l'écumoire dedans et la secouant d'un revers de main, il s'enlève en l'air de longues étincelles qui se tiennent ensemble, vous l'ôtez du feu ; et quand il sera à demi-froid, vous y mettrez des violettes épluchées, que vous pilez très-fin dans un petit mortier ; délayez-les bien avec du sucre en les remuant promptement avec une cuiller de bois ou une spatule, sans les remettre au feu, et versez-les tout de suite dans le moule de papier.

Conserve de groseilles.

Prenez 500 grammes de groseilles rouges, dont vous aurez ôté les râpes ; mettez-les sur le feu avec un verre d'eau, faites-les cuire jusqu'à ce qu'elles aient rendu leur eau, passez-les dans un tamis en les pressant fort et qu'il ne reste que les peaux dans le tamis ; mettez tout ce que vous aurez passé sur le feu, et faites-le réduire jusqu'à ce que cela vous forme une marmelade épaisse ; mettez 500 grammes de sucre et un verre d'eau dans une poêle, faites bouillir et écumer, continuez de faire bouillir jusqu'à ce que votre sucre soit au *cassé*, ôtez-le du feu, et mettez-y votre marmelade de groseilles ; remuez-le ensemble jusqu'à ce que vous voyiez qu'il se forme une petite glace dessus, dressez-la dans un moule de papier comme celle de violettes.

Conserve de framboises.

Faites cuire 500 grammes de sucre de la même façon que pour la conserve de groseilles, et vous y mettrez des framboises préparées de cette façon : écrasez et passez au tamis 500 grammes de framboises avec 60 grammes de groseilles rouges, le tout épluché ; et mettez ensuite ce qui a passé au tamis dans une poêle sur le feu pour le faire dessécher, vous les mettrez après dans le sucre et finirez votre conserve comme celle de groseilles.

Conserve de cerises.

Faites cuire 500 grammes de sucre de la même façon que pour la conserve de groseilles, prenez 500 grammes de belles cerises, ôtez-en les queues et les noyaux, mettez-les sur le feu pour leur faire rendre leur eau, ensuite vous les passez dans un tamis en les pressant fort pour qu'il ne reste que les peaux dans le tamis, mettez sur le feu tout ce que vous avez passé pour le faire dessécher, finissez votre conserve comme celle de groseilles.

Conserve de fleurs d'oranger.

Mettez 500 grammes de sucre dans une poêle avec un grand verre d'eau, faites-le cuire à *la plume* comme il est dit pour la conserve de violettes; mettez-y ensuite des fleurs d'oranger préparées de cette façon : prenez 125 grammes de feuilles de fleurs d'oranger bien blanches, coupez-les de quelques coups de couteau et mouillez-les avec le jus de la moitié d'un citron; mettez-les dans le sucre et remuez-les sans être sur le feu jusqu'à ce que le sucre devienne blanc, autour de la poêle; alors vous les versez tout de suite dans le moule de papier comme les précédentes.

Conserve d'abricots et de pêches.

Faites cuire 500 grammes de sucre de la même façon que celui de la conserve de violettes. Quand il est à son point, mettez-y 125 grammes pesant de marmelade d'abricots faite de cette façon : prenez quinze ou dix-huit abricots, suivant leur grosseur, qui ne soient pas tout-à-fait mûrs, ôtez-en les noyaux et les peaux, coupez-les par morceaux, et faites-les cuire avec un peu d'eau jusqu'à ce qu'ils soient en marmelade bien desséchée et épaisse; mettez-la dans le sucre, et finissez la conserve comme celle de groseilles.

Conserve de verjus.

Faites cuire 500 grammes de sucre de la même façon que celui de la conserve de violettes; quand il sera à son point de cuisson, vous l'ôtez du feu et le remuez environ deux minutes, et ensuite vous y mettrez une marmelade de verjus faite de cette façon : prenez 500 grammes de verjus mûr, ôtez-en la grappe et mettez-le sur le feu pour le faire cuire jusqu'à ce qu'il soit en marmelade; mettez-le dans un tamis pour le presser fort jusqu'à ce qu'il ne reste dans le tamis que les peaux et les pépins; remettez la marmelade sur le feu pour la faire dessécher jusqu'à ce qu'elle soit bien épaisse; vous la mettez dans le sucre et remuez-les bien ensemble jusqu'à ce que le sucre commence à blanchir sur les bords de la poêle; versez-la tout de suite dans le moule comme celle des violettes.

Conserve de guimauve.

Coupez en très-petits morceaux environ 500 grammes de guimauve après l'avoir ratissée et lavée ; faites-la cuire dans un pot avec un verre d'eau jusqu'à ce qu'elle soit en marmelade, passez-la dans un tamis en la pressant fort, remettez sur le feu ce que vous avez passé, remuez toujours jusqu'à ce qu'elle soit bien épaisse, faites cuire 500 grammes de sucre de la même façon que celui de la conserve des groseilles ; mettez-y de la marmelade et remuez-la jusqu'à ce que le sucre commence à blanchir sur les bords de la poêle ; versez-la dans le moule comme les précédentes.

Conserve de raisins.

Ordinairement, pour toute sorte de confitures de raisins, l'on prend du muscat, parce qu'il est le meilleur. Prenez 750 grammes de raisin, ôtez-en les grappes, mettez-les sur le feu pour les faire crever, ensuite vous les passez à force dans un tamis jusqu'à ce qu'il ne reste plus que les peaux et les pépins dans le tamis, mettez tout ce que vous avez passé sur le feu, et faites-le dessécher jusqu'à ce que votre marmelade soit bien épaisse ; faites cuire 500 grammes de sucre de la même façon que celui de la conserve de groseilles ; quand il est à son point de cuisson, mettez-y la marmelade, et finissez-la de même.

Conserve d'oranges.

Mettez 250 à 375 grammes de sucre dans une poêle avec un demi-verre d'eau, faites-le cuire à *la plume* (voyez *Conserves de violettes*) ; ôtez-le du feu ; quand il sera à moitié froid, vous aurez toute prête l'écorce d'une orange douce râpée très-fine, que vous mettrez dedans, et la remuerez avec le sucre jusqu'à ce qu'il commence à s'épaissir ; vous verserez la conserve dans le moule. Celles de citron et de bigarade se font de même.

Gâteaux de fleurs d'oranger.

Faites un moule avec une feuille de papier blanc que vous laissez en double, et la pliez tout autour en faisant un bord de la hauteur de deux doigts, comme si vous vouliez faire une caisse ; vous faites ces moules

de la grandeur des gâteaux moyens, mettez 500 grammes de sucre dans une poêle avec un verre d'eau ;
faites bouillir et écumer, continuez de faire bouillir
jusqu'à ce qu'il soit à *la plume*, comme ci-dessus,
mettez-y tout de suite 125 grammes de pétales de
fleurs d'oranger et faites-les bouillir jusqu'à ce que le
sucre soit revenu au point qu'il était quand vous avez
mis les fleurs d'oranger : alors vous les retirez du feu
et les remuez promptement avec une spatule, en frottant tout autour de la poêle et au milieu jusqu'à ce que
vous voyiez que le sucre commence à monter ; vous y
jetez promptement un peu de sucre fin délayé avec du
blanc d'œuf pas plus clair qu'une crême double que
vous avez tout prêt ; remuez promptement et versez
votre gâteau dans le moule ; tenez le fond de la poêle
sur le gâteau pendant qu'elle est chaude, parce que
cela empêche qu'il ne tombe. Les gâteaux de violettes
se font de la même façon, à cette différence que, pour
125 grammes de violettes, il ne faut que 375 grammes
de sucre. Les gâteaux de fleurs d'oranger grillées se
font de même, à cette différence que vous faites griller les fleurs d'oranger avec un peu de sucre fin avant
que de les mettre dans l'autre sucre.

Biscuits ordinaires.

Suivant la grosseur et la quantité de biscuits que
vous voulez faire, vous augmenterez ou diminuerez la
dose ici marquée : prenez huit œufs que vous mettrez
dans une balance et autant pesant de sucre de l'autre
côté ; pesez aussi la farine en mettant la pesanteur de
quatre œufs, et mettez-la ensuite sur une assiette ; cassez les huit œufs, mettez les blancs à part dans une terrine et les jaunes dans une autre avec le sucre et un peu
d'écorce de citron vert haché très-fin, battez bien les
jaunes avec le sucre pendant une demi-heure, ensuite
vous fouettez les blancs jusqu'à ce qu'ils soient bien
montés, mêlez-les avec le sucre, ensuite vous y mettrez peu à peu et légèrement la farine en remuant toujours votre composition de biscuits ; vous avez des
moules de fer-blanc ou de papier qui sont bien beurrés
en dedans avec du beurre affiné, mettez-y votre pâte,

ne les emplissez qu'aux deux tiers, jetez du sucre fin dessus, et faites-les cuire au four d'une chaleur douce pendant une demi-heure ; quand ils seront d'une belle couleur dorée, vous les retirerez des moules à demi-froids.

DES CRÈMES ET FROMAGES DE DESSERT.

Crème de fraises.

Prenez plein un grand verre de fraises épluchées, lavées et égouttées, que vous pilez dans un mortier ; faites bouillir un demi-litre de crème avec un quart de litre de lait et du sucre ; laissez-les bouillir et réduire à moitié ; laissez un peu refroidir et mettez-y vos fraises pour les délayer ensemble ; délayez aussi gros comme un grain à café de présure que vous mettrez dans la crème lorsqu'elle ne sera plus que tiède : passez-la tout de suite dans un tamis et mettez-la dans un compotier qui puisse aller sur la cendre chaude sans se casser ; mettez-y un couvercle et un peu de cendre chaude dessus ; quand elle sera prise, vous la mettrez dans un endroit frais ou sur de la glace jusqu'à ce que vous serviez.

Crème de framboises.

Elle se fait de la même façon que celle de fraises, à cette différence qu'en retirant la crème du feu quand elle est assez réduite, vous y mettrez deux jaunes d'œufs frais que vous délayez auparavant avec deux cuillerées de crème, remettez un instant sur le feu en remuant la crème, seulement pour faire cuire les œufs sans bouillir, de crainte qu'elle ne tourne, ensuite vous finirez comme la précédente.

Crème fouettée.

Prenez un litre de bonne crème, mettez-la dans une terrine avec un peu de fleurs d'oranger pralinées, hachées très-fin, 60 grammes de sucre fin, gros, comme une noisette, de gomme adragante pulvérisée ; fouettez votre crème, et à mesure qu'elle mousse vous l'enlevez avec une écumoire pour la mettre sur un tamis où il y a un plat dessous pour recevoir ce qui en dégoutte; vous continuerez à fouetter la crème jusqu'à ce qu'il ne vous en reste pas dans la terrine, et si vous n'en avez pas assez, vous prendrez celle qui a dégoutté du tamis, que vous fouetterez encore; dressez votre crème dans un compotier. Il y en a qui la garnissent de citrons confits coupés en filets; elle se sert plus communément dans son naturel; ceux qui aiment le citron peuvent mettre un peu de citron vert haché très-fin dans la crème avant de la fouetter; pour lors il n'est point besoin de la piquer de citrons confits; elle se dresse dans le compotier en forme d'un dôme, et pour changer, vous pouvez la dresser en forme de plusieurs petits rochers.

Crême fouettée de fraises et de framboises.

Fouettez un demi-litre de crême double; à mesure qu'elle mousse, vous la levez avec une écumoire pour la mettre dans un tamis sous lequel il y a un plat pour recevoir ce qui égoutte; lorsque vous avez tout fouetté, prenez deux poignées de fraises ou framboises bien épluchées, passez-les dans un tamis en les pressant à force; mettez-y 60 grammes de sucre fin que vous mêlez avec les fraises ou framboises; ensuite vous mêlez le tout ensemble en le fouettant avec la crême un instant avant que de servir, et dressez-le ensuite dans le compotier.

Fromage naturel à la crême.

Prenez un demi-litre de bon lait que vous faites tiédir sur le feu, mettez-y, en remuant le lait, gros comme un pois, de bonne présure que vous délayez avec du même lait, faites prendre votre caillé sur un peu de cendres en le couvrant et mettant un peu de cendres chaudes sur le couvercle; quand il est pris, vous le mettez dans un panier d'osier fait pour ces petits fromages, et lorsqu'il est bien égoutté, vous le pressez dans le compotier et le servez avec de bonne crême et du sucre fin dessus.

13.

Fromage fouetté.

Hachez très-fin un peu d'écorce de citron vert et mettez-le dans une terrine avec un demi-litre de crême bien épaisse, et gros comme un pois de gomme adragante en poudre; fouettez votre crême; à mesure que la mousse est épaisse, vous l'enlevez avec l'écumoire pour la mettre dans un panier d'osier. Si le panier n'est pas bien serré, il faut mettre dans le fond un morceau de mousseline ou quelque autre linge clair; lorsque la crême est toute fouettée, vous laissez égoutter le fromage jusqu'à ce que vous serviez; vous le renversez dans un compotier et jetez du sucre fin dessus.

Fromage à la glace à la bourgeoise.

Prenez un demi-litre de crême, un verre de lait, un jaune d'œuf, 125 grammes de sucre; faites-lui faire cinq ou six bouillons et retirez-le du feu; vous y mettrez ensuite quelques essences, comme fleur d'oranger, bergamote, citron; mettez-le après dans votre moule de ferblanc, pour le faire prendre à la glace; mettez votre moule dans un petit seau proportionné à sa grandeur; après avoir mis dans le fond du seau de la glace bien pilée, une poignée de sel, ou salpêtre, vous continuerez à mettre autour du moule, jusqu'en haut, de la glace et du salpêtre; quand votre fromage est glacé, et que vous êtes prêt à servir, vous avez de l'eau chaude dans un chaudron, vous y trempez le moule du fromage pour le faire détacher et dressez-le dans la jatte: il faut le manger dans le moment.

Massepins.

Prenez 500 grammes d'amandes douces que vous pilez; après les avoir échaudées et émondées, arrosez-les de trois blancs d'œufs en les pilant; vous les mêlez ensuite avec de la marmelade d'abricots ou autres confitures qui ne soient point liquides, de la fleur d'oranger confite et pilée. Quand le tout est bien mêlé, vous mettez vos amandes dans une casserole avec du sucre en poudre et laissez dessécher sur le feu; vous les mettez ensuite sur une table, et les maniez avec du sucre fin; mettez-en jusqu'à ce que la pâte ne tienne plus dans vos mains; vous la roulez ensuite pour en former des massepains de telle figure que vous voulez; vous avez six blancs d'œufs que vous fouettez à moitié et y mêlez avec du citron vert haché, vous trempez dedans les massepains et les mettez après dans du sucre fin autant qu'ils peuvent en prendre; dressez-les sur des feuilles de papier blanc que vous mettez sur des feuilles de cuivre, et faites-les cuire au four, d'une chaleur douce. Pour être sûr du four mettez un peu de pâte sur une carte; si la carte prend couleur, c'est une marque que le four est trop chaud.

Gaufres.

Prenez trois œufs des plus frais que vous pourrez et délayez-les avec autant de farine qu'ils en peuvent boire, du citron vert haché, de l'eau de fleurs d'oranger et du sucre fin; délayez le tout ensemble et mettez-y ensuite un quart de litre de crême, jusqu'à ce que la pâte soit un peu liquide; quand votre pâte est prête, vous faites chauffer le gaufrier sur un fourneau et vous le graissez légèrement avec un pinceau trempé dans du beurre fondu. Ensuite, vous y mettez plein une cuiller à bouche de cette pâte, cela suffit; réfermez votre gaufrier et remettez-le sur le feu; quand elle sera cuite d'un côté, vous la retournerez de l'autre et la retirerez ensuite pour la mettre sur un rouleau de bois; courbez-les toutes chaudes, et quand elles seront toutes faites, mettez-les dans un lieu sec jusqu'à ce que vous les serviez.

Poires séchées à la façon de Reims.

La poire de rousselet est celle qu'on prend ordinairement; on en fait autant de celle de doyenné, parce qu'elle est bonne et ne se peut garder longtemps que par ce moyen. Pelez les poires du haut en bas, ramassez un peu la queue et coupez-en le petit bout; jetez-les à mesure dans l'eau fraîche et ensuite faites-les bouillir jusqu'à ce qu'elles fléchissent sous les doigts; vous les retirez à mesure avec l'écumoire pour les jeter dans l'eau fraîche; quand elles seront égouttées, sur un demi-cent de poires que vous aurez, mettez 500 grammes de sucre dans deux litres d'eau. Quand il sera fondu, vous y mettrez les poires pour les y laisser deux heures, ensuite vous les dresserez sur des clayons, la queue en haut, pour les mettre passer la nuit dans un four d'une chaleur douce, comme quand on a tiré le pain. Le lendemain, vous retrempez les poires dans le sucre et remettez-les de la même façon dans le four, ce que vous continuerez pendant quatre jours, et la dernière fois vous ne les retirerez que quand elles seront tout-à-fait sèches. On les conserve dans un endroit sec autant que l'on veut.

Tablettes de réglisse pour le rhume.

Mettez dans un pot de terre une litre d'eau de rivière avec 500 grammes de réglisse verte ratissée et coupée en très-petits morceaux, deux poignées d'orge, quatre pommes de reinette, faites bouillir le tout ensemble à très-petit feu, pendant quatre ou cinq heures, jusqu'à ce que cela soit bien cuit et réduit à moins d'un demi-litre d'eau ; ensuite vous écrasez bien le tout ensemble pour en passer, à force de bras, le plus que vous pourrez à travers un tamis; mettez dans ce que vous aurez passé 500 grammes de sucre clarifié et 60 grammes de gomme adragante fondue; faites dessécher cette composition sur le feu en la remuant toujours avec une cuiller de bois jusqu'à ce qu'elle ne colle plus à vos doigts ; alors vous la renversez sur des ardoises ou feuilles de cuivre frottées avec un peu d'huile ; quand elle sera froide, vous la couperez par tablettes pour les mettre sécher dans un endroit un peu chaud.

Fruits secs sans être confits.

Les fruits séchés au naturel sont d'un grand secours pour ceux qui sont à la campagne et qui en ont beaucoup dans leurs jardins. Pour les mettre à profit, voici la façon de les faire sécher :

Prenez des cerises bien mûres qui ne soient point tournées, arrangez-les sur des claies sans les entasser les unes sur les autres, vous laisserez les queues et les mettrez sécher dans le four d'une chaleur douce, comme quand on vient de tirer le pain ; vous les laisserez tant que le four aura de chaleur, vous les tirerez après pour les retourner, et les remettrez encore au four avec la même chaleur, jusqu'à ce que vous jugiez qu'elles soient assez sèches ; vous les laisserez refroidir pour les lier en petits bouquets, et les serrerez dans un lieu sec.

Les prunes se sèchent de la même façon. Il faut les cueillir très-mûres ; celles qui tombent d'elles-mêmes sont meilleures, parce qu'elles ont plus de chair et sont d'un meilleur goût.

Les pêches se sèchent comme les prunes, à cette différence que celles qui sont cueillies à l'arbre valent mieux que celles qui sont tombées ; vous les fendez par le milieu et en ôtez le noyau. Quand elles sont à moitié sèches, vous les mettez sur une table bien propre, et les aplatissez pour qu'elles sèchent également ; vous les remettrez après au four jusqu'à ce qu'elles soient sèches.

Les abricots se font de la même façon, à la réserve que l'on en fait sortir le noyau sans les ouvrir.

Les poires se sèchent pelées et sans les peler : la première façon est la meilleure. Vous prenez les peaux et les mettez avec les poires dans un chaudron plein d'eau, faites-les bouillir jusqu'à ce qu'elles commencent à s'amollir, vous aurez soin en les pelant de leur laisser les queues, et vous les ferez ensuite sécher au four de la même façon que les prunes.

Confiture de campagne.

Prenez du vin doux appelé moût, vous ne pouvez le prendre trop doux, plus ou moins, suivant la quantité que vous voulez faire de confiture, mettez-le dans une chaudière, faites-le bouillir sur un feu toujours clair, faites-le réduire aux deux tiers pour qu'il ait une bonne consistance, et puisse confire le fruit pour être de garde.

Vous prendrez le fruit que vous voulez confire, soit poires, pommes ou coings, faites-les cuire dans l'eau jusqu'à ce qu'il soit amolli, vous le pèlerez ensuite, et le mettrez dans votre sirop de vin doux et le laisserez bouillir jusqu'à ce qu'il soit cuit, et vous aurez soin de bien écumer. Vous connaîtrez sa cuisson, quand vous mettrez du sirop sur une assiette. Si vous le voyez demeurer en rubis, et qu'il ne coule point en penchant cette assiette, c'est une preuve qu'il faut retirer votre confiture, vous la mettrez dans les pots et vous la couvrirez quand elle sera froide. Il est indifférent que le vin doux soit blanc ou rouge.

Confiture au cidre.

Prenez du cidre de poires fait sans eau, celui de pommes n'est point assez doux, vous le faites réduire aux deux tiers avant d'y mettre votre fruit. Vous finirez ensuite vos confitures de la même façon que celles de vin doux.

Confiture au miel.

Choisissez le plus beau miel que vous pourrez avoir, et vous vous en servirez avec la même dose que pour le sucre, parce que toutes les confitures qui sont expliquées ci-devant pour le sucre, peuvent se faire au miel. Voici la façon de s'en servir et de le clarifier. Mettez-le dans une poêle sur un fourneau ; quand il bout, il faut le bien écumer, c'est un des principaux points pour sa beauté. Vous connaîtrez sa cuisson, en mettant dessus un œuf de poule ; s'il enfonce, sa cuisson est imparfaite ; s'il flotte, c'est signe qu'il est cuit, et vous pouvez vous en servir pour confire toute sorte de fruits avec la même façon que vous faites pour le sucre. Faites attention que le miel est sujet à brûler, et qu'il faut le faire cuire à petit feu, et avoir soin de le remuer souvent avec une spatule de bois.

Manière de faire le raisiné.

Prenez la quantité de raisin que vous jugerez à propos, vous les égrainerez ensuite et les presserez à mesure dans le chaudron où vous devez les faire cuire ; mettez-les sur un feu clair, et à mesure qu'ils bouillent, ôtez-en les pépins le plus que vous pourrez avec une écumoire, laissez-les réduire au tiers, et vous aurez soin de diminuer le feu à mesure qu'ils épaississent, et remuez-les souvent avec une spatule de bois, de crainte qu'ils ne brûlent; vous les retirerez ensuite pour les passer au travers d'un linge blanc de lessive, en les pressant bien fort avec les mains. Cela fait, remettez-les sur le feu pour leur faire faire quelques bouillons en les tournant continuellement jusqu'à ce qu'ils aient pris assez de consistance; vous les retirerez du feu pour les mettre tout de suite dans des terrines. Quand il sera à demi-froid, vous le mettrez dans les pots; il faut laisser les pots découverts cinq ou six jours, les couvrir de papier et les visiter de temps en temps; si le papier se moisit, vous l'ôterez et en remettrez d'autre; vous continuerez ce soin jusqu'à ce que toute l'humidité en soit évaporée, alors il ne se gâte plus, s'il est bien cuit; sinon on le fait recuire un peu, pour ensuite le couvrir de nouveau.

Manière de faire toute sorte de vinaigre.

Suivant la qualité de vinaigre que vous voulez faire, vous prenez un vaisseau plus ou moins grand. Pour en faire vingt litres, prenez un baril de cette grandeur qui soit neuf; s'il est de vieux bois, il faut le faire doler en dedans; ensuite vous prenez un litre du plus fort vinaigre que vous faites bouillir, et mettez-le tout bouillant dans le baril que vous boucherez bien avec le bondon, et roulez-le en l'agitant jusqu'à ce qu'il soit tout-à-fait froid. Six heures après, vous ôtez ce vinaigre et mettez ce baril en place dans un endroit chaud, après l'avoir bondonné: faites un trou dans le haut du baril, au-dessus du jable, assez grand pour mettre un grand entonnoir: faites-y entrer par l'entonnoir deux litres de bon vinaigre; huit jours après ajoutez-y un litre de vin propre à faire du vinaigre; de huit jours en huit jours, vous y ajouterez un litre de vin jusqu'à ce que le baril soit à moitié plein: alors vous en pouvez mettre davantage; il faut faire attention que le vinaigre soit toujours de la même force que le premier que vous y avez mis, parce que, s'il était plus faible, l'augmentation que vous feriez n'aurait pas la même force. Votre baril étant plein et le vinaigre dans sa bonté, vous en retirez les deux tiers que vous mettez dans un autre vaisseau; ensuite vous remettez du vin peu à peu dans le baril, comme ci-dessus, et, par ce moyen, vous avez toujours du vinaigre. Le vin le plus propre à faire du vinaigre est celui que l'on tire auprès de la lie, celui qui est poussé et aigri sans avoir de fleurs; lorsque le vinaigre n'a point assez de couleur, vous y mettez du jus de mûres sauvages.

Le vinaigre blanc se fait avec le rouge; pour le faire, mettez dix litres de vinaigre sur le feu et faites-le bouilir jusqu'à ce qu'il soit réduit à huit; ensuite vous le faites distiller à l'alambic, vous en mettrez plus ou moins, suivant la quantité que vous en voulez.

Pour faire du vinaigre rosat, faites sécher deux jours au soleil 30 grammes de roses muscades que vous mettrez dans un litre de vinaigre; mettez les roses et le vinaigre au soleil pendant quinze jours dans une bouteille bien bouchée. Celui d'estragon, de sureau, d'œillet, se fait de même; pour celui de fleur d'oranger, on met la feuille sans être séchée; celui à l'ail, il faut quatre litres de vinaigre blanc pour 30 grammes d'ail, douze clous de girofle et une muscade coupée par morceaux.

Vinaigre printanier.

Prenez vers le mois de juin, cresson, estragon, pimprenelle, cerfeuil que vous faites sécher au soleil; quand ils seront secs, vous les mettrez dans une cruche d'environ six litres, avec dix gousses d'ail, autant d'échalotes, six ognons, une poignée de graine de moutarde, vingt clous de girofle, un demi-gros de macis, un gros de poivre long, un citron coupé en tranches avec son écorce. Emplissez la cruche avec du vinaigre; après l'avoir bien bouchée, vous l'exposerez pendant dix jours à l'ardeur du soleil. Vous le passerez après dans une chausse pour le tirer au clair, mettez-les dans des bouteilles bien bouchées.

DE LA CAVE ET DES VINS.

Une bonne cave est celle qui n'est ni trop sèche ni trop humide, l'humidité pourrit les cercles ; il faut visiter souvent les tonneaux, et, pour éviter cette humidité, donner plus d'air aux futailles en élevant davantage les chantiers, et entretenir dessous la plus grande propreté.

Une cave trop sèche conserve les tonneaux, mais on perd beaucoup de vin par l'évaporation et les vidanges ; on remédie à cet inconvénient en diminuant le nombre ou la grandeur des soupiraux.

Il faut choisir de préférence une cave située au nord, qui ne soit ni trop élevée ni trop profonde, pour que les vins y soient à l'abri de l'influence des saisons. Les grandes chaleurs et les fortes gelées leur sont contraires ; le moyen de les en garantir est de fermer les soupiraux dans les temps trop chauds ou trop froids, pour entretenir une température toujours égale, mais plutôt fraîche que chaude. Les courans d'air doivent être évités avec soin ; il faut cependant le renouveler quelquefois, surtout dans les caves profondes et dans celles qui avoisinent les latrines, les égoûts, etc. Cette situation leur est très-préjudiciable, ainsi que l'influence des corps susceptibles de fermentation. Le tremblement produit par le passage des voitures ou par toute autre secousse remue la lie, et peut faire tourner le vin à l'aigre, en donnant naissance à la fermentation acéteuse ; une voûte forte et bien construite prévient ces accidens.

Le fond d'une cave doit être uni et battu, et on doit y entretenir la plus grande propreté.

Vins. — De leur dégustation.

L'art de bien déguster les vins demande un tact assez fin pour distinguer et apprécier les différentes qualités des vins français et étrangers. Nous n'offrirons pas ici la nomenclature des caractères des diverses espèces de vins. L'habitude de la dégustation est le guide le plus sûr ; d'ailleurs, le vin éprouve des variations suivant son âge, l'époque où on le goûte, et la manière dont il a été soigné.

Il faut connaître l'état du vin que l'on veut se procurer en s'assurant de l'âge, du bouquet, du goût, des variations auxquelles il est sujet, de sa conservation et de sa durée.

Il ne faut s'en rapporter au bouquet du vin, qui en est le parfum, que pour les vins fins, et encore le perdent-ils souvent en vieillissant ; il en est chez lesquels il se développe plus tôt, chez d'autres plus tard ; un vin fin, nouveau, qui est sans bouquet, est mélangé. Les vins ordinaires, quelques qualités qu'ils aient, n'ont point de bouquet ou en ont peu.

Le bouquet artificiel, que l'on donne aux vins par le moyen de l'arôme des fleurs et des fruits odoriférans, tels que l'iris, la violette, les framboises, etc., se perd aisément.

Le vin d'une mauvaise année est presque toujours mélangé avant d'être vendu. Lorsque ce mélange n'est fait qu'avec du vin, il n'est pas dangereux ; souvent même il donne au vin une qualité préférable ; lorsqu'il est bien combiné, et que le vin n'a pas acquis son degré de maturité, le goût en devient plus flatteur.

Un bon vin doit avoir un degré de spiritueux suffisant ; s'il était trop faible, sa couleur serait louche, elle doit être franche. Les vins trop colorés sont lourds et d'un goût fade ; mais ils se conservent ordinairement bien, et le temps les rend meilleurs.

Le goût du terroir donne au vin une qualité recommandable. On distingue celui de pierre à fusil, dans le Châblis et le vin du Rhin ; dans les vins de Bordeaux et du Dauphiné le parfum de la violette, etc.

Il y a des vins verts et âpres qui perdent en vieillissant leur verdeur et leur âpreté. On estime en général les vins piquans, parce qu'ils conservent presque toujours leur mordant.

Lorsqu'on reconnaît qu'un vin est falsifié, il faut prendre garde qu'il n'y soit entré de la litharge, cette drogue est très-dangereuse, son goût est douceâtre ; on en fait l'épreuve en versant dans une petite quantité de ce vin du foie de soufre, la litharge tombe au fond et forme un dépôt noirâtre.

Quoique les autres falsifications ne soient pas préjudiciables à la santé, elles diminuent les bonnes qualités du vin, et en altèrent la couleur.

Le moyen le plus sûr pour juger de la qualité du vin, est de le goûter étant à jeun.

Le vin de Bourgogne est le plus en usage sur nos tables, on s'en sert comme bon vin d'ordinaire ; les autres sont employés selon leurs différentes qualités.

Vins en tonneaux.

Les vins en tonneaux doivent être visités souvent, surtout aux environs des équinoxes ; à cette époque la fermentation attaque les cercles et les fait éclater presque tous ensemble. Lorsque les pièces sont menacées de cet accident, il faut les serrer promptement par un cercle de fer brisé, pour avoir le temps de les soutirer. Si le cas était plus grave, on appellerait un tonnelier.

Lorsque les tonneaux ne sont pas remplis exactement, le vin perd son bouquet et s'altère par l'évaporation du spiritueux ; cette altération peut être prévenue ou réparée en soutirant la pièce dans un autre tonneau fortement imprégné de mèches soufrées ; il faut bien remplir et boucher la pièce ; ensuite on soutire une seconde fois, s'il en est besoin, après l'avoir collé ; mais il ne doit être mis en bouteilles que lorsqu'il aura perdu son mauvais goût. Si ces moyens ne réussissaient pas, il faudrait le mélanger avec un vin nouveau et spiritueux, en observant de n'employer qu'un tiers de vin altéré sur deux tiers de bon vin. On peut encore faire usage de lie fraîche de vin nouveau, ou de l'esprit de vin en quantité suffisante pour corriger l'altération.

Collage des vins.

Lorsque du vin est nouvellement entré dans une cave et qu'il n'a pas encore été collé, il faut le laisser reposer quelques jours, ensuite on prendra quatre blancs d'œufs, pour une pièce de vin rouge de deux cent soixante bouteilles, on battra ces blancs et on les versera dans la pièce par la bonde, après en avoir retiré

quatre ou cinq bouteilles de vin ; puis on entroduira dans
le tonneau, sans l'enfoncer tout-à-fait, un bâton fendu
que l'on tournera plusieurs fois très-vivement en décri-
vant un cercle, ensuite on le retirera ; il faudra **avant**
de replacer la bonde, la regarnir d'un papier ou d'un
linge nouveau. Cinq ou six jours après on peut **mettre**
ce vin en bouteilles.

Pour coller le vin blanc on emploie de la colle de
poisson ; il en faut un litre pour une pièce de deux cent
soixante bouteilles : le procédé est le même que le précédent.

Soins à apporter aux vins en tonneaux.

Les vins sont sujets à fermenter dans les tonneaux,
surtout à l'époque du mouvement de la vigne ; il faut
alors se hâter de donner de l'air aux pièces par le moyen
d'un fosset. Cette fermentation peut être favorable **aux**
vins nouveaux, si l'on a soin de les retirer de dessus la
lie avant l'équinoxe du printemps, sans cela le vin
prendrait un goût acide , et il faudrait le soutirer et le
mélanger, en employant le procédé que nous avons dé-
crit plus haut.

La fermentation est contraire aux vins vieux ; il faut
les en préserver autant qu'on peut, en les séparant des
vins nouveaux, ou bien en brûlant autour des pièces
des mèches soufrées pour purifier l'air. Si ces précautions se trouvaient inutiles, il faudrait les soutirer
promptement dans des tonneaux imprégnés de vapeurs
de soufre, et les tenir éloignés des autres.

Si le vin contracte un goût de vieux, il faut le mettre
promptement en bouteilles.

Lorsque les vins tournent à la graisse, ce qui arrive
particulièrement aux vins blancs, l'on s'en aperçoit
parce qu'ils filent comme de l'huile ; il faut y introduire
une certaine quantité de lie fraîche, les laisser reposer
et ensuite les coller et les soutirer.

Pour remédier à la plupart des accidens qui peuvent arriver aux vins, tels que les goûts de fût, de
moisi, etc., il faut les soutirer et faire usage des mèches
soufrées, en ayant soin, quand on soufre un tonneau,
de ne point laisser tomber la mèche dedans ; parce

qu'elle donnerait un mauvais goût au vin. Les vins soufrés ne doivent pas être bus seuls, il faut les mélanger avec d'autres.

Tonneaux vides.

Sitôt qu'il n'y a plus de vin dans un tonneau, il faut le faire égoutter, y brûler une mèche, le boucher exactement et le tenir au sec.

Vins en bouteilles.

Pour mettre un vin en bouteilles, il faut attendre qu'il soit bien éclairci, et qu'il ait mûri suffisamment en pièces, afin qu'il ne conserve ni âpreté ni verdeur; les vins blancs doivent avoir perdu leur goût sucré. L'époque ordinaire est un an après la récolte pour les vins fins et légers, les vins colorés peuvent se conserver plus longtemps en pièces. Lorsque le moment est venu de mettre un vin en bouteilles, si l'on tarde trop, il perd de sa qualité.

On doit éviter, pour faire cette opération, les trois époques de la vigne, les temps trop chauds, orageux et humides; la gelée est très-favorable.

Il faut choisir des bouteilles de même dimension, bien rincées et égouttées; puis, lorsqu'on a introduit la cannelle dans le goulot, il faut incliner la bouteille pour éviter que le vin ne mousse en tombant trop perpendiculairement. On ne doit l'emplir que jusqu'à 5 ou 6 centimètres du goulot, pour qu'il y ait un intervalle de quelques milimètres entre le vin et le bouchon. Sans cette précaution les bouteilles casseraient en les bouchant.

Lorsqu'une bouteille est remplie, il faut placer le bouchon et taper avec une batte, puis on secoue la bouteille en penchant le goulot pour voir s'il ne tombe pas de vin. Si l'on veut conserver le vin longtemps, il faut goudronner les bouchons.

Quand toutes les bouteilles sont bouchées, on les range sur un lit de sable près du mur, en mettant un rang de lattes sous le goulot; ensuite on pose deux rangs de lattes sur cette première rangée, et l'on place la seconde tête-bêche, et ainsi de suite. Il faut mettre de distance en distance quelques petits morceaux de lattes pour empêcher que les bouteilles ne se cassent en roulant.

S'il survenait quelque altération aux vins en bouteilles, il faudrait les remettre dans le tonneau et les traiter comme nous avons dit pour les vins en pièces.

DE LA BASSE - COUR.

Poules.

Mettez dans une basse-cour, sept poules pour un coq, choisissez-les grosses, proportionnées à leur coq et de même nature. Les poules huppées sont les plus estimées ; les poules grasses sont trop paresseuses ; celles qui chantent ne valent rien.

Il faut leur donner la nourriture régulièrement et à la même place, pour les rendre familières.

Les poules sont bonnes pour la ponte à l'âge d'un an et demi ou deux ans ; plus tard elles deviennent d'excellentes couveuses.

C'est dans le mois de février qu'il faut commencer les couvées, et surtout dans la pleine lune, pour que les petits éclosent au commencement de la nouvelle. On peut les prolonger jusqu'au mois d'octobre, mais les premières valent mieux.

La poule a une manière de glousser qui indique qu'elle veut couver ; il faut alors lui donner une dizaine d'œufs, pas plus, et ne pas la troubler pendant qu'elle couve, car elle les abandonnerait. On doit lui mettre sa nourriture près d'elle, pour que ses œufs n'aient pas le temps de se refroidir lorsqu'elle se dérangera pour la prendre. Choisissez ce moment pour remuer la paille s'il en est besoin, et remettez exactement les œufs dans l'ordre où la poule les a laissés.

Quelques poules mangent leurs œufs, il faut leur faire perdre cette habitude en mettant dans le poulailler quelques morceaux de craie de la même forme, elles y seront trompées, et cela les dégoûtera.

L'intérieur du poulailler doit être vaste ; le sol construit avec de la terre battue, et les cloisons faites avec de fortes planches. Il faut qu'il soit exposé au soleil levant. On peut semer autour de l'absinthe et de la rue pour en écarter la vermine, et faire une décoction de ces plantes dont on arrosera le sol ; la bonne santé de la volaille dépend de ces précautions.

Pour engraisser des poulets, donnez-leur une pâte de farine d'orge ; mettez dans leur eau un peu de brique pilée, et les tenez enfermés dans des loges.

La malpropreté ou le manque d'eau fait naître au bout de la langue de la volaille une petite écaille qui empêche l'animal de manger, et que l'on nomme pépie, il faut l'enlever avec l'ongle, et frotter la place avec un peu de sel.

Poulets appelés poulets de Pâques.

Rassemblez dans le mois d'octobre une trentaine de paires de pigeons que vous enfermez dans un grenier situé au midi et bien clos. Donnez-leur une nourriture échauffante, telle que le sarrazin, la vesce, et le sel en abondance, cela les engagera à pondre. Otez les œufs qu'ils auront pondus et les remplacez par des œufs de poule. Observez le moment où les petits devront éclore pour les enlever de suite, les poulets ne pouvant pas être nourris par la femelle du pigeon. Mettez couver dans un lieu chaud et renfermé, deux poules d'Inde, dont vous aurez hâté la ponte par une nourriture appropriée, enivrez-les, et pendant qu'elles dormiront, substituez à leurs œufs les poulets nouvellement éclos, mettez-les dans le nid avec précaution et la dinde dessus, avant qu'elle ne s'éveille, elle les adoptera et les élèvera.

Si vous voulez imiter les poulets de Caux, qui sont très-estimés, séparez les coqs des poulettes sitôt que leur crête commencera à poindre, et donnez-leur pour nourriture une pâte faite avec de la farine de sarrazin et du lait, et dans laquelle vous ajouterez du sel. Semez près d'eux des épluchures de riz ou de blé mondé, et ne donnez leur à boire que du lait coupé avec de l'eau.

Canards.

Si vous voulez élever des canards, il faut leur préparer un abri près de l'eau, dans lequel ils puissent déposer leurs œufs. Faites croître du persil à l'entour, leur chair en deviendra meilleure. Le temps de la ponte pour les cannes est au mois de février; il ne faut leur laisser que le nombre d'œufs qu'elles doivent couver, en ayant soin de ne point les ôter de la place où elles les ont mis, elles les couveront sans demander aucun soin ; il faut seulement tenir près d'elles leur nourriture ordinaire et de l'eau.

En hiver, faire couver les œufs de cannes par des poules, les petits en iront moins vite à l'eau, et seront moins exposés à périr.

Les canards sont fort aisés à nourrir: on peut les engraisser en quinze jours, en leur donnant une nourriture abondante, et les tenant enfermés dans un coin du poulailler.

Oies.

Les oies ainsi que les canards ont besoin d'eau pour barbotter, leur nourriture n'est pas plus dispendieuse. Lorsqu'elles couvent, on leur donne du son et des balayures d'avoine échaudées, et l'on enferme les petits sitôt qu'ils sont éclos pour les nourrir avec du son, du lait caillé, de la farine d'orge, etc. Les oies ne s'accouplent pas, il ne faut qu'une oie mâle pour plusieurs femelles.

On engraisse les oies depuis l'âge d'un mois jusqu'à six, et même plus tard. Pour les avoir belles, il faut les enfermer pendant quinze jours, trois semaines ou un mois, et leur donner de la farine d'orge ou de la drèche moulue et mêlée avec du lait, des fèves broyées et de l'avoine.

On doit choisir les oies blanches ou grises; celles qui sont noires ou mélangées de noir et de blanc ne sont pas estimées.

Dindons.

Les dindes pondent en mars et couvent ordinairement en avril. On ne doit ordinairement leur donner que

douze œufs. Il faut tenir bien chaudement les petits nouvellement éclos, parce qu'ils sont d'une constitution
très-délicate. On les nourrit avec du fromage mou
ou du lait caillé, et on ne leur donne à boire que du
lait mêlé avec de l'eau. Il faut les faire manger très-
souvent, car les mères sont très-négligentes. Quand
ils ont pris un peu de force on les laisse à l'air dans un
lieu clos, et l'on a soin de les mettre à l'abri le soir
pour que la rosée ne les mouille pas ; on doit aussi les
rentrer lorsqu'il pleut.

Lorsque les dindons sont parvenus à leur croissance,
on les nourrit avec du grain ; ils sont d'ailleurs fort
gloutons et mangent tout ce qu'ils rencontrent. Si vous
voulez les engraisser, faites bouillir de l'orge et de l'a-
voine et leur en donnez pendant quinze jours ; ensuite
vous ferez une pâte épaisse avec de la farine d'orge et
du lait nouveau, formez la pâte en pains d'égale grosseur et minces par le bout, vous les tremperez dans du
lait tiède et vous en remplirez le jabot du dindon trois
fois par jour.

Pigeons.

Lorsque vous voudrez monter un colombier, choisissez vos pigeons en mai ou en août, assortissez les
espèces et ne mettez pas plus de mâles que de femelles.
Ces animaux demandent beaucoup de soins et de
propreté pour les garantir de la vermine. On doit leur
mettre de l'eau à différentes places. Leur nourriture
est la vesce, l'orge, le sarrazin, les lentilles, les pois,
les féverolles, le maïs hâtif, les criblures et quelquefois
du chenevis pour les échauffer et les faire pondre. Ils
aiment beaucoup le sel; on a coutume de mettre près
du colombier un tas d'argile sur lequel on verse toutes
les eaux salées que l'on peut avoir. Le sel mêlé avec la
graine de cumin est un remède efficace contre leurs
différentes maladies.

Lorsqu'ils sont attaqués de la gale sur le dos et l'estomac, il faut prendre 125 grammes de sel gris, 500
grammes de graines de cumin, autant de graines de
fenouil et de graines d'anet, un peu de farine de blé,
un peu d'argile et 30 grammes d'assa-fétida, battez

bien ce mélange et mettez-le cuire au four dans des pots. Lorsqu'il sera froid, placez-en çà et là près du colombier, et sitôt que les pigeons en auront mangé ils seront guéris.

Lapins.

Les soins de propreté et le choix de la nourriture sont les seules précautions à prendre pour les lapins. Des croûtes de pain, quelques aromates, de l'avoine, peu de feuilles de chou, du son, des herbes fraîches et abondantes, rendent leur chair très-délicate. Ils sont très-productifs, et lorsque la femelle est en chaleur il faut la mettre au mâle pour qu'elle ne tue pas ses petits.

DES HONNEURS DE LA TABLE.

C'est un art de bien assortir les mets qui doivent composer un repas. Il existe sur cela des usages reçus dont on ne peut déroger et dont il est parlé dans le cours de cet ouvrage ; mais il en est un autre plus difficile, que la politesse a inventé, qui donne du prix aux moindres choses, et qui demande une grande habitude du monde ; nous allons essayer d'en tracer les règles indispensables.

Il serait inconvenant de recevoir les convives dans la salle à manger ; il faut les recevoir dans le salon, et lorsque l'heure convenue sera arrivée, on ne doit pas tarder plus d'un quart-d'heure pour se mettre à table, quand même une partie des personnes invitées manqueraient.

Le maître de la maison doit passer le premier, en donnant la main à une dame, et inviter les messieurs à en faire autant.

Quand la réunion est nombreuse il est utile de mettre le nom de chaque personne à la place qui lui est destinée ; si l'on a négligé cette précaution, c'est le maître de la maison qui place les convives ; il doit assortir autant qu'il peut l'âge, l'humeur et le rang, et placer près de lui les personnes les plus considérables. La galanterie exige que l'on mette toujours un monsieur à côté d'une dame alternativement. Chaque cavalier doit s'occuper particulièrement de la dame qui est à sa droite.

Le maître de la maison doit être au centre de la table; c'est lui qui distribue les potages, qui découpe les viandes, et qui charge quelques personnes, dont les talens sont reconnus, de l'assister dans ces fonctions. Il doit avoir l'œil à tout, veiller à ce que personne ne reste dans l'inaction, et demander du vin lorsqu'il s'aperçoit qu'il en manque. Il peut offrir une répétition des mets qui sont le plus du goût des convives, excepté du bœuf, il attendra qu'on lui en redemande. Il doit donner le signal pour faire enlever les mets et changer d'assiettes.

C'est lui qui doit diriger la conversation et en éloigner la politique ainsi que tout sujet qui pourrait blesser quelques personnes. Chaque convive doit recevoir de lui quelque marque distinguée de bienveillance et de politesse. C'est aussi le maître de la maison qui doit servir le coup du milieu et les vins d'entremets et de dessert.

Le vin d'ordinaire doit être placé à portée des convives pour qu'ils puissent s'en servir à volonté; il est d'usage d'en boire un verre pur après le potage; mais ensuite il faut y mettre de l'eau.

La maîtresse de la maison est chargée des honneurs du dessert; elle doit prendre garde à ce que le service soit bien exécuté; faire placer les mets dans l'ordre qui leur est assigné, et s'occuper également de tout le monde, mais particulièrement des dames.

On peut, selon son goût, servir le café à table ou dans le salon; c'est le maître ou la maîtresse de la maison qui le verseront dans les tasses ou qui prieront quelqu'un d'en faire les honneurs; ils doivent demander à chaque convive s'il est dans l'habitude de prendre les liqueurs avant ou après, et laisser le choix libre sur la quantité et le goût.

Des convenances que les convives doivent observer.

Lorsqu'on se met à table, il faut poser sa serviette, pliée en trois, sur ses genoux. Il serait contre le bon ton de l'attacher à la boutonnière; après avoir mangé la soupe, Il faut laisser la cuiller sur son assiette. On doit savoir qu'il est d'usage de boire un doigt de vin après la soupe, le seul dans lequel on soit dispensé de mettre de l'eau, à l'exception des vins d'entremets ou de dessert; que l'on doit se servir soi-même les vins d'ordinaire, et qu'on ne peut refuser, sous aucun prétexte, le coup du milieu, qui est présenté par le maître de la maison, ainsi que le premier verre de vins fins. Si l'on craignait d'en être incommodé il faudrait l'esquiver adroitement, sans que personne s'en aperçût.

On ne doit pas couper son pain, il faut le rompre avec les doigts. Lorsqu'on mange des œufs, il faut en briser les coquilles vides; et quelque chaud que soit le café, on doit bien se garder de le verser dans la soucoupe, ce serait pécher contre la bienséance.

On doit se mêler à la conversation sans l'interrompre, et saisir adroitement l'occasion d'adresser quelque compliment au maître de la maison, sur sa bonne cuisine, sa manière d'offrir, etc.; et lorsqu'on veut se retirer, il faut le faire *incognito ;* ce serait manquer de savoir-vivre que de faire des adieux à la compagnie.

INSTRUCTION SUR LE SERVICE DE LA TABLE.

Les mets que l'on sert dans un repas sont classés suivant l'ordre du service. Après le *potage*, viennent les relevés de potage, les entrées et les hors-d'œuvres, les rôtis, les salades et le dessert.

On appelle *relevé de potage* de fortes pièces de viande, volaille ou poisson servies après le potage.

Dans les *entrées*, qui viennent en même temps que les *hors-d'œuvres*, figurent toutes les façons de bœuf bouilli et la généralité des plats de viande, volaille et poisson, excepté ceux qui sont frits ou rôtis.

Les *hors-d'œuvres* servent de prélude au repas en excitant l'appétit; tels sont le beurre et les radis, les huîtres, les anchois, les sardines, le thon mariné, les cornichons, les olives, les fruits et légumes confits au vinaigre, les artichauts à la poivrade, les petits pâtés, les tranches de saucisson. Dans les grands repas on classe parmi les hors-d'œuvres les préparations de cervelles, langues, palais-de-bœuf, ris-de-veau, gras-double, côtelettes de veau en papillotes et parées, les pieds de mouton, les rognons à la brochette; les boudins, saucisses, andouilles, crépinettes, pieds de cochon; enfin les croquettes, caisses, coquilles, petits pâtés, attelets, croustades et filets de volaille, gibier à plumes et poissons.

Les *entremets* se composent de toute espèce de pâtisserie sans viande, de fruits cuits et marmelades; de toute préparation d'œufs, de beignets, plums-pudding, crêmes et gelées, et enfin tous les plats de légumes.

Les *rôts* formant ordinairement le second service d'un repas, comprennent non seulement les viandes de boucherie et de venaison, les volailles et les pièces de gibier cuites à la broche, mais on y comprend encore pour les jours maigres le poisson soit frit, soit au court-bouillon. Les homards et langoustes se servent également pour plat de rôt, ainsi que les divers pâtés froids et les terrines de Nérac.

Les *salades* qui succèdent au rôt sont celles de la saison.

Le *dessert* forme le troisième service d'une table. Il se compose de fromages, de compotes, de fruits, de confitures, de pâtisseries sucrées et de bonbons. Le nombre d'assiettes de dessert doit être impair.

MENU D'UN DINER DE QUINZE A VINGT COUVERTS.

PREMIER SERVICE.

Pour le milieu, un surtout qui reste pour tout le service.

Aux deux bouts, deux potages.

Potage à la Crécy.
Potage au tapioca.

Quatre entrées pour les quatre coins du surtout.

Tourte de pigeons.
Deux poulets à la reine, et sauce appétissante.
Poitrine de veau en fricassée de poulets.
Salmis de filets de perdreaux.

Six hors-d'œuvres pour les deux flancs et les quatre coins de la table.

Côtelettes de mouton sur le gril.
Thon mariné.
Canapé d'anchois.
Huîtres en marinade.
Deux hors-d'œuvres de petits pâtés friands pour les deux flancs.

Deux relevés pour les deux potages.

Pièce de bœuf.
Longe de veau à la broche.

SECOND SERVICE.

Rôts et entremets à-la-fois.

Quatre plats de rôt aux quatre coins du surtout.

Poularde aux truffes.
Trois perdreaux.
Mauviettes.
Caneton de Rouen.

Deux salades pour les flancs.

Deux entremets pour les deux bouts.

Ris de veau frit.
Pâté froid.

Quatre petits entremets pour les quatre coins.

Beignets à la crême.
Petits haricots verts.
Truffes au court bouillon.
Tourte de gelée de groseille.

TROISIÈME SERVICE. — *Dessert servi à treize.*

Pour les deux bouts de surtout.

2 Grandes jattes de fruits crus.

Pour les deux flancs.

2 Jattes de gaufres.

Pour les quatre coins du surtout.

4 Compotes de fruits différens.

Pour les quatre coins de la table.

Assiettes de confitures différentes.

MENU D'UN DINER DE DOUZE COUVERTS.

PREMIER SERVICE.

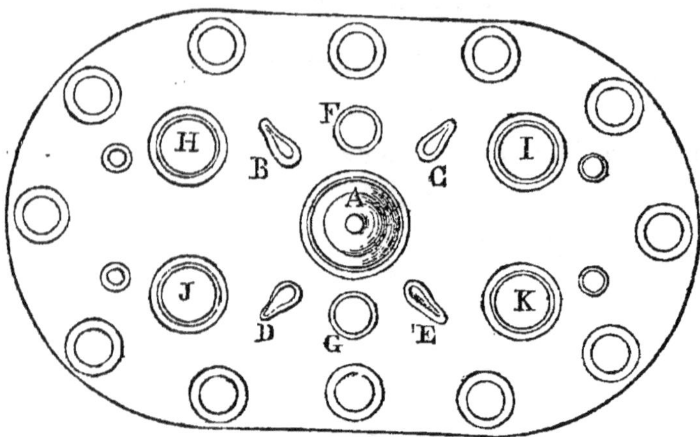

A Potage au riz.
B C D E Quatre hors-d'œuvres froids.
F G Deux hors-d'œuvres chauds.
H I J K Plats variés.

Aussitôt que le potage est servi, on le remplace par la pièce de bœuf, ornée de persil ou d'une garniture quelconque.

SECOND SERVICE.

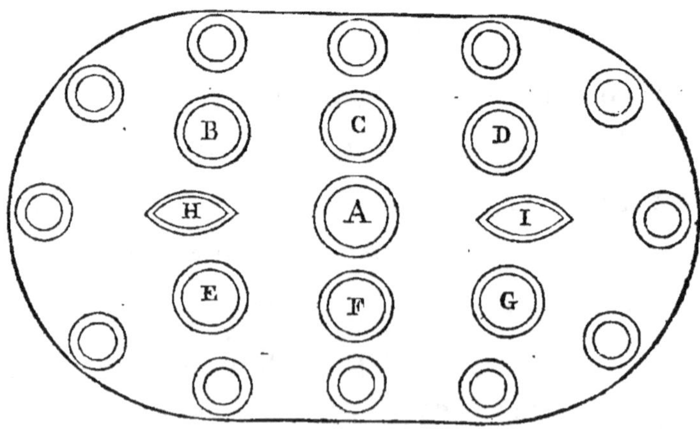

A Levraut rôti.
B Deux pigeons de volière.
C Crème glacée.
D Choux-fleurs.
E Saumon aux câpres.
F G Entremets sucrés.
H Salade.
I Huilier.

TROISIÈME SERVICE.

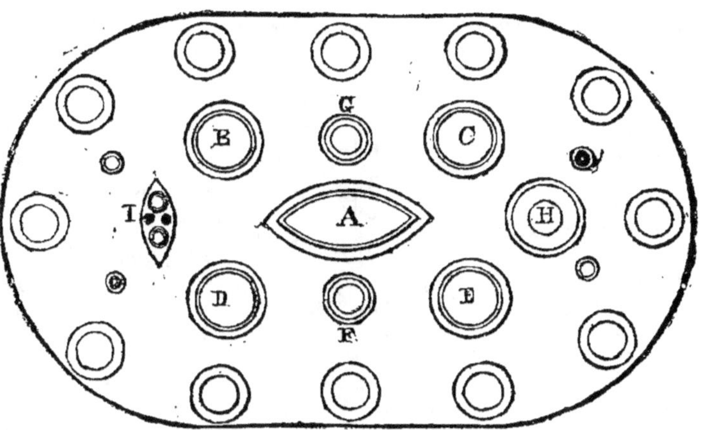

A Pièce principale en pâtisserie.
B C D E F G Plats variés.
H Fromage.
I Confitures.

FIN.

14.

TABLE DES MATIÈRES.

CHAPITRE PREMIER.

CHAPITRE II. — DES SAUCES ET DES RAGOUTS.

CHAPITRE III. — DES POTAGES.

CHAPITRE IV. — DU BŒUF.

CHAPITRE V. — DU VEAU.

CHAPITRE VI. — DU MOUTON.

CHAPITRE VII. — DE L'AGNEAU.

CHAPITRE VIII. — DU COCHON.

CHAPITRE IX. — DE LA VOLAILLE.

CHAPITRE X. — DU GIBIER.

CHAPITRE XI. — POISSONS DE MER ET D'EAU DOUCE.

CHAPITRE XII. — DES LÉGUMES.

CHAPITRE XIII. — DES ŒUFS.

CHAPITRE XIV. — BEURRE, CRÊMES, BEIGNETS, ROTIES ET PATISSERIE.

CHAPITRE XV. — COMPOTES, CONFITURES, etc.

DE LA CAVE ET DES VINS.

DE LA BASSE - COUR.

DES HONNEURS DE LA TABLE.

INDICATION DES FIGURES.

FIN DE LA TABLE.

Paris. — Typ. de J. Voronval, rue Galande, 65.